博報堂クリエイティブプロデューサーが明かす

「質問力」って、じつは仕事を有利に進める最強のスキルなんです。

ひきたよしあき・著

大和出版

はじめに 「質問力」を身につければ、あなたの仕事はうまく回り出す

私は広告会社・博報堂でクリエイティブプロデューサーという仕事をしています。広告制作から宣伝まで、クリエイティブに関する様々な仕事を統括している立場です。駆け出しの頃はＣＭやコピーをつくる仕事を、ここ10年は、政治家や企業トップのスピーチや記者会見の原稿を書くスピーチライターの仕事もしてきました。

私は、自分の意のままに作品をつくる芸術家ではありません。悩みを抱えた依頼者がいて、その課題を解決する企画を考え、実施するのが仕事です。

そのためには、相手の痛いところを突くこともあります。相手を巻き込むことも、隠している本音をひき出すこともあります。振り返ると、想像以上にタフなコミュニケーションを強いられてきました。

こうした仕事を35年間続けてきて、改めて思うのが「質問力」の大切さです。

そう、「質問力」って、じつは仕事を有利に進める最強のスキルなんです。

「質問力」と聞くと多くの人は、学生時代の授業を思い出すのではないでしょうか。授業の最後に「質問はありますか?」と先生に尋ねられて、仕方なく考えたあの「質問」です。手を挙げる人はいつも決まっていませんでしたか?

そして、その質問をよく聞くと、先生に名前を覚えてもらうための売名行為や、とにかく反対意見を言いたいだけの屁理屈な発言が多かったことでしょう。あるいは、自分で調べればわかることを長々と質問する人もいれば、質問者自身が何を聞いているのかわかっていないような質問もあったかもしれません。

だから、「質問」にあまりいいイメージがないというのが、あなたの本音ではないでしょうか。

しかし、私がこれから伝えようとする「質問」は違います。

自分の仕事を有利に進めるために、相手に鎧を脱がせ、本音をはきたくなるような環境をつくり、相手を同じ方向を見つめる「仲間」にしていく技術。相手の意見を取り入れて、共感と感情移入を起こさせながら、自分の仕事を強く、太く、大きくしていくためのスキルなのです。

残念ながら、今の若い人を見る限り、この「質問力」が著しく低下していると思わざるを得ません。教育が、「肯定派」「否定派」に分かれて討論するディベートや、一方的なプレゼンテーション技術の上達に走りすぎたことが原因かもしれません。

SNS上のコミュニケーションが中心になり、人と直に会って話す経験が少なくなっていることもあるでしょう。声の大きい人、決定権を持つ人の意見ばかりが通ってしまうため、質問し質問されながら共感の物語をつくる経験が減ってきているのです。

しかし、私の長い広告マンとしての歴史の中で、自分1人の意見でうまくいった仕事は皆無。**多くは「質問力」を駆使して、自分の知らない情報を得て、反対意見を飲み込んで、みんなで推理小説でも読むような心持ちで結末を語り合い、誰が言い出しっぺなのかわからないほど、人の意見を巻き込んだ仕事が大きな成果を生み出したのです。**

この本は、私が研鑽を重ね、編み出してきた「質問力」を紹介するために書きました。あなたの仕事を有利に進めるための考え方や方法です。

期間はたったの5日間。1日に5つ、全部で25のメソッドを提供します。

5日間の講義は、以下のステップを踏んで進んでいきます。

1日目……「自分に対する質問力」を磨く

「質問力」を身につけるためには、まず、自分の脳を「質問脳」に体質改善しなければなりません。「疲れたなぁ」「あの人苦手だなぁ」といった甘えた「感情脳」とは決別して、「どうして?」「なぜ?」と問いが生まれる「質問脳」をつくりましょう。

2日目……「聞く」姿勢を磨き上げる

「質問」は相手があってはじめて完成するもの。しかし、私たちは自分の言いたいことを考えるばかりに脳を使っています。つまり、傾聴力が足りていません。ここでは「質問力」を身につける基礎として、相手の話をきちんと聞くのと同時に、「ちゃんと聞いている」ことを伝えるコツを教えます。

3日目……5つの「質問の型」で的確な答えを導く

質問内容をわかりやすく伝えることができなければ、相手から良質な情報や考えをひき出すことができません。いい答えを導くには、自己流をやめて、もっとも効率的な「質問の型」を覚えることが必要です。ここでは、私の体験から編み出した5つのスタイルを紹介します。

4日目……「裏質問」で相手の本音をひき出す

相手の「本音」は、普通に質問するだけでは聞けません。感情をゆさぶり、「もう少ししゃべりたい」という気にさせたり、相手の心理を読み込み、ついしゃべってしまう環境をつくることが必要です。正面攻撃ではなかなかひき出せない、「裏質問」を身につけましょう。

5日目……「巻き込む質問テクニック」で自分の意見を通す

いかに自分の意見を通すか？　最後は、細やかな「質問」を繰り返しながら、相手を誘導し、あなたの味方へと巻き込んでいく具体的なテクニックをご紹介します。ここまでできれば、あなたの「質問力」は最高レベルのものになっていることでしょう。

さて、以上がこの本の大まかな構成ですが、実際に5日間で25ものメソッドをすべて習得するのは難しいと思います。

読みながら「これはできそう!」というものが見つかったら、まずはそれから実践してください。まだ自分には早いかなと思ったら、別のメソッドを試しましょう。そうしたトライ&エラーの連続で、あなたの「質問力」は確実に向上していきます。

なお、この本は、入社4年目の唐沢潤くんと三田さゆりさん、それに彼らが勤める総合文具メーカー「タチキ・コーポレーション」の人事研修講師として招かれている瀬木先生の講義と講義室の会話で進みます。会話をふんだんに用いたのは、「質問力」が、教科書的に書かれた書き言葉では伝えにくいから。皆さんにも3人の会話に入った気分で学んでもらおうと考えたからです。

それでは「質問力」で、あなたの人生を変える旅に出かけましょう。

ひきたよしあき

「質問力」って、じつは仕事を有利に進める最強のスキルなんです。 目次

DAY 1 「自分に対する質問力」を磨く

DAY 2 「聞く姿勢」を磨き上げる

DAY 3

5つの「質問の型」で的確な答えを導く

DAY 4 「裏質問」で相手の本音をひき出す

DAY 5

「巻き込む質問テクニック」で自分の意見を通す

序章
STORY

唐沢潤が「質問力」に目覚める前夜

天中殺か厄年なのか。この物語の主人公・唐沢潤には、この頃ちっともいいことがありません。

ちょうど3ヵ月前、2年間付き合った彼女に「別れたい」と宣告されました。

「結局あなたは自分にしか興味がないのよ。私の話を聞かないし、私のことを知ろうともしない」

これが彼女の最後の言葉。つまらない話でも、付き合って聞いているつもりだった潤には晴天の霹靂でした。

「もの足りない」と言われる日々

これに端を発して不幸が次々と襲います。1週間かけて必死に書いた提案書。提出

した途端部長に、

「うーむ、こういうつもりで頼んだわけじゃないんだよなぁ。唐沢、ちゃんと話を聞いていたか？」

と言われて再提出に。その後、再び部長に呼ばれて、

「先ほど、得意先からクレームが入った。『唐沢さんは、言ったこと以外やってくれない。うちに慣れすぎて、マンネリになってないですか』と言われた。お前、真剣にやっているのか」

これには潤も反発しました。もちろん真剣にやっている。

真険に
やってくれ
マンネリ
してないか？

でも「言ったこと以外やってくれない」と言われても、言われてないんだからやりようがない。

僕は僕なりに真面目にみんなの話を聞いている。ちゃんと返事をしている。

なのに、誰もかれもが「もの足りない」ようなことを言う。

なぜなんだ？　僕のどこが悪いんだ！　僕、営業に向いてなかったのかも。

唐沢潤が勤める「タチキ・コーポレーション」は、日本有数の総合文具メーカーです。高級万年筆から学生たちが使うノート類まで幅広くつくっています。

潤は、「ドリームポイント」という10年前に大ヒットしたボールペンを担当。しかし、後発の追い上げが厳しく、売上が徐々に落ちてきています。

営業マンの潤は、担当する都内の大手文具店を毎日回っているのですが、先方の担当者と話す新しい話題がない。なんとかして先方の話を聞き出そうとするのですが、なかなか相手をしてもらえません。

「僕よりも、商品のほうがマンネリなんだ。今さら何の話をすればいいんだ」と社内食堂で食欲のないままランチを食べていたところ、ポンと背中を叩かれたのです。

「よ、背中が丸いよ。暗そうだよ。営業マン、失格だよ」

同期の三田さゆりでした。

お盆いっぱいにサラダや肉を乗せて、いかにも快活そう。同期一の美人と言われた笑顔は、4年経ってますます磨きがかかっていました。

彼女は、企画部に所属しています。

昨年、彼女が全国の受験生のニーズを分析してつくった「マイドリーム（My Dream）」というノートが大ヒット。一躍企画部のエースに躍り出ました。

「三田さんは、いいよなぁ。美人だから……」

とグチのひとつも言いたくなる唐沢潤。

ひさしぶりに同期に会って、気がゆるんだのか、その後ついつい泣き言を続けてしまいました。

失恋のこと、提案書のこと、得意先からのクレームのこと、人の話を聞いていないと言われること、消極的だと言われること……。

質問力を学びに行こう！

カニサラダを食べながら、じっと潤の話を聞いていた三田さゆりが、潤のグチが終わるのを待って、語りはじめました。

「じつは私も、1年前までは同じような状況だったのよ。自分がいいと思って企画したものが、全然通らないの。

頭にきて、もっと私の才能を買ってくれる会社に移ろうかなと思ったとき、この会社に私の大学時代の先生が人事研修で教えに来ていることを知ったの。

広告会社のクリエイティブ職の人。

いろんな大学で教えているんだって。商品のコピーから政治家のスピーチまでいろいろ書いて、それをちゃんとプレゼンして形にしてきた実績がすごいのよ。

私、スランプだったこともあって、その先生の講師室に遊びに行ってみたんだ。そこで先生と話したことが、じつは「マイドリーム」のヒットに結びついたのよ。

ね、唐沢くん。悩んでいるんだったら、私と一緒に、瀬木周作先生に会いに行こうよ。ついでだから、人事にお願いして『質問力講座』に潜らせてもらおうよ。

会社だって許してくれるよ。唐沢くん1人で悩んでいたって、いい知恵が出るとは全然思えない。

講義を聞いて、先生にガンガン質問をぶつけてみよう。

『停滞すると水は腐る』って言うじゃない。動こうよ。一緒にやろう」

三田さゆりの熱意に押されて、唐沢潤も重い腰を上げました。

「研修」への参加を上司にお願いしに行くと、「そうだな。ここらで一度、自分を見つめ直すのもいい時期だな」とすぐに承諾。

会社の業務をこなしながら、朝から5コマの講座を5日間。

「講義も大切だけど、そのあとの時間を空けておいてね。先生と直接話すことがとぉっても役に立つの。

『あ、ここがいけなかったんだ』『こうすればいいんだ』ってわかるはず。きっと唐沢くんが、彼女にふられた原因もわかるよ！」

と痛いところをどんどんついてくる三田さゆりにリードされる形で、唐沢潤の「質問力」への学びがはじまりました。

さぁ、私たちもこの2人に同行して、瀬木先生の講義を聞いてみましょう。一緒に考え、たくさん質問をしていきましょう。

主な登場人物

唐沢潤

社会人4年目。文具メーカー・タチキコーポレーション営業部所属。仕事もプライベートもスランプ気味で、上司や取引先に「もっと真剣にやってくれ」と言われる日々に意気消沈してる。

三田さゆり

潤の同期。タチキコーポレーション企画部のエース。いつもポジティブで、その場にいると一気に場が明るくなる。自己主張が強い一面もあり、「きつい女」と言われることも。

シャルル・ブレル

世界的高級ブランド・エルメットの社長。芸術家としても、フランスの人たちから尊敬されているパリのアイコン的存在。また、大の親日家としても知られている。

瀬木先生

広告会社に勤めながら、大学や企業の研修で“言葉”について教えている。的確なアドバイスが支持され、教え子から「先生、相談に乗ってください！」とたくさんの悩みが寄せられる。

DAY 1

「自分に対する質問力」を磨く

効果的な「質問」ができるようになるためには、日頃から自問自答するクセをつける必要があります。ここでは、「聞きたいことが思いつかない」「つまらない質問ばかりしがち」という人へ、頭の中を「質問体質」に変える基礎トレーニングを5つご紹介します。

講義
1

あなたはまだ「質問力」の本当の効果を知らない

おはようございます。講師の瀬木周作です。

皆さんの中には「質問力」よりも、もっと人前でうまく話せる「プレゼン力」や、人の話を聞けるようなる「傾聴力」のほうが役に立つのに、と考えている人も多いでしょう。はじめに言っておきます。それは、違います。

確かに「プレゼン力」や「傾聴力」も必要な力です。でもそれは、1人でしゃべり、1人で聞くための個人能力です。比べて「質問力」は、常に「質問する側」「質問される側」が交互に会話を繰り返して進めていく力を養うものです。**ビジネス上もっとも大切な「対話」をしながら、自分の仕事を有利に進める力が「質問」にはあるのです。**

「質問力」を高めれば、どんなメリットがあるか。

まず、その場ですぐに聞く度胸がつきます。「こんなこと言ったら笑われるかな」「相手にバカにされないかな」なんてオドオドすることなく、的確な質問ができるようになります。そうなれば、新しい情報やネタをひき出すことも簡単になります。自分1人でうんうん唸って考えたネタなんてたかが知れています。人に聞く力がつけば、もっと充実した企画がつくれます。

さらに「質問」で、話の主導権を握ることができます。「質問」された側は、常にあなたの問いに答える立場です。話が脱線したり、不利な方向に流れたりしたら、また「質問」をして、突破口を開くことも可能です。

学生時代の「質問」のように、ただわからないことを聞くだけが「質問」じゃないのです。**問うことで、常に有利な立場を確保し、相手に答えさせることで、自分に有益な情報を得ることもできる。**

「質問力」が身につけば、自ずと傾聴力やプレゼン力も身につきます。人に向かって「質問」し続ければ、人に負けることも減り、度胸もついてきます。

君たち若い諸君の実践的なビジネスの場で一番役に立つのが「質問力」。これを信じて、これからの講義についてきてください。何か質問のある人は？

講義室の対面に、瀬木周作先生専用の講師室があります。三田さゆりさんは、悩みがあると、瀬木先生に相談に来ています。

ここをはじめて訪れる唐沢潤くん。壁中蔵書だらけの部屋の真ん中にある丸テーブルに集まって、3人の会話がはじまりました。

「はじめまして。営業の唐沢潤です」

「やぁ、君のことは三田さんから聞いているよ。新入社員の頃は、同期の中でも元気のいい男だったのに、最近、スランプ気味だって」

「三田さん、もうちょっとオブラートに包んでくださいよ」

「いいのよ。瀬木先生には、ありのままに話したほうが話が早いわ。先生、ありがとうございます。私、正直『質問力』って、そんなに大事なものなのか、疑っていました。『質問』って、授業やプレゼンの最後にちょっとわか

らないところを聞く程度のものにしか思っていなかったんです」

「僕もです。『質問』よりも、プレゼン力や傾聴力のほうが大事だと思っていました。

それに、『質問』すると、『人に聞く前に自分で解決しろ！』と怒られそうな気もする。下手に『質問』すると、相手の答えにひきずられて、自分の意見を通せなくなる怖さもあります」

「うん、わかるよ。通常のビジネス研修で重要視されるのは、『企画力』『プレゼン力』『交渉力』『傾聴力』ってところだ。最近では『雑談力』あたりも人気だな。

でも、**ビジネスの基本は、相手と一緒につくっていくものなんだ。仕事がはじまれば、いつまでもプレゼンターではいられない。ただ聞いているだけでもダメだ。相手に問いかけ、本音や情報をひき出して、それを自分が優位になるように展開していく。**

そのためには、相手の言葉をひき出す『質問力』が大事になるんだよ」

「私、得意先で交渉したときに、なんだか話が噛み合わないなぁ、と思いながらしゃべっていたんです。それで企画を進めたら、案の定、相手が望んでいたものと違う内容になってしまいました。

上司から『途中で相手に〝質問〟して考えに差がないか確かめたのか？』って大目玉をくらいました。そのとき、あぁ、そういうのがビジネス上での『質問』なのかと思いました」

「三田さん、いい経験をしたね。上司の指示も的確だ。

そう、三田さんが経験した『質問』はわからないことや知らないことを聞くものではなく、相手の同意を細かくとっていくためのものだったね。

『ここまで〝質問〟はありませんか？』と同意を取ることで、『承認』のハンコをもらうようなものだ。大切な『質問力』だね」

「僕は、入社当時はあれもこれも珍しくて、知らないことを先輩や得意先にたくさん聞いていました。ところが4年目を迎えると、一応なんでも知っていて『質問』することがない。ない、というより見つからない。だから口数も減っていきました」

「唐沢くん、入社4年目あたりの子によくありがちなことだね。私が教えに行く大学でも、3年目をすぎた卒業生がやって来て『もうひと通りなんでもわかったからつまらない。他に移りたい』と言ってくるんだ。

そんなときも私は、『質問力』の話をするんだよ。**何か『質問』することを考え、発見する努力をする。この行動で、また世の中がフレッシュに見えてきたりするんだ。**これはあとの講義でじっくりやるよ」

「反対に私は、4年目をすぎて、頭の固いおじさんたちにキレることが増えました。私の提案を聞く前から『それはダメ！』と頭ごなしに反対する人がいます。

『何がダメなんですか！』って質問するとうるさがられます。チームには、同じように『どこが悪いか教えてください』と尋ねて、がんこオヤジがニコニコしながら教えている子もいる。私の『質問』とどこが違うんだろうと思います」

「そうだね。多分、三田さんの発言は、『質問』になっていないんだね。**相手は『私の企画を邪魔するのか！』と言われているようにしか聞こえないんだ。**これからの講義では『質問の仕方』も積極的にやっていくつもりなので、期待していてね」

「でも、なんだかまだ『質問』って消極的なイメージがあります。『どーだ！　これが唐沢潤の提案だ！』っていう自分1人の意見で最後の最後まで通したい。そういう気持ちがある。人の意見を入れるのって、潔くないような気がします」

「うん。もしかするとそこが、君たち2人が次のステージのプロフェッショナルになれるかどうかの分かれ目かもしれないよ。とにかく最後まで話を聞いて、その気持ちがどう変わるか見ていこうじゃないか」

「私も、自分の変化が楽しみです。朝が早いし、仕事が溜まっちゃうけど、それでも受けてよかった！　と思えるように、がんばって聞きます！」

POINT

「企画力」「プレゼン力」「交渉力」より
はるかに大切！

講義
2

まずは、自問自答で脳を「質問体質」に変えよう

さて、2時間目は、いつでも的確な「質問」がパッと浮かぶ脳にするコツ。

質問体質の脳みそにつくり変える方法をお伝えします。

私たちの脳みそは、大変に怠け者です。普通にしていると「疲れたなぁ」「眠いなぁ」「人の目が怖いなぁ」と自分の感覚にひっかかった感情ばかりを言葉にしています。

こんな怠けた脳みそで、質問を思いつこうとしても無理です。少しトレーニングして脳を質問できる状態に変えていきましょう。

例えば、今、あなたは「疲れたなぁ」と感じている。ここで、自分に「質問」してみましょう。「私は今、なぜ疲れているのか」と。

すると、脳が動き出し、「疲れた理由」を検索しはじめるはずです。

「昨日、遅くまで働いていたから」「研修に慣れていないから」「1時間目が難しかったから」「単純に体調が悪いから」……と、いろいろ出てくるはずです。
イメージとしては、検索エンジンに「質問事項」を書き込む感じです。「私が今、疲れている理由は？」と書き込むと脳があらゆる情報を探してきてくれる。これが、脳を質問体質に変えるってことなんだよ。

「なぜ今日はこの服を選んだの？」「なぜ、自由に座っていいはずなのに、この席に座ったの？」「なぜ、この講座に申し込んだの？」少し考えればいくらでも「質問」が浮かんでくるはずです。あらゆる機会をつかまえて、自問自答する訓練を積んでください。

もう一度言います。脳は大変に怠け者です。何も考えなければ、潜在意識の中にある過去の記憶を使って惰性で動いてしまいます。そして、「だるいなぁ」「つまんないなぁ」という感情ばかりを、だらだらと垂れ流しているのです。
さぁ、脳の検索エンジンにどんどん「質問」を入力していきましょう。「なぜ？」「どうして？」と問いましょう。何か質問のある人は？

「先生、言われてみれば、この頃、『なんで昼メシにこれを食べるのか』なんて自問自答することがなくなっていました。それが証拠に、昨日の昼に何を食べたのか、すぐに思い出せません」

「三田さんの情報によれば、唐沢くんは入社当時、同期イチのバリバリ営業マンだったそうだね。ところが3年の月日がたって、いろんなことがわかってきた。緊張もなくなり、特に考えなくても失敗しないようになってきた。そうなると、マンネリが襲ってくる。すべてが過去にやったこと。何もかもが繰り返しに思えて、脳が考えることをサボりはじめるんだ」

「うーん、痛いなぁ。仕事だけじゃなく、プライベートもそんな感じです。なんていうのかなぁ。『俺の人生、こんなもんか』って見えちゃってるというか」

「それは、脳が怠慢になってきている証拠だよ。考えず、省エネモードで毎日を過ごそうとしているんだ。そうなると自分に『質問』するなんて、面倒でできなくなってしまうもんだ」

「先生、お坊さんの『禅問答』ってありますよね。『手を叩くとき、右の手と左の手のどちらから音が出るか』みたいな答えのない問題を考えるやつ。

私、講義を聞きながら、『禅問答』について考えていました。なんであんなことをお坊さんがするのだろうって。**それは、答えがなかなか出ないことをずっと考えることで、脳を怠けさせないようにするためじゃないかしらって思ったんです**」

「三田さん、面白いこと考えたね。素晴らしい。今の三田さんの『質問』自体が自問自答になっている。

『問い：なぜお坊さんは、禅問答をやるのか』

『答え：それは脳を怠けさせないため』ってね。しっかり脳が働いている」

「つまりすぐに解けちゃう問題だと、脳にじーっと圧をかけることができない。ずっと考えないといけない問題を考えるから、脳が生き生きとしてくるってことですね」

「唐沢くん、ご名答。もちろん禅の修行的な意味もあるけれど、『禅問答』は考え続けることで脳を活性化する訓練だね。

人間というのは不思議なものでね。**苦労して覚えたものは忘れないし、うんうんうなって解いた問題は、時間がたっても解き方を覚えているものなんだ。脳に圧力をしっかりかけておかないと、どんどん考えなくなってしまう**」

「私、正直に言えば、『コミュニケーションのための質問力』を磨くはずなのに、なんで自問自答する必要があるのか、わからなかったんです。

今のでわかったのは、いつも『質問』するクセをつけておかないと、急に『質問』なんて思いつかないってことなんですね」

「自問自答の力がつけば、スピーチもうまくなるんだよ。

オバマ前大統領は、スピーチの中で、『私はそれを知っていたかって?』『もちろん!』『私がそれに同意しなかったかって?』『当然!』と、自分で質問を発して自分で答える話法をよく使った。国民の疑問を自分の口で言って、それを自分で答える。自問自答の話法だよ。

これを繰り返されると聞いているほうは、『あぁ、僕の気持ちをわかってくれている。しかも的確に答えてくれている』と思うようになる。

『質問力』でスピーチを組み上げたいい例だ。相手の疑問や反論を巻き込んで、『君は僕たちの仲間だ』と思わせる話し方。これがオバマ・スピーチの真骨頂なんだよ」

「すごい! 自問自答でスピーチ! オバマ前大統領のスピーチを多くの人が絶賛するわけがよくわかります」

「先生、脳を怠けさせないために、先生が日頃行なっている自問自答のやり方とかありますか」

「うん、些細なことだけれど、風呂に入ったときとか夜寝る前に、１日の出来事を思い出すようにしているんだ。『なぜ、昼メシにカレーを選んだのか？』『あ、カレー好きの立谷くんと一緒だったからだ』なんてね。難しく考える必要はない。むしろささいなことのほうが長く続けられる。しょっちゅう自分に『質問』することで、脳の働きが格段によくなってくるよ」

「そうしていれば、人の話を聞いてもパッと『質問』が思いつく体質になっていくということですね」

「そうよ、唐沢くん。『今日、なぜ彼女は水色のワンピースを着てきたんだろう』と質問することで、彼女の気持ちがわかる。そういうことをしな

いから女心がわからないって言われるのよ」

「いやいや、なんでここで、そんな話をするんだ？　大体、女心がわからないなんて言っているのは、三田さんだけだよ！」

「ははは。唐沢くん、はっきり言う。三田さんの言う通りだ。『質問力』のないやつは、モテない。さぁ、時間だ。教室に戻ろう」

POINT

日頃の習慣がないと「質問」なんて思いつかない

講義3

「クエスチョン・メモ」のすすめ

さて、3時間目です。前回の話の続きをします。

脳は怠け者。そこに、「これは何か」「どうしてなのか」と「質問」で圧をかけて、「質問体質」の脳に変えていく。こういう話でした。

これをさらに徹底させる方法があります。それが「クエスチョン・メモ」です。怠け者の脳は、すぐに疲れたり雑念が浮かんだりします。それを体質改善する方法はひとつだけ。**「書く」という動作を組み入れて、雑念に流されないようにすることです。つまり自分の頭に浮かんだ「質問」を書き出すということです。**

文具メーカー「タチキ」の研修ですから、皆さんの会社でつくっている「マイドリーム」シリーズの小さめのノートを用意してください。

文章の頭に「?」をつける。すぐに質問だとわかるようにするためです。

あなたが電車に乗っていたとする。猛暑なのに、ネクタイまでビシッとしめたビジネスマンが乗ってきました。さて、ここでメモです。

「?:この暑さの中でネクタイまでしているのはなぜだ」と書く。

頭で思うだけでなく、ちゃんと書いてくださいね。脳が怠け者だということを忘れずに。さらにその答えを考えます。「大きなプレゼンがある」「得意先に謝りに行く」「今晩プロポーズをする」と想像を広げてください。

電車の中だけではありません。こうして講義を聞いているときも、「?」をつけて質問を書いていく。本を読んでも、重要な箇所に線を入れるだけでなく、内容に対する質問を書いていく。新聞記者の「記者会見」気分で講義を聞きましょう。「わからない点」「あやふやな点」をあとで「質問」する気持ちで聞くのです。漫然と板書やパワポを写しているときとは、講義の集中度が全く違うはずです。

あらゆる機会をつかまえて「クエスチョン・メモ」をつくる。書き続けることが「質問体質」の脳をつくる一番の近道なのです。何か質問のある人は？

「はい、これ。新しい『マイドリーム』ノートのポケットサイズ」

「おー、ありがとう。三田さんは、昔から気がきくよなぁ。早速使います！」

「はは、三田さん、私にまでありがとう。この『クエスチョン・メモ』は私が考えたものじゃないんだ。広告会社に入社した頃に先輩から教わったんだよ。
得意先から広告商品をはじめて見せてもらって説明を聞く。そのとき先輩が、小さなメモ帳に「？」をたくさんつけて質問を書き込んでいたんだ。
そして、先輩が『適切な質問をすれば、適切な回答が返ってくる。ええか、瀬木。広告マンは〝聞き出してナンボ〟なんやで』って教えてくれた。早速、私もメモノートを買って、真似しはじめたのさ」

「でも、わざわざメモノートを特別に用意しなくてもいいんじゃないですか。会議資料の横にメモするだけでも、書くことには変わらないですよね」

「それが違うんだ。『クエスチョン・メモ』は、会議だけじゃなく、電車の中の出来事や本を読んで質問してみたくなったことまで、時系列に書くだろ。すると、夜寝る前に『今日1日、どんなふうに脳が働いたか』を一度に見ることができる。

こうすると、自分の質問レベルがわかるんだ。『こんなのは、自分でも調べられるな』とか『これは質問ではなくて、ただの自己主張だ』とかね」

「先生、さっき講義のときにやってみました。私、学生の頃から先生のおっしゃった重要なポイントなどを書き留めることにはかなり自信がありました。

でも、『疑問や質問』をメモにとろうとすると、講義の聞き方がちょっと変わりますよね。受け身から攻めの姿勢になるというか。講義に積極的になるというか」

「三田さん、そこなんだ。その『攻めに回る姿勢』こそが『質問脳』をつくる重要な鍵になる。

前回の講義の『自問自答』も今回の『クエスチョン・メモ』もそうだけれど、**『質問』というのは、受け身から生まれない。『知りたい』『理解したい』という欲望が強まることで、はじめて『質問』を思いつく力がついてくるんだよ**」

「うーん。そうかぁ。僕はいろんなことに消極的だったのかもしれないなあ。僕もメモしようと思ったけど、先生の話を書き留めるので精一杯。『質問』をメモ書きするところまで全然いかなかった」

「これは慣れだよ。今私は人の話を聞くときに、**『疑問や質問したいポイント』しかメモしない。それを10個くらい出そうと心がけている。**そうすると人の話にのめり込めるようになるんだよ」

「10個！　すごいけど、僕には無理だ」

「唐沢くん、あきらめが早すぎるよ。思いついた質問は、なんでも書いてごらん。『今日、先生の髪に寝グセがついているのはなぜだろう』『三田さんは今日、どうしてパンツスタイルなんだろう』というようなことでもいい。

いろんなことに疑問や質問したい気持ちが宿ることが大切なんだ。

『10時15分。なぜこの時間になると睡魔に襲われるのだろう』と書いておけば、明日の同じ時間にどんな状態になっているかを比較することができる。

昼にラーメンを食べてみる。『なぜこの店のネギは、こういう切り方をしているんだろう』『このお汁が、透明なのにコクがあるのはなぜだろう』と問いながら食べてみる。帰りがけに店主に『おいしかったです。お汁が透明なのにコクがあるのが不思議でした』なんて言ったら、悪い気のする店主はいない。

それだけでも十分コミュニケーションに役立つんだ」

「なんだ、そんなレベルからでいいんですか。それならできるかも。『どうしてこの講師室には、観葉植物が多いんだろう』『どうして三田さゆりは、毎日違うカバンで通勤するんだろう』」

「私、毎晩カバンを全部開けて、いらないものを整理しないと眠れないの。『昨日とは違う新しい一日をはじめるぞ！』っていう気分を大切にしているから、毎日カバンを変えるのよ」

「ほらね。もう唐沢くんの質問で、三田さんの性格の一端をひき出すことができた。きっちりしている人なんだね」

「あぁ、なんだかわかった気がします。考えてみたら、僕は別れた彼女がどんなカバンを持っていたのかさえ、思い出せない。『質問力ゼロ』だったってことなんだろうな」

「ささいなことでもいい。いや、**ささいなことを発見して、それを質問に変えることで、すごい本音をひき出すことができたりするんだ。**

そのために『質問脳』をつくる必要があるんだよ。でも、2人とも飲み込みが早いね。十分期待できるよ。4時間目もこの調子でいきましょう」

POINT

疑問点や質問したいことを書けばＯＫ

講義4

解決策のない質問は禁止にしよう

ここまで「質問脳」をつくるお話をしました。「なぜ？」「どうして？」と常に「自問自答」を繰り返すこと。簡単な「質問」でもいいから書き出すことの有用性について語りました。

さて、その「自問自答」ですが、ひとつ気をつけてほしいことがあります。

例えば、あなたが外出先でうっかり財布を忘れたとします。とたんに頭の中であなたへの「質問」が飛んできます。

「どうして忘れちゃったのよ？」と。「どうして」と尋ねられたら答えはこんな感じになりますね。「今日は少し寝坊して、バタバタしていたからなぁ」「母が、朝から電話してきたので調子が狂っちゃったのよ」「最近、バテてるからなぁ。ダメだなぁ」、どうでしょうか。確かに「質問」に関してはしっかり答えていますが、解決策には結びつかないですね。

「どうして？（Ｗｈｙ）」と聞く質問は原因を探るためのものです。必要なときもありますが、結果が「財布を忘れる」という状況では意味がありません。

「質問」は、その先に解決策や展望があることが大事なのです。今の質問を「どうして忘れちゃったのよ」から「どうすれば、いいだろうか」に変えてみてください。「Ｗｈｙ（どうして）」から「Ｈｏｗ（どうすれば、どうやって）」にするのです。すると、「友だちから借りる」「交通カードなど手持ちのカードの残額で過ごす」「家に戻る」などの解決策が答えになります。

「どうして」という原因を探る質問ばかりしていると、「私はバカだから」などとネガティブな答えしか返ってきません。自分を問い詰めすぎて、自信をなくしている人が多い世の中です。「どうして」とダメな原因ばかり探る質問はひかえめに。それより「どうしたら（Ｈｏｗ）」と前向きな解決策が出てくる質問を重ねることで、「自分」に対する質問力を磨いていきましょう。はい、何か質問のある人は？

「先生、今のお話はとても納得がいきました。
私、結構ネガティブ思考で『どうして失敗したんだろう』ってずっと考えてしまいます。会議でも『どうして売れなかったんだろう』とみんなに言ってしまい、『営業が弱かったからだ』『元の目標が高すぎたんだ』とあら探しをするだけで、解決策のない会議にしてしまうことがよくあります。
それは『Ｗｈｙ』の質問ばかりしていたからなんですね」

「三田さん、『どうして（Ｗｈｙ）』という質問が決して悪いわけじゃないんだ。失敗の本質を探すときには極めて有効な考え方だと思うよ。
しかし、『どうして（Ｗｈｙ）』一辺倒じゃ解決策が導き出せない。それにネガティブシンキングになっていっちゃうよね。
友だちとケンカをしたとき『どうしてケンカになったのだろう』と考えるか、『どうしたら仲直りできるだろう』と考えるか。『どうしたら』と考えたら仲直りの方法がいくつか思い浮かぶよね。

『質問力』は、『どうして』と問うて分析する力がある。さらには『どうしたら』

と自問して、問題を解決に向かわせる力もある。このふたつをうまく使ってほしいんだよ」

「この前、銀座の文具店・太田屋にうちの『ドリームポイント』のインクの色を間違えて納品しちゃったんです。黒インクがほしいものだとばかり思っていたら、注文されたのは青インクでした。

僕はそのとき、『どうして間違えちゃったんだろう』とばかり考えていました。『黒インクのペン』のほうが売れるから、当然追加注文も黒だろうと思い込んでいたんです。

でも、そのあとに考えたのは、『どうすれば、言い逃れできるだろう』ということでした。『ちょっと、伝票ミスがありまして』とか『運送の際に手違いがありまして』なんて言い訳ばかり。

あのときの『どうすれば（Ｈｏｗ）』は間違った使い方でしたね。

本来なら『どうすれば、青インクのペンを早急に届けられるか』『どうすれば信頼回復できるか』と、『どうすれば』を有効な解決策に結びつけて考える

べきでした」

「それはいい経験をしたね。しかも、経験から学んで、『どうすれば（Ｈｏｗ）』をどう活用すれば解決策にもっていけるかまで、ちゃんと答えを出している。失敗は何度してもいい。そこから学びさえすれば、また成長できるからね」

「先生、でも『自問自答』の場合は、『どうすれば（Ｈｏｗ）』で考えればいいけれど、相手のいる場で、『どうすればいいでしょうね？』と言うのは、ちょっと失礼な気がします。なんだか丸投げしちゃっているようで」

「三田さん、確かに、『どうすればいいでしょう』と言うだけではただの丸投げだ。無責任極まりないよね。
そう感じさせないようにするためには、少なくとも1案は自分なりの解決策を持っていなくちゃいけないんだよ」

「『私はこのように考えたのですが、これ以上のいい案が浮かびませんでした。どうしたらいいでしょうか』みたいなことですか」

「そういうこと。**すると、三田さんのアイデアをきっかけに相手は考えることができるだろ。『うん、そのアイデアも悪くはないけど、こんな方法もあるんじゃないか』なんて会話が進んでいくはずだ**」

「『どうすれば（Ｈｏｗ）』と自問したら、必ず『こうしたら』と自答すること」

「唐沢くん、うまいこと言うね。『こうしたら』の答えが増えれば増えるほど、相手がいるときに投げ返すボールの数が増える。会話がはずむことになる」

「そうか、先生、わかりました！　結局、**『質問力』というのは、ただ質問するだけじゃなく、その問いに対する『自分なりの答えを持つ』ところまでの力なんですね**」

「唐沢くん、冴えてるね。そうなんだよ。解決策を考えるところまで脳が働くようになれば、質問体質の脳は完成に近くなる」

「ということは、『質問脳』ではなく『質問解答脳』ってことですね」

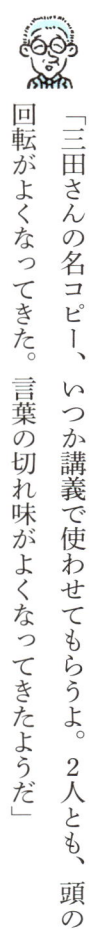

「三田さんの名コピー、いつか講義で使わせてもらうよ。２人とも、頭の回転がよくなってきた。言葉の切れ味がよくなってきたようだ」

「あぁ、太田屋に行きたくなりましたよ。気まずい関係がまだ続いているんです。『どうすれば（Ｈｏｗ）、こうしたら』を考えて、逃げずにもう一度ぶつかってきます」

「うん、いいぞ。ちょっと昔の唐沢潤が戻ってきたみたい。がんばれ！
マンネリ打破！」

POINT

**「どうして」で分析し、
「どうしたら」で解決策を考える**

講義
5

好きな人、ものへの熱い「好奇心」を思い出そう

ビジネススキルを向上させるために「質問力」がどれほど大切かという話、みんなわかってくれましたか。さて、それでは今日の最後に、「質問力」に対してもう少し深掘りしておきましょう。

ちょっと考えてみてください。

アイドルでも俳優でもスポーツ選手でもいい。あなたが誰かを好きになったとします。さて、あなたはどんな行動をとりますか？

その人について調べるよね。誕生日、出身地、血液型、好きな食べもの、趣味、どうしてスポーツ選手になったのか、好きな言葉、休みの日の過ごし方。ね、みなさんにも経験があるでしょう。その人についての、ありとあらゆる情報を集めまくるはずです。

そのときの気持ちを言葉にすると、

「あなたのことをもっと知りたい！」

となるはずですね。猛烈な「好奇心」です。

「質問力」とは、「あなたのことをもっと知りたい」「あなたの会社をもっと知りたい」「この商品をもっと知りたい」という気持ちが真ん中にあります。これが「質問」をつくる力になるのです。

自分に対する質問力を磨くためには、いつも「もっと知りたい、もっと知りたい」と思うことが大切なんです。本を読んでも、人と話しても「もっと知りたい」と願う。頭の中で、「あなたのことがもっと知りたい！」と思い続けることで、質問が生まれる。「質問」は好奇心がなくては生まれません。
「もっと知りたい」という気持ちが、脳を質問体質に変えていくのです。好きな人やものを追いかけるときの、熱い熱い好奇心を忘れないように。今日はここまでです。何か質問のある人は？

「『あなたをもっと知りたい』。これ、最近の生活で一番欠けていたかもしれないなぁ。彼女と付き合って2年。はじめの頃は、それこそ食べものは何が好きか、行きたい国はどこか、将来をどんなふうに考えているのか、ものすごく知りたかった。

でも、関係がうまくいって、時間がたってくると、いろんなことが当たり前になっちゃった。彼女の話も聞いているようで、聞いていなかったのかもしれない」

「私も。どっちかというと『あなたをもっと知りたい』って気持ちより『私をもっと知って！』という思いのほうが強かったわ。自分の企画、それを立てた私を知ってほしい、承認してほしい。そればっかりで、相手に対する好奇心は正直、なかった」

「現状の自分に気づくって大事だよね。『3日、3ヵ月、3年』と言ってね。『3日我慢すれば、3ヵ月は耐えら

れる。3ヵ月耐えられれば、3年は頑張れる』と言うんだ。

入社から3年をすぎた君たちは、いろいろなことがわかった分、好奇心を失いがちだ。そうでありながら、自分を売り込むことしか知らないから、人の話が聞けない。**『関心が薄れた』『自己主張から抜け出せない』。こんなときこそ、好奇心をもう一度取り戻す必要がある**」

「先生、でも本音では『もう大体わかってるし、別に知りたくもないよ』と思っているのに、どうやって『あなたをもっと知りたい！』と思えるようになるのでしょうか。『知りたい、知りたい』って思う脳みそになんか、なかなかなれないように思います」

「確かに本音ではやる気がないのに、『やれる！　がんばれる！』と力拳を握っても嘘くさいだけだもんね。
でも唐沢くん、その『嘘くささ』って意外と簡単に突破できるんだよ」

「そうかなぁ。僕は、嘘くさいやる気で動くことなんてできない」

「最近は脳科学が進歩してね。ある程度のことは、訓練で解決できるようになってきたんだ。

例えば、『ネガティブな人』と『ポジティブな人』っているでしょ。あれは持って生まれた性格ではなく、毎日の生活の中でついた脳のクセなんだよね。だから『私はネガティブだ』と思ったら、なるべく明るくて、楽しいものを見るようにすると脳のクセがとれて明るくなっていくそうだ」

「私、どちらかというと暗いものを避けていると思います。

朝から暗いニュースなんて絶対見ないもの」

「三田さんの行動は正しいんだよ。

明るいものを見るように心がけていれば、次第にポジティブになる。確かに三田さんは、ポジティブだよね」

「先生、それじゃ好奇心も一緒ってことですか？　半ば強制的に『知りたい！』と思う回数を増やすと、だんだんと好奇心が湧いてくるとか？」

「そう。**『もっと知りたい』と思っていると、それにつられていろいろなものへの好奇心が湧いてくる**」

「うーん。そうなるかなぁ。
　僕は、彼女が一生懸命僕に話していた『親のこと』『友だちのこと』『会社のこと』がちっとも頭に入ってきませんでした。『もっと知りたい』じゃなく『早く終われよ』って気持ちばっかりでしたね。
　得意先と話しても、僕の仕事と関係ないことばかりしゃべる人が多くて、正直付き合っていられない。『もっと知りたい』なんて態度を取ったら、相手はいい気になってしゃべりまくります。それに自分が耐えられるとは思えない」

「唐沢くんの正直な気持ちだね。わかるよ。
私も奥さんにいっつも『あなた、ちゃんと聞いているの？』と言われる。興味がないから聞けないんだよ。しかし相手との関係を良好に続けようと思えば、『あなたのことをもっと聞かせてほしい』は、キラーワードになるんだ。
唐沢くんが、彼女や得意先の前で、『へぇ、面白いですね。もっと知りたいです。聞かせてください』と言ったとしよう。
すると先方はびっくりして、**脈略なくだらだらと話していたことを反省する。反省までいかなくても『ちょっとこのままではまずいな』と思って、唐沢くんに知ってもらうように話し出すはずだよ**」

「とにかく僕は、このところ『好奇心』と縁遠い生活をしていました。ちょっと生活を改めて、中学生の頃に好奇心いっぱいで聴いたバンドの曲でも聴いてみます」

「私も、『好奇心』というよりも、責任感や義務感で仕事をしているように感じています。もっと純粋に、自分の好奇心が湧いてくるものは何なのか、探してみます。

仕事だけじゃなくて、人についても、誰のことを『もっと知りたいのか』考えてみます」

「2人とも、いい心がけだ。がんばって！」

POINT

「もっと知りたい」という姿勢が会話の質を変える

STORY

1 三田さゆり、質問力を試す！

「ねぇ、あれ、見て」

と三田さゆりは、唐沢潤のそでをひっぱりました。

その方向には、まるでフランス映画から抜け出してきたような品のいい老夫婦がいました。多分、イギリスかフランスか。暑い日本の夏でも男性はジャケットを着ています。その横にいる少々小太りのマダム。

その手を見ると、大量のペンを握っています。

「あれ、『ドリームポイント』でしょ。20本近く持ってるわ」

「しかも、青ばっかり……」

と言った瞬間、三田さゆりが動きました。

ご夫婦の前に行き、丁寧にお辞儀をします。その姿を見てニッコリしたご夫婦に向けて、さゆりが得意のフランス語を話しはじめたようです。

老婦人は、にこやかに聞いています。時折、ペンを見て、さゆりに話しかけてきます。3分ほど話して、さゆりが潤のもとに戻ってきました。

「唐沢くん。なんで青ばっかり買っているか、わかった。『このペンがお好きなんですか』『青を買うのはなぜですか』って質問してみたの。

『ドリームポイント』が今、パリの雑誌に載っているらしいのよ。唐沢くんも、『エルメット』ってブランド、知ってるでしょ。超高級ブランドよ。あそこの社長って、芸術家としてフランスの人たちがすごく尊敬しているのよ。

その社長が、スカーフなどのデザインを描いたり、アイデアを考えるときに『ドリームポイント』を使っているとインタビューで語ったらしいの。

それも、青インク！『日本には〝藍色〟というすばらしい色がある。このインクの色はそれに近く、イマジネーションが広がる』って言ったらしいわ」

「それで、あんなに買ってるの？」

「そうだって。パリへのお土産に、だって」

「ってことは、太田屋で青いインクのペンが欠品になったのは、偶然じゃないんだ。おかしいなと思ってた。普通は黒が売れるのに、太田屋に限って、青が売れるなんて！」

「これ、まだお店の人も知らないはずよ。うちのパリ支店は知っているかしら。唐沢くん、マーケ部にも確認をとって」

と三田さゆりが指示を飛ばします。

ネットを調べても、そんな記事は見当たりません。電話連絡を取った結果、東京にはまだこの情報が入っていませんでした。

「唐沢くん、これ、チャンスじゃない？　うちの青インクが『藍色』と言われて、パリで受け入れられているなんて、滅多にないチャンスよ」

「……すげーな。質問力……」

「え？　何言ってんの？」

「いや、このチャンスって、三田さんが、あの老夫婦に質問しなければ訪れなかったんだよね」

「そうよ。瀬木先生に習ったところだもの。好奇心バリバリで、『あなたのことをもっと知りたい！』モード全開でぶつかったわ。恥ずかし気もなくね」

「三田さん、もしかしたら僕たちは、すごい講義を聞いているのかもしれないよ。僕、これから『太田屋』さんの担当に会ってくる」

「わかった。私は会社に戻って、パリに連絡してみるわ」

これが、唐沢潤と三田さゆりの初デートの一部始終です。

ご飯も食べずに会社に戻ることになったけれど、きっともっと大きな満足を得られたに違いありません。

DAY 2

「聞く姿勢」を磨き上げる

「質問」は相手があってはじめて完成するもの。いい答えをひき出すためには、まず相手の緊張をほぐし、話したくなるような空気をつくる必要があります。ここで「第一声を質問にする」「モノマネで心の声を聞く」といったメソッドを学び、質問する土台を整えましょう。

講義 6

会話の第一声を「質問」からはじめよう

おはようございます。2日目ですね。エアコン、少し、効きすぎていませんか? 大丈夫? はい。では講義をはじめます。

さて、私は今、いきなり「質問」から講義をはじめました。

「エアコンが効きすぎていないか?」と皆さんに尋ねたのです。これに対し、皆さんは、首を横に振ったり、手を動かしたりして「大丈夫です」と反応してくれました。つまり「質問」に答えてくれたわけです。

たったこれだけのことで、私が質問する側、あなた方が答える側、という雰囲気が醸成されました。先行後攻を決めるかのように、私が質問する主導権を握ったわけです。しかも、部屋の温度という、2人が共通に話せる話題です。たわいもない話題ですから、アイスブレイクの役割も果たします。会話に入りやすくなりますね。

2日目は『「聞く姿勢」を磨き上げる』ことをテーマに話していきます。

初回の講義は、聞く姿勢の前に、相手の緊張を解き、気軽に「質問」に応じてくれる気持ちにさせる方法です。

「会話は、こちらの質問からはじめて、相手に答えさせる」

『暑くないですか』『電車は混んでなかったですか』『眠くないですか』など、相手とこの場を共有していることを感じさせる「質問」を投げかけるところから、すべての仕事をはじめてみましょう。

「今朝のやる気は10点満点で何点くらいですか」と数値化して聞くのも効果があります。入院すると看護師さんが「痛みは10点満点でどれくらいですか」とよく聞いてきます。数値化されたとたん、今の痛みを客観的に述べられるようになります。まずは自分から質問して、相手の参加意識を高める。勝負は、第一声です。積極的に質問を仕掛けていきましょう。何か質問のある人は？

「先生、聞く姿勢と言うから、すぐに傾聴力の話に入るのかと思ったら違いました。共通な話題で、まずは質問の先手を取る。相手に答えさせる。これが大切ってことなんですね」

「そうなんだ。よくある『傾聴力』はこちらの聞く体勢だけを考えればいい。相手がしゃべってくれるのが前提になっているからね。

でも『質問力』の場合は、相手がしゃべるのを嫌がっている可能性もある。緊張しているかもしれない。だからまず、相手に『質問』に答えてもらうことが大事なんだ」

「日本人は挨拶代わりに季節の話をすぐにしますけれど、あれもしゃべりやすい雰囲気をつくるアイスブレイクのようなものだったのね」

「アイスブレイクは、まさに『氷を壊す』ってこと。緊張で凝り固まった空気をほぐす意味合いがあるんだ。

雑談やゲーム、自己開示などあの手この手があるけれど、**一番簡単なのは、その場の共通項を探すこと。『お昼時は、エレベーターが混みますね』とか『あぁ、景色のいい会議室ですね』とか。身近であればあるほど実感が共有できるよ**」

「先生、しかも大切なことは自分から話すことなんですね。でも、得意先に行って『エアコン、このくらいの温度でいいですか？』なんて聞いたら失礼になるんじゃないかな」

「唐沢くん、それはダメに決まっているじゃない。もてなす側か、もてなされる側かで質問を変えないと」

「じゃ、どんな『質問』をするの？」

「私はこの前、得意先に行ったときに、受付のポスターが変わっていたのを見て、『ポスター変わりましたね。秋の新作ですか?』って尋ねたら、相手はニッコリしていろいろ語ってくれた。確かにあの『質問』ひとつで、その日は多くの情報を手に入れることができた気がする」

「さすが三田さん。しっかりと共通の話材を集めているね。『質問』にはいろいろな力がある。ただ知らないこと、わからないことを聞くだけじゃなく、**こうしてお互いの垣根を低くして、距離を近づける効果もあるんだ**」

「そういえば、僕の上司は、タクシーに乗れば『最近、深夜は儲かりますか』なんてすぐ聞くし、飲み屋に行っても『おすすめは何ですか』と聞いています。あれ、不思議に思っていたけれど、結構意味があるんだ」

「唐沢くんの上司は、きっと有能な営業マンだよ。『質問』することで相手の『声』をひき出す。**それだけで間違いなく相手の印象に残る。打ち解ける速さも格段に早いはずだ**」

「ずっと、ウザいなぁと思っていたけど、あれは無駄なように見えて、とても大切なコミュニケーションスキルだったんだ。今、気がついた！」

「先生、つまり大切なことは、まず自分が主導権を握って、相手にしゃべらせるってことなんですね」

「うん。『挨拶』って言葉はね、『挨』も『拶』も『押す』っていう意味なんだ。言葉でその場の空気を押すってことね。大きな声で挨拶をすれば、相手に『自分はやる気があるぞ！』ってアピールできる。『質問』もこれに似た力があって、言い出しっぺになって先に『質問』したほうが、確実に主導権を握れるんだよ。

「なるほど、だんだんわかってきたぞ。簡単な質問で先に質問して『私が先攻です』って宣言するってことなんですね」

「ご名答！　さらに語り合う場所も気をつけたほうがいい。**つい本音を出しやすいのは、ゆったり座るソファだと言われている。逆に必要な部分だけを簡潔に聞き出したいときは、立ったり歩いたりしながらのほうがいい**」

「スティーブ・ジョブズが、相手と散歩をしながら商談をしたというのは、ズバッと核心をついた話をしたかったからなんだろうね」

「うちの会社もそうだけれど、立って会議をするケースが増えてきたのも同じね。確かに無駄話が減った気がするわ」

「そうそう。『質問』をする環境、さらにはいつも相手に『質問』できる話材を探しておくこと。こうした環境への配慮があって、はじめて聞く姿勢ができてくるんだ」

「話材探しも『好奇心』がないとできないなぁ。ちょっと目が覚めました」

POINT

相手に話させれば、お互いの垣根が低くなる

講義
7

名司会者に学ぶべきこと

2時間目です。さて、ここから「質問力」の基礎となる「聞く力」について考えていきます。

どんなに「質問力」をつけたところで、相手の話をしっかり正確に聞けなければ、質問の精度は上がりません。「聞く」とは「質問」の材料を集めること。この材料次第で、相手の芯を突く「質問」ができるようになるのです。

まずは、あなたが「質問」を受ける側になったとして想像してみてください。質問者があなたの発言に対して、無反応だったらどんな印象を受けるでしょう。うなずきもしなければ、相槌も打たない。もしかしたら、相手は一生懸命聞いているのかもしれません。しかし、こちらの印象は最悪ですね。真面目に話すのがバカらしくなってきます。

聞くときは、「あなたの話を真剣に聞いている」という信号を出すべきです。

相手の話に合わせてうなずき、「はい」「なるほど」「それは知りませんでした」と相槌を打つ。そのリズムに乗って、相手はしゃべりやすくなってくるのです。

自分の反応を相手に伝えるために最も大切なのが「アイコンタクト」です。

1 相手におへそを向ける　2 あごをまっすぐ上にあげる　3 肩の力を抜く

おへそを向けるのは正面で向き合うため。あごをあげると不思議と相手は見られているように感じます。自信があるようにも見えます。また、肩に力が入っていると、「戦闘モード」に見られてしまい、相手も身構えてしまいます。

そして、大切なところになったら相手の鼻の頭を見て話すこと。目を見て話すと相手が萎縮してしまう場合があります。

聞くとは、聞いていることを伝えること。常に相手に学ばせてもらっているという謙虚な気持ちで聞けば、自ずとあなたの姿勢が伝わります。何か質問のある人は？

「瀬木先生、質問があります。私は、『アイコンタクト』を取るとき、相手の眉間のあたりを見ろと習ったのですが、鼻の頭なんですか」

「三田さん、いい質問だ。それに答える前に人間の眉について考えてみよう。**人間の眉はね、じつは人間の表情をつくっているんだよ。名優かどうかは『眉の動き』で決まるというくらい大切なんだ。**

眉を上にあげてごらん。目を見開いた感じになる。少し下げてごらん。怪しんでいる感じに見えるだろ。その眉のあたりをじっと見つめると相手はどう感じると思う。

『こいつは、私の心理を読もうとしているな』と警戒されてしまうんだよ」

「眉ってそんなに大事なんですか。だったら、こちらのリアクションには使えますね。眉を上にあげれば『びっくりしました！』みたいに相手に見てもらえる。聞く姿勢を伝えるのにすごく役立ちますよね」

「ははは、唐沢くん。あんまり大きく動かすとギャグまんがみたいになるから気をつけてね。
でも、確かに言う通りなんだ。『眉の動き』で聞く姿勢をつくることができる」

「先生、『ネクタイの結び目あたりを見なさい』と言う人もいますよね」

「そうだね。どこであっても、そこばかり見ていちゃダメなんだよ。じっとネクタイの結び目ばかり見てたら、違うことを考えているように捉えられてしまう。
講義で話したように、あごをあげて、うなずきながら話を聞いて、**ここぞというところで、鼻の頭を見る。そこからまっすぐネクタイの結び目あたりまで目線を下ろす。斜め下はダメだよ。否定しているように見えるから**」

「つまり、『何ジロジロ見ているんだよ！』と思われないように、目線を動かすといいんですね」

「その通り。話の内容や相手の性格によっても『アイコンタクト』は変えたほうがいい。でも**基本は、1　おへそを向ける　2　あごを上にあげる　3　肩の力を抜く**だよ」

「会議やプレゼンなど相手が複数いるときは、どうすればいいんですか」

「同じだよ。話者におへそを向けて、あごを少し上にあげて聞く。大切な場面では、相手の鼻を2、3秒見て、まっすぐ目線を下におろす」

「わかりました。練習します！」

「先生、私の先輩で、営業トークが上手な女性から聞いたんだけど、いつも少し揺れるイヤリングをつけているんですって。うなずくたびに揺れるでしょ。それだけですごく聞いている印象を与えられるって教えてくれました」

「人は動くものに反応する。イヤリングが動くと、つい顔を見ちゃうんだ。外見もメッセージのひとつだからね。
いつもTシャツでいるのがその人のスタイルであっても、相手は『私に会うのは普段着でいいと思っているんだな』というメッセージに捉えてしまう。相手本位で考えるべきだよね」

「先生。じつは僕、『ほ～』とか『そうですかぁ！』と相槌打つ人、嫌いなんです。調子がいいというか、誠実じゃないというか。
それに『はい』とか『そうですね』『なるほど』ばかり言っていると、マンネリっぽいし、嘘くさくなりませんか。相手の言葉に反応するいい方法は、他にありませんか？」

「いかにも唐沢くんらしい質問だ。いいね。君には嘘くさいと言われるかもしれないが、とっておきの相槌があるので、それを伝授しよう。
確かに相槌は、『ふんふん』『はぁはぁ』と言っているだけでは、真剣に聞い

ている感じがしない。実際に録音してみると、普通の相槌は非常に頼りない。じゃ、テレビの名司会者がどんな相槌を打っているかというと、じつは、彼らは相槌を口にしない。下手に『はい』『なるほど』と言っていると、あとで編集しにくいからね」

「確かに！　うなずいているはいるけど、声は出してないですね！」

「その代わり、**『驚きました』『それはひどい話ですね』『悲しいなぁ』『よかったですね』と話の内容に即した自分の感情を、顔の動きや態度で示しているんだ**」

「自分の感情を相槌にするのね！」

「さらに彼らは、『倒置法』を使って、その感情を強調する。
例えば、『聞かせてください！　その話』『誰ですか？　その人は』『驚

いたでしょう、そんなことを言われたら』なんてね。文法をわざと崩して聞きたい言葉を先に持ってくる」

「……そんなことまでするんだ。人の話をムスっと聞いているだけの僕は大反省だ」

「広告マンは、言葉のプロだからね。効果的な日常会話はどんなものか、いろんなものを録音して研究しているんだ」

「ここまでするんですね！　プロは！　これ、倒置法。
私、結構自然にやっているかも。これから意識して使います！　あ、行かなくちゃ！　もうこんな時間！」

POINT

好感を持たれる相槌にはコツがある

講義 8

「聞く姿勢」の基本スタンスとは何か？

3時間目です。今回は、人の話をどのようなスタンスで聞けばいいかを考えてみましょう。

あなたが話を聞く相手は、あなたと育った場所も仕事も世代も違うかもしれません。人生哲学も政治信条も価値観も同じではないことも多いにあります。聞いているうちに、あなたとは異なる考え方も出てきます。

「それは違うと思います」「そういう考え方は古くないですか」「今どき、そんなことを言う人いませんよ」と反論したくなることも多々あるでしょう。

しかし、そこでいちいちひっかかっていたのでは、「質問」が「反論」になってしまいます。**相手の本音をひき出し、よりよい解決策を考えるという本題から外れてしまいます。**こうならないようにするために、

「相手の立場に立って聞く」ことを忘れないでください。

相手の意見をいちいちバットで打ち返すのではなく、両手にグローブをはめてしっかり受け止める。今いる場は、肯定・否定に分かれて討議するディベートではないのです。考え方が違っても、それを一旦腹に入れる器量を持ってください。

自分の主義主張を捨てる。相手を評価しないで聞く。私も、若い頃はこれができませんでした。一番大きな壁がここでした。担当する政治家の方と政治信条が違う。企業トップの考え方に違和感がある。

しかし、そこで反論や拒絶ばかりしていたら、水かけ論になる可能性が極めて大きい。そこから新しい解決策は生まれてこないでしょう。**まずはあなたが、相手の立場に立って考える。それが「聞く姿勢」の基本スタンスです。**

訓練のためにも、あなたの意見とは異なった新聞やネットの論調に触れてみましょう。拒絶せず、相手を知ることに努めてください。何か質問のある人は？

「これは難しいなぁ。僕は、自分の考え方を捨てたり、隠したりして人の話を聞くことはできません。そこまでして、仕事をやる必要があるのかなぁ、って思ってしまいます」

「私も同じ気持ちです。例え黙っていても、顔に出ると思います。相手の意見を全部受け入れるなんて、そんな聖人君子みたいなこと、難しいわ」

「2人とも、猛反撃だね。気持ちはわかるよ。でも、ちょっと聞いてほしいんだ。私は広告会社に長く勤め、いろんな企業の商品を広告宣伝している。

でも、困ったこともあるんだ。例えば、私が『ハヤト』のクルマが大好きで、学生時代から『ハヤト』しか乗ったことがないとする。でも、得意先として『ハヤト』のライバル『カシマ』の仕事が入った。心情的には『ハヤト』、仕事は『カシマ』。

さて、2人なら、どうやって仕事をするかな」

「私は、やっぱりビジネスと割り切って『カシマ』の仕事を受けますね。それがプロフェッショナルだと思うから。でも、自信はないわ」

「僕は、受けないかもしれない。少なくとも上司には『ハヤト』びいきで『カシマ』のクルマの宣伝をするなら、別の人のほうがいいと言いますね」

「そうだね。それが正直なところだろう。私もずっとそうだった。
しかし、あるとき先輩にこう言われたんだ。
『何をひいきにしているかなんて小さな話だ。今、運命の巡り合わせでお前の目の前に来てくれた商品や企業に〝感謝〟しろ。そして仕事に臨め』とね。
ガツンとやられた気がしたよ。自分が望もうが望むまいが、私の目に前に商品が来てくれている。まずはその巡り合わせに感謝して仕事をしようと思ったんだ」

「感謝かぁ。気持ちはわかるけど、やっぱり僕は顔に出ちゃうと思う。好奇心も湧かない気がします」

「先生、相手の身になることが大切なことはわかりました。
でも、どうしてもそれに反論したいときはどうすればいいのでしょう。
相手にも、こちらの立場になって考えてもらいたいときもあります！」

「ははは、2人とも強烈だねぇ。まぁ、それくらい自分の意見をしっかり持っているのはいいことだ。
よろしい。では、ひとつだけ『質問力』を使って、相手の意見に反論を述べる方法を教えよう。**反論するときに避けるべきは、個人と個人の意見の衝突になることなんだ。**
『太田屋の部長』の意見に、『タチキの唐沢潤』が反論する。
2人の関係にはビジネス上の上下関係もある。ここで『唐沢潤の個人的な反論』をぶつけて『君は私に歯向かうのか。生意気なやつだ！』なんて思われたら、その意見がどんなに正しくても今後のビジネスに得することはない」

「……昔はよくやっていました。今はそれが子どもじみて見えて、つっかかりもしませんけど」

「うん。こういうときは、まずは相手の意見を聞いてそれを復唱するんだ。例えば、『秋の行楽シーズンにそんな子ども向けのイベントをやるべきじゃない』と相手が言ったら、『部長。秋の行楽シーズンに子どもイベントは向いていないと思われるのですね』と答える」

「おうむ返しですね。このときは、少し冷静に話したほうがよさそうね」

「三田さん、その通り。**相手の話をひきとって、冷静にオウム返しをする。そして、ゆっくりと『なるほど……』と言って、4秒待つ**」

「なんで4秒なんですか？」

「4秒は人間が待つのにちょうどいい時間なんだ。3秒じゃ短く、5秒じゃ長い。4秒かけて相手の意見を体に入れて考えたように見せる」

「確かに、4秒黙られると、心配になって相手も冷静になりそう」

「そのあとに、体を相手に向けあごを上げて、『確かにそうかもしれませんが、受験勉強が本格化してくる秋こそ、子どもに向けた文房具の季節だと**考える人も多いと思います**』と個人ではなく、多くの人の意見として自分の主張を語るんだ」

「**自分の意見でも、複数の意見のように見せると相手も聞かざるを得ない**」

「その通り。相手の意見を復唱し、『なるほど』と言って4秒考える。そして、自分の意見を複数の意見として言うわけだ」

「ただぶつかればいいってもんじゃないんですね。うーん、勉強になった！」

POINT

〝4秒〟を使いこなせる人になろう

講義9

モノマネで相手の「心の声」を聞く

4時間目になりました。みなさんの職場でも「この人とあの子は付き合っているな」と感じる人がいませんか。とくに現場を目撃したわけでもないのに、みんなが薄々感じているみたいな。

これ、知らず知らずのうちに、2人が同じような仕草や表情をするからなんです。同じようなタイミングで笑い、同じような格好で人の話を聞く。付き合っているうちに、だんだんと息が合ってきているんですね。

心理学では、これを「ペーシング」と言います。知っている人も多いよね。

「聞く姿勢」を磨くには、この「ペーシング」を活用します。相手と息を合わせていきましょう。

まずは服装。自分の個性を発揮する場は自由で構いません。しかし「質問」で相手の意見をひき出す場では、なるべく相手に揃える。相手がTシャツなのにこちらがスーツにネクタイでは息苦しいでしょう。飲みものも同じものにします。ただし、気づかれないように。真似していることがわかると疎んじられます。**相手の感情、相手の話の速さに自分を合わせてください。しっくりこないのは、2人のコンディションが違うからです。**

相手が落ち込んでいるのに、あなたが朗らかにしていれば「人の気持ちのわからないやつ」と思われます。ゆっくりした口調なのに、あなたが弾丸トークならば「耳障りだな」と嫌われます。

同じ相手のモノマネを何度かしていると、相手の体調や喜怒哀楽の状態がわかるようになります。「今日は、早く切り上げたい」とか「そこは質問されちゃ困る」といった相手の心の声まで聞こえるようになってくる。言葉の内容よりも体から発せられる声の具合で、相手を理解できるようになります。

長年コミュニケーションの現場にいてわかったことは、**「聞き上手は、モノマネ上手」だということ。下手な人は、自分に固執しすぎて人の話を聞いていません。**何か質問のある人は？

「あぁ、今の講義は、僕のもっとも苦手とするところだった！　僕はアマノジャクなところがあって、相手のペースに合わせるのが嫌いなんですよ。それが不真面目に見えるらしく、『ちゃんと聞いているのか？』とか『お前は、言われた通りのことしかやらない』って言われる。別れた彼女もしゃべるのが長いし、話すペースがゆっくりだし、いつもイライラしていました。あのペーシングは、やっぱ無理だったな」

「怒り心頭だねぇ。今の唐沢くんの『心の声』を聞くと、『僕は人に合わせたくない！』という叫びが聞こえるよね。確かにアマノジャクだ。そのイライラした気持ちをベースに発言している。だから語気も荒いし、早口になっている」

「私もそうです。上司の口数が少なくて、ぼそぼそ小さな声で話すんです。『今の企画書にまとめて』って言うんです。よくわからないから適当につくると『あれ？　これだけ？』と言われます。『おまえ、これしかしゃべって

ないだろ！』と怒りがこみ上げてきます」

「うーん。２人は結構気が合うね。今の三田さんの発言は、唐沢くんと話し方の状態や呼吸のペースがぴったりだった。見事に『ペーシング』している。普段、『おまえ！』なんて言わない三田さんが、唐沢くんに合わせて語気を荒げたわけだ。息がぴったり合えば、話が合う。話が合えば、本音がひき出せる」

「あ、ごめんなさい。知らないうちに唐沢くんのペースに乗っていました。
でも、**確かに相手のペースに合わせることで、話しやすくも聞きやすくもなりますね**」

「そうなんだ。『聞く』というのは耳だけでなく、呼吸、脈拍、体の向き、ジャスチャーなど体全体を使うものなんだよ。
体の使い方が似てくれば、相手の心の動きをキャッチしやすくなる。長いこ

とこの仕事をしているとね、誰と誰が相性がよさそうかまで、ピタリとわかるようになるものさ」

「先生、話がとっちらかっている人や口下手で言葉数の少ない人の話は、いくら呼吸や体の向きを揃えてもわからなくないですか」

「それでも聞かなくてはいけないのがプロなんだよ。

私の依頼者の中には政治家もいます。饒舌で話すスピードも早い。いつも忙しいせいもあるけれど、話がとっちらかって何が言いたいのかわからない。自分でそれがわかるらしくイライラしている。『ここまで話したら、あとはわかるだろ！』と言うけどちっともわからない。

こういうときは、とにかく相手の言った単語を『おうむ返し』にする。『働き方改革が大事なんだ！』と言ったら『働き方改革が**大事**なんですね！』と相手の感情のこもる箇所を少し強くして返すんだ。

すると、**彼の頭には『大事』という言葉が残る。**次には、**『積極的に有給休暇を取ることが大事なんだ』と彼が『働き方改革』の中でも特に『大事』にしているポイントをしゃべり出してくれる。**

これは高等テクニックだ。しかし、『おうむ返し』をするだけでもかなり効果はあるよ」

「口数の少ない人にも有効ですか」

「そうだね。口数の少ない人が、『私は、このデザインは好きじゃありません』と言ったとする。そのあとに『どうしてですか？』と返したら、黙ってしまうだろう。

『お好きじゃないんですね』とおうむ返しをする。

そのあとは沈黙だ。相手がしゃべるまで根気よく待つ。**なぜなら口下手の人にとっては、その『間』の時間までが会話なんだ。次にどんなことを言おうか**

考える大切な時間なんだ。できるだけ遮らないように」

「なるほど。**『おうむ返し』も『相槌』と同じように、あなたの話をよく聞いているという印象を与えるものなんですね。**『あなたの話をもっと聞きたい』という好奇心の信号になるってことか」

「しかし、僕は『おうむ返し』も嘘くさくしかできない気がするなぁ。なんかないですかね、嘘くさくなく相手と息を合わせていく方法は」

「うん。じゃ、練習法をひとつ教えてあげるよ。それは普段の会話の中で、相手との『共通項』を見つけることを心がけるんだ。同じ学校だったり、郷里が同じだったりすると『私も同じです！』って盛り上がるだろ。同じようなボルテージになる。それが『ペーシング』の基礎なんだよ」

「なるほど、そういえば先生、どちらのお生まれですか？」

「私は、生まれも育ちも江戸っ子だよ」

「僕も同じです！　あ、ほんと、今、息が合った感じがしました！」

POINT

聞き上手な人はペーシングがうまい

講義 10

会話全体の7割を聞くことに使おう

さて、「聞く姿勢」についての最後の講義になりました。最後に「聞く姿勢のカリスマ」の話をします。私が最も尊敬する人の1人です。通常、企業のトップは、雄弁で多くの聴衆の前で堂々と語るイメージがあります。

しかし、彼は全く違います。**1時間打ち合わせをすると、7割以上の時間を「聞き役」に徹するのです。**

しゃべり方は非常におだやかで、ゆっくりです。

2、3分のアイスブレイクのあと、身を乗り出して、「この件につきまして、瀬木さんはどのようにお考えですか」と必ず名前をはさんで尋ねてきます。

いきなり核心をついた質問です。哲学的で、社会情勢に精通していないと答えられないような内容です。私は脳みその知識をフル動員して答える。トップは、それを静かに聞いています。

時折「私もそう考えます」「そこは意見が一致しますね」と共感の言葉を入れてきます。極めつけは、「質問」に対する私の答えに「あぁ、私と同じだ。どうして私がそう考えるってわかったのですか」と嬉しそうに語りかけてくる。
こういう言葉を聞くと、ホッとします。すべて自分で答えは持っているのに、それを全部「質問」をして語らせ、自分の意見の栄養にしていくのです。

会話全体の7割を聞くことに使う。ただ聞くだけでなく、選りすぐりの「質問」をぶつけてくることで、相手の能力を徹底的に活用する。私はコミュニケーションの帝王学を学ばせて頂いています。

「聞く姿勢」を身につけ、シャープな「質問」をぶつけられるようになれば、周囲を巻き込みながら、いくらでも自分の仕事を有利に進めていくことができるんです。

あなたも7割の時間を聞くことに徹してみてください。ビジネスの質が変わります。何か質問のある人は？

「かっこいいですねぇ。そのトップの方。
きっと瀬木先生以外にも傾聴の姿勢で臨まれているのでしょうね」

「本当のトップは、持論をギャーギャー言わないんだよ。権力を持つと、相手は耳障りのいいことしか言わなくなる。だから人の何倍も傾聴するようになるものなんだ」

「僕は、カリスマといえば、スティーブ・ジョブズのように、プレゼンの神さまみたいな人をイメージしていました。YouTubeでも若いカリスマ社長が、ガンガンにしゃべってますよね。どちらかといえば発信力のある人が上に立つのかと思っていました」

「もちろん、そのトップだってプレゼンはうまいよ。何万という社員の前で、ゆったりと、わかりやすく語ることができる。
しかしその能力もまた、人の話に耳を傾けることで培われたものだと思うよ」

「でも、先生。僕、彼女と一緒のときは、7割以上彼女にしゃべる時間を与えていたと思います。

でも、いっつも『ちゃんと、聞いてるの？』と言われた。確かに、興味のない話が多くて、あんまり聞いていなかったんだけど。

先生、7割相手にしゃべらせて、『あいつ、黙っているだけだな』とか『消極的だな』とか思われませんか」

「無関心じゃダメだよ」

「それ、時間の問題じゃないと思うわ。一番いけないのは、唐沢くんが『聞いてない』ってことよ。

相手の人は、唐沢くんに聞いてもらいたくて、いろんな話をしたんだと思うわ。でも、あなたは聞かなかった。

きつい言い方をすれば『あなたのことをもっと知りたい』という気持ちが唐

沢くんになかったのよ」

「三田さん、どうして僕がそう考えてるとわかったの？
いや、この講義を昨日から聞きながら、うすうす感じていたんだ。僕は彼女に対する興味をどこかで失っていたのかもしれない。
なんとなくお付き合いで調子を合わせていたけれど、それが彼女にはバレていたんだって。
気づかなかった自分がバカだった」

「唐沢くん、慰めるわけじゃないけれど、それに気づけたのは幸いだよ。
彼女の存在がなければ、君はこの講義をここまで深く聞けなかったかもしれない。彼女には感謝したほうがいい。
私はどんな相手にもはじめに『大好きだ！』と心の中で叫んでから話を聞くようにしている。そうすると『ラブラブ光線』が出るような気がするんだ」

「先生、お言葉ですが、『ラブラブ光線』ってちょっと古くないですか」

「仕方ないわよ、先生、昭和の人なんだから！」

POINT

本当のトップと言われる人ほど、「傾聴」の姿勢ができている

STORY

2 唐沢潤、太田屋に走る

講義を終えて唐沢潤は、銀座の文具店「太田屋」に急ぎました。

三田さゆりがパリ支店から送信してもらった「エルメット社長」の記事。確かに、嬉しそうに「ドリームポイント」を持った写真が掲載されています。

「これは、『エルメット』の社長、シャルル・ブレル氏じゃないか。親日家でね、うちの店にも時々お忍びで来るよ」

と写真を見て、太田屋の塚田部長が言いました。

「すみません。英語圏は網羅しているのですが、フランスの最新の記事まではチェックしていませんでした。これが『ドリームポイント』の青インクの売上と関係があるように思えたもので」

と唐沢潤は、素直に情報取得が遅れたことを謝罪します。

「そうだよね。いきなり青インクが売れたので、不思議に思っていたんだ。しかし、いかにも芸術家肌のブレル氏だ。この青を日本文化の『藍色』だと言っている。彼は今でもフランスの文化やデザインに影響を与える重鎮だ。フランス人がお土産に買って帰る気持ちもわかるな。

申し訳ないが、唐沢さん。もう少し詳しい情報と、とりあえず青インクの追加をお願いできるかな。夏休みで海外のお客さんも多いんだ」

潤は、塚田部長の正面を向き、呼吸を合わせました。少し早い。興奮しているようでした。

メモ帳を出し、「芸術家肌」と大きな字で書く。塚田部長が「重鎮」と言ったあとにすかさず「重鎮なんですね」とつぶやきました。

「部長、ひとつお聞きしたいのですが。こうして海外のセレブが日本の文具を使う話が逆輸入されたケースってあるんですか」

「うん、あるよ。日本の文具が、パリやロンドンで認められる。あっちで販売しているモデルを逆輸入品として販売する。希少価値が出て、日本製品なのに売れるんだ。デザインが日本で売っているものと違うとなおいい。品質は日本製、デザインはパリ。うちのお客さんには好かれるパターンだ」

潤は大きくうなずき、深々と頭を下げて去ろうとしたとき、塚田部長が、

「唐沢さん、なんかいいことでもあったの？　なに、急にやる気出しちゃって」

先日、大目玉をくらった人とは思えない人懐っこい笑顔です。

「ドリームポイント、もうひとつ新しい話題がほしいんだ。がんばってくれ」

と言われて駅に急ぐ潤。不思議な高揚感。ちょっと新人の頃に戻ったようです。

帰社してすぐに三田さゆりに報告へ。さゆりも、潤のほうに体を向けて、要所要所でうなずきながら聞いています。

それが潤には、なんだか嬉しかったのです。


「唐沢くん。その逆輸入ってパターン、やってみない？　パリでつくって日本に逆輸入する。私、企画書つくるよ。パリにも問い合わせてみる。

それとさ、ひとつお願いがあるんだけど。私は企画部だから、営業と違って直接お店の方の話を聞く機会が少ないのよ。ぜひ、太田屋さんの塚田部長に会わせてくれないかな。唐沢くんの足をひっぱるようなことはしないから」


潤はふたつ返事です。不思議なものです。

つい先日まで、怒られるのが怖くて顔を見るのも嫌だった塚田部長。「よぉっし！大好きダァ！」と気合いを入れて会ってみたら、何ひとつ怖くなかった。そして褒められもした。

三田さゆりの情報収集力と行動力も刺激になっています。正直、「逆輸入商品をつくる」なんてところまで頭が回らなかった。

手元の記事のコピーを覗き込むと、「エルメット」社長シャルル・ブレル氏が「ドリームポイント」を自慢気に持っています。

どこか塚田部長に似た、人懐こい笑顔でした。

DAY 3

5つの「質問の型」で的確な答えを導く

ここでご紹介する「質問の型」をマスターすれば、どんな人でも自由自在に、相手から良質な情報や的確な答えをひき出すことができます。「主語をあなたにする」「5W1H」「タテ型ドリル」「理想と現実」「起承転結」——この5つの型は、将来あなたの最強の武器になることでしょう。

講義
11

質問の型①
主語を「あなた」に変える

さて、3日目になりました。今日からは、的確な答えを導く方法を具体的に説明していきます。

皆さんの中には、「口下手なので臨機応変に質問することはできない」と思っている人も多いでしょう。安心してください。「質問力」にはいくつかの「型」があるのです。それを覚えてしまえば、誰でも相手から的確な答えを導き出せるようになります。

すぐに使える「質問の型」①は、

「話すときの主語を『私』から『あなた』へ変える」

これまで皆さんは、自分や自社商品のアピールを中心に会話を進めてきました。「私が」どういう人間であるか。「自社製品が」どのようにいいものなのかを語る。常に、「私」を主語にした自己主張で会話をしてきたはずです。

これを改めましょう。

「あなたは、今何に困っていますか」「あなたはどう感じましたか」「あなたなら何からはじめますか」といった、**「あなたは○○ですか?」と2人称の疑問形を発言の中心にするだけで、簡単に「質問のスタイル」ができ上がります。**

この方法だと、これまで口下手だった人でも積極的に会話に参加できます。

なぜなら「あなた」を主語にして質問すれば、語る大半は相手になる。あなた自身が「何をしゃべろうか」と悩む必要がないからです。

さらに高等テクニックです。**最初に「私は○○と感じました。あなたはどのように感じましたか?」と、自分が感じたこと、実感を自己開示してから「質問」する。**

これだけであなたがオープンな人間に見えます。1日目に鍛えた「質問脳」は、主語を2人称にして使うとすぐに威力を発揮します。何か質問のある人は?

「子どもの頃から、『自己主張しなさい』『自分の個性を大事にしなさい』と習ってきた私たちにとって、『私は』で語らず、『あなたは○○ですか？』で全部語るなんて思いもよりませんでした」

「僕もです。これまで営業マンとして『私がご提案したいのは○○』『うちのドリームポイントは○○』と、ゴリゴリ自己主張をしていました。それが有能な営業マンの姿だとばかり思っていました。

確かに『私が、私が』で押していくと、押し売りっぽいし、安っぽく見えますよね」

「『説得術はプレゼンの極意』なんて本がたくさん売られている。相手を自分の言葉でねじ伏せたいと思っている人が多いのも確かだね。

でも会話は、そういうものじゃない。そこにいる人が一緒につくっていくものなんだ」

「でも、実際にやるとなると、本当に会話が成立するのか不安です。例えば『ドリームポイント』の新製品が出たとき、

『新しいドリームポイントが出ました！　今回の特長は○○』

と説明しなかったら、売り込みにならないんじゃないかな」

「唐沢くん、そうとも限らないかもよ。最初に、

『あなたは、今の「ドリームポイント」でどこか気に入らない点がありますか？』

と聞いたら、『少しマンネリ化している』『インクの減りが早い』『若い人からはデザインで敬遠される』なんてことを相手が言ってくるかもしれない。

その相手の言葉をヒントに、新製品を売り込んだほうが確実じゃない？」

「なるほど、押しつけがましくない！　しかも、相手が望んでいるものを新製品として持ってきた感じがある」

「三田さん、ありがとう。私が言いたかったことはまさにそれだ。**会話は、しゃべる側より聞く側にメリットがある。新しい情報が手に入るからね。情報を得るためには主語を『あなた』にして、相手にどんどん話してもらったほうがいいだろ**」

「なるほど。しかし、次の新製品が、マンネリ解消でも、インクの改善でも、デザイン変更でもなくて、例えば廉価版をつくっただけだったら、相手の思いとは違うから、余計にがっかりされるんじゃないかな」

「そんなことないかもよ。**そういう場合は、自分の実感も入れて、**

『私はヘビーユーザーなので、もっと安く買えたらいいなと思っています。も

し、これまでより安いものが出たら、ほかのお客さんはどう反応されると思いますか』

なんて『質問』を変えていけばいいんじゃないのかな」

「三田さん、企画やめて営業に来ない？ 聞いていたら『廉価版』の期待値が上がっていくような気がしたよ」

「三田さんは、広告会社にもほしいくらいだ。

今のやり方は『ティザー広告』と言ってね、商品をはじめから大体的に見せず、断片的な情報を与えて、相手の期待値を上げていく手法なんだよ。

三田さんと会話している相手は否が応にも、『ドリームポイント新製品』への期待値を上げているよね」

「そうかぁ、**主語を『あなた』にして『質問』を重ねていけば、相手の会話量が増える。その分、相手の考える時間も期待値も増えていくわけだ。**こっちがペラペラしゃべるのとは大違いだな」

「これは誰にでも簡単にできる。そして、どちらかと言えば、しゃべるのが苦手な人のほうがうまい。しゃべらない分、ちゃんと聞ける。それが相手の信頼に繋がるんだ」

「子どもの頃、合気道を少し習っていたんだけど、『質問力』と似てるな。力と力で争ったりせず、相手の力を利用して、自分の力にしていく。まさに『合気』が『質問力』じゃないかな」

「唐沢くん、いいこと言うなぁ。どこかで今の話、使わせてもらうよ。会話は、そこにいる人全員の『合気』で成立するものなんだよね。独りよがりが一番いけない。

主語を2人称にすること。若い君たちに是非覚えてもらいたいテクニックなんだ。講義が3日目を迎えて、3人の『合気』も随分よくなってきたな。うれしいよ。さぁ、2時間目に行こう」

POINT

2人称で問いかければ、自然と相手の期待値が上がる

講義12

質問の型②「5W1H」を会話文に取り入れる

2時間目も口下手な人、「質問」が苦手な人に向けたテクニックです。

いくら「あなたを主語にして質問する」と言われても、その質問の内容自体が思いつかない人もいるはずだよね。

そんな人のために、覚えてほしいのが、「5W1H」の活用です。

「いつですか（When）」「どこですか（Where）」「誰がですか（Who）」「何をしたんですか（What）」「なぜですか（Why）」「どうすればいいんですか（How）」の「5W1H」。これをベースに「質問」を組み立てます。

これを、会話の中に挟み込むクセをつけていきます。

例えば、あなたの恋人やパートナーが、「最近、どこにも一緒に行ってない。旅行に行きたい」と言ったとします。

このとき、「今、忙しいんだよ」と言い訳をしたり、「今度、連れて行ってやるから」などと曖昧な回答をしたら、相手はカチンとくるに決まっています。

「いつ頃行こうか」「どこに行きたい?」「行ったら何をしようか」「どうすれば行けるかな」と「5W1H」の中から、適したものを選んで返答します。とても、積極的で丁寧な応対に聞こえますね。

このように「質問」の内容を深く考えなくても、「5W1H」を使いこなせば、ある程度の「質問力」は発揮できます。

ビジネスの場合でも「いつ頃から売上が落ち出しましたか」「このプロジェクトの重要人物は誰ですか」「あなたはそのとき、どのような行動を取られたのですか」など問いかけられますね。

「5W1H」は、誰でも簡単に「質問力」が向上できる強い味方です。今日からすぐに使ってください。何か質問のある人は?

「『5W1H』って、どちらかというと文章を書くときに重要視されますよね。特に新聞記事のようなしっかりとした文章を書くときに必要なものでした。同じものを会話でも使えるんですね」

「じつはこれ、教えている大学生に口下手な子がいてね。ゼミでも、懇親会でもまったくしゃべれなかったんだ。あるとき、悩みを打ち明けてくれた。人の話を聞いても、何を話していいかわからない。変なことを聞いて笑われるのが怖いと真剣に悩んでいたんだよ。

そこで私が教えたのが、『5W1H』活用法。
誰かの質問に対して、この中からひとつでもいいから、『質問』してみる。
はじめは口ごもっていたけれど、
『それは**いつ頃から**はじまったんですか』（When）
『そのお店は**どこに**ありますか』（Where）

『**誰が**キーパーソンなんですか』（Who）
『手に持っているものは**何ですか**』（What）
『**なぜ**、A案のほうが優れているんですか』（Why）
『**どうすれば**、そこに行けますか』（How）

とゼミでも日常会話でも質問できるようになってきた。
『5W1H』なら、相手もよく知っているから答えやすい。それを繰り返していくうちに、会話力が上がっていきました。コミュニケーションが苦手という人は、ぜひやってほしいな」

「こういう講義を聞くと、心が痛みます。僕は彼女に対して、全く『5W1H』ができていなかった。『旅行に行きたい』と言われても、『いつかね……』くらいしか答えていなかった。

大体、僕の会話全体に『5W1H』で相手に『質問』するという観点が抜け落ちていました」

「唐沢くんの場合は、コミュニケーションが苦手なわけじゃなくて、相手への興味関心が薄かったのよ。仕事もちょっとそんなところあったしね。だから私は、瀬木先生の講義で刺激を受けてほしかった。今のところ、大正解だったと思う」

「ははは、確かにね。3日目にしては進歩が早い。連れて来てくれた三田さんのおかげだね。

関西に出張するたびに思うけれど、所謂『大阪のおばちゃん』は『5W1H』をじつに見事に使うよ。この前も、関西の女性数人と食事をしたんだけど、1人が安くて履きやすそうな靴で来たんだ。すると、残りの3人が、

『いつ、こうた（買った）ん？』『どこで、こうた（買った）ん？』『誰に、こうて（買って）もろたん？』『まだ買える？』

と興味を示して、『ええなぁ、私も買いたい！』と叫んだ。関西人のコミュニケーション力を目の当たりにした感じだよ」

「東京だったら、『あら、その靴素敵じゃない？』くらいで終わりですもんね。関西のおばちゃんの『好奇心』はすごいな」

「ただおしゃべりしているように見えて、あちこちで『質問力』を駆使している。見習うべき点がたくさんあるんだよ」

「先生、『５Ｗ１Ｈ』で『質問』する順番はあるんですか？　全部使わなくちゃいけないんですか？」

「それはあまり気にしなくていい。文章を書くのと違って、会話は流れだからね。一番適していると思うものを使えばいい。同じものを使っても、構わないんだよ。

『その靴、どこで買ったの？』
『銀座よ』
『銀座のどこで買ったの？』

と**重ねることで、より正確な情報を得ることができる。おまけに相手には『すごく興味を持っているんだな』と思われる。**こんな感じでいいんだよ」

「これ、初対面の方の基礎情報をひき出すときにもいいですね。
『いつ頃から今の仕事をされていますか（Ｗｈｅｎ）』『どこにオフィスはありますか（Ｗｈｅｒｅ）』『どんな人を尊敬していますか（Ｗｈｏ）』『今、何に熱中していますか（Ｗｈａｔ）』『なぜ、この仕事を選んだんですか（Ｗｈｙ）』『どうすれば今後あなたとコンタクトがとれますか（Ｈｏｗ）』なんて、いろいろ聞けますね」

「うん。そうなんだけどね、ひとつ問題があるんだよ。これは次の講義で説明するところなんだけれど、あまり一度にいろんな『質問』を浴びせるのは、得策じゃないんだ。

でも三田さんが言うように、いろんな『質問』を考えることができるのは事実だ。『質問脳』をつくる訓練としても、様々なバリエーションを考えてほしいな」

「次の講義が楽しみです！　終わったらまた、ここに来ます！」

POINT

コミュニケーションが苦手な人にうってつけ

講義
13

質問の型③
「タテ型ドリル」で核心に迫る

さぁ、続けます。さらに皆さんに「質問力」をつけていく方法を伝授しましょう。今回は、さきほどの「５Ｗ１Ｈ・活用法」の精度をさらにあげるテクニックです。それは「タテ型ドリル・質問法」というものです。

もしも、あなたが初対面の人に「質問」されたとき、「どんな仕事をされているんですか」「お住いはどちらですか」「趣味はなんですか」と続けて聞かれたら、どんな印象を受けますか。
脈略もなく、思いつくままに聞いてくるばかり。「もうそれはわかったから、次の質問へ！」みたいな身勝手な感じがします。心は閉じるばかりです。

「タテ型ドリル・質問法」は、その名の通り、同じテーマをタテに、タテに、深掘りしていきます。それも、「５Ｗ１Ｈ」を活用して。

例えば、初対面の人が、「最近、引っ越しをした」という話題を出してきました。この話題をブレずにタテに掘っていきましょう。

「いつ引っ越されたのですか（When）」「どこへ引っ越されたのですか（Where）」「どうして引っ越されたのですか（Why）」と深く掘っていきます。

1回の深掘りは、3回程度。経験上、それ以上質問を重ねるとしつこい印象を持たれます。相手の様子を見ながら続けるかどうか判断してください。

立て続けにバラバラ聞いていると、相手は「いいから俺の質問に答えろ！」と言われているような圧迫感を感じます。これはね、「質問」じゃなく、刑事の「尋問」だよ。

相手に心を開いてもらうには、「ここだ！」というテーマを決めて、3回程度は深掘りするように心がけてください。タテ型ドリルで、ひとつの穴を深く、深く！　そんなイメージで質問を組み立てましょう。何か質問のある人は？

「先生、私、すっごく反省しました。興味が湧くとあれもこれも聞きたくなります。たくさん聞かないともったいない気がして、思いつくままにどんどん『質問』していました」

「僕も同じです。深掘りするかしないかは、こちらの理解度と興味で決めていました。

相手がもう少し詳しく説明しようとしているのに『それはもうわかったから、次の質問させてよ！』ってイライラすることも多かったな。僕の印象、相手には相当悪かったろうな」

「私の講義の1日目を常に思い出してほしいんだ。『質問』の真ん中には常に『好奇心』がある。『あなたのことをもっと知りたい！』という強い気持ちが『質問力』になると言ったよね。

もし、この気持ちが本当にあるのならば、質問してひとつ答えを聞けば、もっと詳しく聞きたいと思うはずだ。

『それはいいから、次の質問！』というのは、『あなた』にではなく『自分』にしか興味がない証拠だよ」

「そういえばこの間、唐沢くんから『いつまでパリに住んでたの』『パリのどのあたりで暮らしてたの』『どうしてパリだったの？　親の仕事の関係？』って聞かれたとき、自然に答えることができた。
パリのことについて集中して考えられたからかもしれない。不思議と当時のことが思い出せたし。あれは確実に『タテ型ドリル』だったわ」

「もし僕が、『いつまでパリに住んでたの』『今の上司とうまくいってる？』『イタリアンと和食だったら、どっちが好き？』と聞いていたら、『尋問』になっていたところだった」

「まぁ『尋問』とまではいかないけれど、いい感じはしないわね。確かにものすごく身勝手っていうか、上から目線な感じがする」

「その感覚をお互いよく覚えておくといいよ。思うがままにしゃべっているだけに見える普通の会話でも、『この人の話、わかりやすいな』『頭がキレるな』と感じる人の会話は、どこかに戦略がある。

『タテ型ドリル』をさりげなく使って、『あなたにすごく興味があるんだ』という印象を与えている。テレビのバラエティ番組などで長年活躍している司会者の会話をよく聞いてごらん。ちゃらんぽらんに答えているように見えるけど、ひとつのテーマに対する掘り下げ方が、早いし、深い」

「じゃ、ちょっと瀬木先生に質問してみます。

瀬木先生は、**いつ頃から**『タチキ』の社員研修講師になられたんですか」

「もう、かれこれ8年になるかな。

『タチキ』の社長との付き合いは、20年以上前だな。

今の社長が宣伝部長だった時代に、うちの広告会社が万年筆の広告をつくったことがあるんだ。そのときにコピーを書いたのが私だった。それがおかげさまで売れてね。社長との長い付き合いがはじまったんだ」

「宣伝関係のお仕事をされていたのに、**どうして**社長は、社員研修を瀬木先生にお願いしたのでしょうか」

「社長のあいさつやスピーチ、記者会見のときの原稿なども書くようになった。私が社長にインタビューをしていたときに、『瀬木さんの質問は、じつに答えやすい。そのコミュニケーションスキルを社員に学ばせたい』と言い出されたんだ」

「今、社長は、瀬木先生に**何を**望まれていますか」

「『若手もいいけれど、幹部クラスにも教えられないか』とおっしゃられているね。どちらかといえば、上層部のコミュニケーションスキルを心配

している」

「唐沢くん、うまい！『社長と瀬木先生の関係』をテーマに『タテ型ドリル』を使っているわ！」

「私も、うまいと思ったよ。

はじめの質問は、『研修講師についた理由』だったけれど、私が『社長』と言った瞬間に、『社長と私』をテーマに深掘りしてきた。**3つ深掘りしただけで、私がなぜここで教えているかがよくわかったんじゃないかな。**私も、気持ちよくしゃべれたよ。『尋問』されている感じもしなかった」

「ありがとうございます。やってみると『答え』の中から『次の質問』を考えようと頭が働くから、ものすごく先生の答えに傾注しますね。

これが『先生はどんな食べものが好きですか』『どうして真夏でもネクタイをしているんですか』『休みの日は何されてるんですか』って聞いたら、まず前の答えは出てこなかった」

「ははは、その『質問』に答えるのは、一緒に飲みに行ったときにしよう」

POINT

3回掘れば、相手の人となりが見えてくる

講義 14

質問の型④「現実」と「理想」の差を質問で浮き彫りにする

4時間目に入りました。今度は、これまでよりも深い答えをひき出す方法について語ります。「質問」は、相手に気づきを与えるものです。普段考えていないことまで考えさせる。「質問者」は、ここまで相手を追い込まなければいけません。

その方法が「理想と現実・質問法」です。

私がこれを覚えたのは、大学時代に予備校でアルバイトをしていたときです。受験生の進学相談をする方法を、その予備校で学びました。受験生にまず、数ヵ月の成績の推移を見てもらい、現実を把握してもらいます。そのあとで、志望校を聞きます。現実と志望校の間には、かなりのギャップがあります。

これを埋めるには何をすればいいのか。ここを一緒に考えます。「英語だよね。語彙がまだ足りないのかも」「数学にムラがあるね。基礎ができてないところがあるんだよ」こんな感じです。

1　現実を認識する
2　理想を語る
3　その落差を埋める方法を考える

これを「質問」にも応用しましょう。例えば、

【現実】ある化粧品会社の商品がアジアで売れている
【理想】ネット販売と海外支店を充実して一気にグローバル化をはかりたい

そして、その落差を見ると、「語学のできる人材の圧倒的な不足」なんてことが見えてきます。**「現実を質問する」「理想を質問する」そのあとで「この差をどのように埋めていきますか」と尋ねると、相手は必死に考えるはずです。**

その理想と現実のギャップの中に会社の課題があるのですから。

「理想」と「現実」の2つの落差を見せるところから、深い答えは導き出されるのです。何か質問のある人は？

「受験生の話は、身につまされました。確かに当時の受験相談はあんな感じでした。

理想の大学の偏差値と今の現実を並べられて『3ヵ月で、このギャップをどうやって埋めていきますか』なんて聞かれて。でもあのときは、確かに必死に考えました。自分で出した答えは、『英文法』をもう一度見直すでした」

「私の企画した『マイドリーム』も、受験生女子の必須アイテムにしたいという理想があったのに、当時はおじさんが使うような古いノートにしか見られていなかった。

その落差をどうやって埋めようかと思って、女子高生に『質問』して歩いたんです。そしたら、『ノートの角が丸くないといや』とか『スマホでノートを写すと罫線の色が濃くてうるさい』なんて声が上がってきたんです。

あれも今思えば、理想と現実のギャップを埋める作業でした」

「そうなんだ。これは決して珍しい手法でもなんでもない。理想と現実のギャップを埋めるなんて、何かを成し遂げようとするときの基本だよね。

でも、普段はこれを意識していない。いや、意識したくないんだ。

人は、現実を無視して理想を語っているほうが気持ちいい。または現実のぬるま湯に浸かって、グチや文句を言っているほうが楽なんだ。

でも、ここからは絶対にいい答えは出てこないよね。考えないところに答えはないんだ」

「具体的には、**『現状をどのようにお考えですか』『今の状況を教えてください』とまず尋ねる。次に、『理想の姿はどんな形ですか』『最終ゴールはどこにあるんですか』などと理想を聞く。そのあとに、どうやってそのギャップを埋めるか聞く**わけですね。

これは、すぐには答えが出ないだろうな」

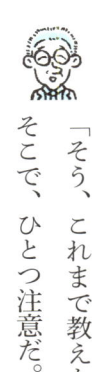

「そう、これまで教えたメソッドに比べて、『質問』がヘビーだからね。
そこで、ひとつ注意だ。

相手が考えているときは、決して口を出さないこと。

沈黙が続くと、こらえきれなくなる。ついつい助け舟になるようなことを言いたくなる。これはダメだ。相手のためにも自分のためにもならない。

相手は、考えるのが苦しいからあなたの助け舟に頼ろうとする。その結果、あなたは深い答えを受け取れなくなる。『沈黙』も重要な会話だってことを覚えておこう」

「あぁ、私、つい横からおせっかいなひと言を言っていました。あの『間』っていうが苦手なんですよぉ、重苦しくて」

「それを耐えられるかで、プロかアマチュアかが決まると言ってもいい。繰り返すよ、『沈黙』も会話なんだ」

「先生、理想を語ると言っても、先に現実を見せられたら、あんまり大きなこと言えなくなるんじゃないですか。受験生が、自分の偏差値を見たあとに、『夢は東大法学部です！』なんて言えないと思うなぁ」

「唐沢くん、いい点に気づいたね。その夢を語ってもらうときの質問には、

『もし、何の制約もなかったら』

というひと言が必要だね。こう言えば、成就しそうもない夢でも語ってくれるかもしれない。大切なのは、その理想が成就するかしないかよりも、理想をどこに置いているか？　ということなんだ。

さっきの化粧品会社もそうかもしれない。現実だけを見ていたら、グローバル化とIT化は難しいかもしれない。でも、大切なのは、その理想を語ってもらうことなんだよ。**落差が大きいほど、そのギャップを埋めるための考えが深みを増すんだ**」

「『ドリームポイント』も、現実は、マンネリと競合他社との熾烈な戦い。理想は、高品質ペンとしてグローバル市場で売ること。『このギャップを埋めるにはどうしたらいいか』と質問して歩けば、確かに回路が開けるかもしれないな」

「クリエイティブプロデューサーの仕事をやっていてつくづく思うことがあるよ。

偉大なる経営者は必ず大きな夢を持っている。それを社員にもよく語っています。同時に今の状況もよく把握している。弱みや立ち遅れた面もフタをしないでよく見ている。

この双方を眺めて、社員に『ギャップを埋めるアイデアを出せ』といつも言

っている。こういう状況にまで持っていける『質問』ができれば、いい解決策は続々と出てくるはずだよ」

「質問は、自分や会社の成長のためにも必要なスキルなんですね。
僕なんか、未だに自分の理想が何かもわからない。『質問脳』を鍛えて、自分の夢やどういうふうになりたいかをもう一度考えてみます」

「私も、自分の現実と理想のギャップを考えてみます」

POINT

キーワードはズバリ、
「もし、何の制約もなかったら」

講義15

質問の型⑤
「起承転結」に当てはめて尋ねよう

さて、最後はこうした講義や会議の席で質問するときのコツを学びましょう。
まずは、「質問」の時間をできる限り短くすること。そのために、質問するときの「型」を身につけましょう。こんな型です。

起　「浦島太郎の玉手箱についてご質問します」
承　「なぜ乙姫は、浦島に玉手箱を渡したのでしょうか」
転　「受け取れば開けたくなるのが人情だと私は思います」
結　「乙姫の気持ちについて、先生のご意見を聞かせてください」

「起」で「質問」の前提を語ります。「承」は、「起」を受けて具体的な「質問」内容を示します。
さて、大切なのは次の「転」です。ここで自分の見解や意見、疑問に思っている点を明確にする。そして「結」で、相手に答えてほしいポイントを念押しします。

下手な「質問」は「先生、どうして、乙姫は浦島に玉手箱を渡したんですか?」と「承」だけ。これではいくら時間が短くても「質問」の範囲が広すぎて、シャープな答えが返ってきません。「転」がなければ、自分の考えた過程やこの質問をするに至った理由がわかりません。

質問を「起承転結」に当てはめて考える。

起　「新しい人事検索システムの導入についてご質問します」
承　「システムを、MEC社製に決定した理由をお聞かせください」
転　「私が調査したところ、サクラ電気社製のほうが処理能力は高いようです」
結　「どんな観点からMECにしたのかを教えてください」

この型を頭に叩き込んでくださいね。何か質問のある人は?

「『質問』に型があるなんて知らなかったなぁ。授業でも会議でも、これまで思いつくままに『質問』していました。話しているうちに、何を『質問』しているのかわからなくなることもしょっちゅうでした」

「講師をやっていて困るのは、『聞きたいことが3つあります』という学生ね。3つとなると、1分以上話を聞かなければならない。

私は、記者会見スピーチ原稿もよく書くんだけど、新聞やテレビの記者が20秒以内に質問してきたときは、答えやすい。質問が明確なんだ。

30秒、40秒となってくると、覚えられないし、思い出せない。おのずと答えはぬるくなる。質問はキリッと短いほうがいい答えを導き出せるんだよ」

「先生、『型』にはめる理由を教えてください。どうして『起承転結』なんですか。

他にも型はあるし、ズバリ聞きたいことだけを言ったほうがもっと短くなることだってあると思うんです。『型』にはめることでどんな利点があるんですか？」

「三田さん。今の君の『質問』ね。何気なく言ったのかもしれないけれど、ぴったりと型にはまっている。

起　『型』にはめる理由が知りたい
承　なぜ『起承転結』に当てはめるのか
転　私見では、『型』は他にもある。『型』がないほうが短くもできる
結　『型』にはめる利点を教えてほしい

ね。三田さんのしゃべり方が論理的に聞こえるのは、知らず知らずのうちに人が理解しやすい『型』にはめて語っているからなんだよ。

『起承転結』が漢詩の絶句からきていることは知っているよね。これは一番シンプルな物語の『型』なんだよ。『起』『承』で受けて『転』でドラマチックに展開する。そして『結』でまとめる。

これに当てはめると、ただダラダラ『質問』しているときと違って、物語を

聞くように人の頭に入ってくるものなんだ。一番頭に入りやすいストーリーになっていると言ってもいい。今の三田さんの話が私の頭に残ったのも、あなたが『起承転結』を使っているからなんだよ」

「三田さん、すごいなぁ。そうなんだよなぁ。三田さんの話はいつも頭に残る。次の展開が気になる」

「うん、それは唐沢くんが、三田さんに好奇心を抱いていることも多分にあると思うけどね。いずれにしろ、『質問』は『起承転結』に当てはめてぶつけるようにしよう」

「先生が普段、『困る質問』っていうのは、どういうものがありますか？」

「最悪なのは『依存の質問』だな。小学生が、『先生、廊下の掃除が終わりました。次に何をやればいいですか？』なんて先生に尋ねるよね。

『次に何をやるか』を考えていない。全部先生任せだ。こういうのは困るし、怒りも感じるよ。人の時間を奪うな！　って思う。

『就活のために海外ボランティアをやっておいたほうがいいですか』『この作業が終わったら次に何すればいいですか』『私、結婚したほうがいいでしょうか』なんて質問。じつに多いんだ。こういう質問を全部『クエスチョン・メモ』に書いてから来てほしい。例えば、

『就活のために海外ボランティアをやったほうがいいか』という質問なら、

1　海外ボランティアをした人のほうが、就活で有利だったというデータはあるか。また先生の経験上、その実感はあるか
2　海外ボランティアの経験を企業が好意的に感じるのはどんな点か
3　海外ボランティア以外に、就活を有利に進めることのできる活動はあるか

最低でもこれくらいは聞く内容を考えておいてほしい。その上で、これが聞

きたいと思うものを選んで、

起 海外ボランティア経験について質問します

承 海外ボランティアをして就活に有利だったというデータはありますか。また先生の経験上、実感はありますか

転 私がネットで調べたところ、有利だという書き込みが多いのですが、本当かどうかがわからないのです

結 統計上、あるいは先生の実体験から示せるものがあれば教えてください

または、

起 海外ボランティア経験について質問します

承 海外ボランティア経験を、就活の際に好意的に考える企業が多いというのは本当でしょうか

転 学生の間では都市伝説のように有利だと言われていて、実際に就活目当

てでボランティアに行く学生がたくさんいます

結　ボランティアの内容にもよると思いますが、先生に企業の方の本音を教えていただきたいのです

と質問する。

『起』で『質問』の前提を語り、『承』で具体的な質問内容を示す。『転』で自分の意見や見解、疑問に思っている点を明確にして、『結』で相手に答えてほしいポイントを念押しする。

その際には、テーマを絞って丁寧に質問するほうが相手も答えやすいんだ」

「でも、先生。『質問』って、いつも前々から考えられるものじゃないですよね。相手の話を聞いて、疑問が湧く。それを尋ねるのが『質問』だとすると、いちいち『起承転結』に納めてから発言するのは難しいと思います」

「まぁね。すぐにはできるものじゃない。でも、少し意識をすればできるようになる。

私が、友人の新聞記者に教わったのは、『指を折る』方法だった。**『起承転結』に合わせて指を1本、2本と折っていくんだ。4本を順番に折りながら、『起承転結』で言えているかをチェックする。**しばらくやっていると、手を折らなくてもスラスラとしゃべれるようになるもんだよ」

「私は、『本日は貴重なお話をありがとうございました』みたいな決まり文句をつけたり、『私は、帰国子女で子どもの頃日本にいませんでした』といった自分の状況を説明してしまいます。

日常会話での『質問』も、『まだすべてのデータを見たわけじゃないのですが』なんて言い訳をよくつけています。こういうのは無駄なんでしょうね」

「全部が無駄とは言えないけれど、本人が考えているほど相手は必要としていない。

それよりもまずは、『質問』そのものがクリアに聞こえることを優先すべきだよね。**大切なのは『質問』から無駄な情報を極力排除することなんだよ」**

「少し練習してみます。自分の言い訳より、相手が答えやすいように『質問』を組み立てるべきですね。勉強になりました」

POINT

慣れるまでは「指を折る方法」を活用しよう

STORY

3 ブルーの夢を見る2人

三田さゆりが「エルメット」のスカーフのカタログを持って唐沢潤の席にやって来たのは、講義が終わってすぐのことでした。

「これ、見てくれる。ここ最近の『エルメット』の新作」

潤が手に取ると、そこには「Bleu du Japon（日本の青）」というスカーフのシリーズがありました。

「藍色、紺碧（こんぺき）、紺青（こんじょう）、鉄紺（てつこん）……。ほんとだ、日本の青色ばかりだ」

「『エルメット』の社長、シャルル・ブレルさん、心の底から日本の青色が好きなのよ。そんな人が、『ドリームポイントの藍色が好きだ』と言ってるって、すごいことでしょ。

大の文具マニアのようだし、何とかアポとれないかぁ」

「でも、スカーフは関係ないよね」

「もうちょっとページをめくってくれる。あ、ここ。『エルメット』って高級文具も発売してるでしょ。とんでもないプライスだけど、世界中で人気なのよ。ここで、『ドリームポイント』とコラボレーションできないかなぁ」

「なるほど。三田さん、さっきの『理想』と『現実』だ。

1本250円のボールペンを、10万円の『エルメット社製』のペンとコラボする。このギャップをどう埋めるか。

日本のペンって僕たちが思っているよりも世界的評価が高い。上野のアメ横にフラッとでもないロックスターが現れて、うちの古い万年筆を物色しているんだ」

「それに、シャルル・ブレルさんは、日本市場を大事にしていて、秋冬のコレクション発表のときは、必ず日本に来てるの。太田屋さんに寄るのもそのときじゃないかな」
「シャルル・ブレル氏には、『ドリームポイント』を、いつ知ったか、なぜ使っているのか、どうすれば一緒に仕事ができるか、なんて聞いてみたい」
「タテ型ドリルね。私は、シャルルさんに、
『**起**　あなたの会社のステーショナリー戦略について質問します
承　日本の文具メーカーとコラボして美しい青色インクのペンをつくる可能性はありますか
転　私たちタチキ・コーポレーションは、藍色のインクをすでに開発し、そのほかの和色の青をつくることができるため実現可能だと思います
結　この件についての可能性と、障壁になるものがあったら教えてください』
「『起承転結』か。さすが、うまいね。『質問』しながらガリガリ営業しているよ」

2人は、社の照明が消えるまで、こんな話をしていました。

一見、夢物語に見えるような話です。

しかし、瀬木先生の講義を聞いて、少しハイテンションになっている2人には、決して、ただの夢には思えませんでした。

その後、2人は銀座に出て、先日行けなかった老舗の洋食屋に行くことにしました。

まだまだ残暑の厳しい季節。銀座は海外からの観光客で夜も賑やかです。

「ねぇ、『エルメット』、見て行かない？　お店は閉まっているけれど、ショーウインドーなら覗けるよ」

と三田さゆりに誘われて、銀座を歩く。重厚なガラスに覆われたショーウインドーを眺めると、そこには「紺碧」と「鉄紺」を細かく混ぜ合わせた色合いの品のいいスカートとネクタイが飾られていました。

夜はとっぷりと暮れて、夜空にネオンが光ります。その光が、手を伸ばせば届くようにも思え、2人はそこで、しばし立ち止まっていたのでした。

DAY 4

「裏質問」で相手の本音をひき出す

相手の「本音」は、ただ質問するだけでは聞けません。「もう少ししゃべりたい」という気持ちにさせるために「一般論を聞く」「ポポネポの法則」「行動を問う」「ひとつだけいいですか？」「ヒーローインタビュー」の裏質問メソッドを身につけましょう。

講義16

本心を明かさない人には「一般的には○○?」と尋ねよう

早いものでもう4日目です。今日のテーマは、「本音」をひき出す。これは想像以上に難しいものです。「本音」は、自分が語りたくないから隠しているもの。それを口に出す確率は、かなり低いと考えねばなりません。

そこで心理学でよく使う「投影法」を利用してみましょう。

例えば、ふたつの広告ポスターがあったとします。A案、B案を決めなくてはいけません。会議室で多くの人の意見を聞きたいのですが、若い人は、上司や周囲の目を気にしてなかなか自分の意見を言ってくれません。こんなときに、

「広告の知識がない**普通の若い人だったら、**どっちを選ぶかな」

と質問してみます。**あなたの意見ではなく、一般的な若者の意見を知りたい**

という聞き方をするわけです。すると、

「B案じゃないですか。A案は、ちょっとインパクトが強すぎます。僕たちの世代は、さらっとしているほうが受け入れやすいと思います」

なんて答えが返ってくる。これが本当に「一般論」かと言えば違う。

この意見の中には必ず本人の意見が「投影」されているはずです。だから「投影法」と言います。

個人の意見として質問せず、「あなたの年代は」「働く女性としては」「時間に追われている人は」などと、その人が投影しやすい一般論で「質問」する。その中に、「本音」が必ず含まれているのです。人目を気にする人、自分の意見を言うのが苦手な人には「投影法」を使って「質問」するように心がけましょう。はい、何か質問のある人は?

「そういえば先日、会社の組合に出席したんですよ。そのとき、委員長が『君の職場の不満は何ですか。みんなの前で言ってください』と尋ねてきました。

そりゃ、不満がないわけじゃないけど、いきなりみんなの前で『私は、上の人たちが夜遅くまでズルズル会社に残っているのが不満です』なんて言えない。だって、みんな私のチームの人を知っているわけだし。やっぱり悪いじゃないですか、ダメなチームの見本になっちゃうの」

「**そういうときに使うと便利なのが、『投影法』だね。**

『この会社の組合員は、**一般的に**どんな不満を持っていると思いますか』

と尋ねてみる。その答えが、『上の人たちが夜遅くまで会社にズルズル残っている』だとしてもそれは一般論に聞こえる。三田さんのチームだけじゃなく、同僚や三田さんが見た他の職場の様子かもしれないんだからね」

「これ、太田屋の塚田部長もよく言うなぁ。

『唐沢くん、これは**一般論として聞きたいんだが**、君の会社のドリームポイントと他社から出たこれとでは、スーツのポケットに入れたとき、どっちが見栄えがいいと思う？』

って聞いてきたんです。

『ドリームポイントのデザインが、他社の新製品に比べて安っぽくないか』と聞いてもいいところを、わざと『スーツを着ているビジネスマン』という一般的な話にしてきたんですよね。

こう尋ねられると、『うちのほうがダサいです。すみません』なんて話にならないんですよ。一般論だから、『クリップに高級感がありますね』とか『メタリックなのでスーツに映えます』なんて意見が出てくる。この意見は、全部僕の意見でした。完璧に『投影』してました」

「そうなんだ。**他の誰かになったつもりで語ると、心理的な負担が軽減して本音を言いやすくなる。一般論にすり変えることで、相手の本音がスルッと出てくるわけだ**」

「でも先生、全部が『投影』とは限らないんじゃないですか。本当に『一般論』を語っている場合だってあると思うわ」

「うん。そこで問題になるのが、『質問』する側のテクニックなんだ。例えば、三田さんに、『子どもの目線で考えるとどうですか』と尋ねる。これは一般論になる可能性がある。だって三田さんは立派な大人だからね。『子ども』について尋ねられると、多少『投影』があるにせよ、世間で見聞きしている一般的な子どもの目線を分析して答えてしまうことになる」

「そうか。**『一般論』と言っても、あくまで相手が自己投影しやすい『一般論』じゃないとダメってことですね。**
三田さんなら、『働く女性として』とか『パリで子ども時代を過ごした人として』とか」

「唐沢くん、『一般的な男性は、結婚したら浮気をするもの？』って尋ねられたら、どう答えますか」

「三田さん、これだけ裏事情がわかっている中で質問したって、それは無理だよ。僕が『しないと思います』と言ったって信じないでしょ」

「ははは、まぁね」

「今の会話、とても重要なヒントがあるんだ。あまりにわかりやすい一般論は、相手には皮肉に聞こえたり、不快感を与えたりすることがある。

以前、私のところに相談に来た女性が、待ち合わせに遅れたら『この季節、女性は一般的に体調が悪いとか、湿度で髪がうまくまとまらないとか、前日に会食が多く入るとかで、待ち合わせ時間に遅れる傾向があるんだろうか』と相手の男が聞いてきたそうだ。いやみだよね。彼女もカチンときたらしい。

その後、よくよく彼の発言を聞くと、『一般論』のフリをして自分が不快に思っていることや、相手に『こうあってほしい』という要求を入れていることに気づいたそうだ。

つまり『逆自己投影』だな。自分の不満を、『一般論』にすり替えていたわけだ。これを聞いて、私も気をつけなくちゃいけないと思った。いやみな男は、自分の不満を一般論にすり変えて語るケースがよくあるらしい。唐沢くんも気をつけなさい」

「僕はそこまで回りくどいことはしないと思うけれど、確かに皮肉っぽいやつの『質問』は、自分の不満を投影させていることが多いですね」

「私は、純粋に一般論として、『結婚した男性の浮気』を聞いたつもりだけど」

「はいはい、その論争は、2人でやってくれ。とにかく、本音をなかなか出さない人に対しては、『一般論』で自己投影させるという方法を覚えてください。いいね」

POINT

人目を気にする人、自分の意見を言うのが苦手な人に効果的

講義
17

相手の現状を質問して「心の壁」を取り払う

ある企業の社長さんに部下の掌握術を聞いたことがあります。

「頭ごなしに叱ったり、上から目線の発言はしないと決めています。そうすると、部下は弁解か謝罪しかしない。

経験上、一番部下の意見が聞けるのは、**『よくやっているじゃないか』と現状を肯定したときです。これで部下はホッとする。同時に『いえ、まだこの点が足りていません』とか『ここが今、問題になっています』と自ら課題点を言うようになる。**現状を肯定しているので、少し気分もいい。弁解ではなく本当の問題点を語ってくれます」

相手が言ったことに対して、「今のままでいいと思います」という現状肯定をする。叱責されたり、現状報告を命じられたりすると思っていた相手は、虚を突かれた状態になります。でも、肯定されたので悪い気はしない。その嬉しさと謙遜もあって、「ここが足りていない」とか「この部分は苦労した」とかしゃべりたくなる。口がなめらかになると、つい本音がちょろっと顔を出すわけです。

もし、なかなか相手が本音を言わない場合には、

「私のような外部の者、あるいは素人にはこれでいいように思えますが、専門の方から見るとまだ足りないところがあるのでしょうか」と、相手を再び肯定した上で、「質問」を重ねます。プロとしてのあなたをリスペクトしているという態度を示した上で、「質問」をかぶせていくわけです。

テレビの「謝罪会見」では、記者たちが寄ってたかって壇上の人を責めます。現状を否定されたら、口を閉ざすか弁解しか言えないでしょう。あれは「質問」の悪い例です。相手の現状を肯定する。ホッとした瞬間に出てくる本音に耳をそば立てましょう。何か質問のある人は?

「瀬木先生、私も経験があります。半期に一度の部長面談のとき『おまえのここができていない』と言われると、カチンときて、ムキになって反論しちゃいます。まぁ、弁解なんですけどね。痛いところを突かれたら、謝るか、弁解するしかないですものね」

「三田さん、反論するだけえらいよ。僕は、『はぁ、そうですか』と言うくらい。『僕のことを日頃見ていないくせに、こんなときだけ指摘してくるなよ！』という気持ちが強くなって、話す気になれない」

「このあたりは、中間管理職の研修でよく話す内容なんだ。でも、君たちが知っておいて損な話じゃない。お得意先に行って、**相手が現状を話したあと、まずは肯定的な態度で受け止める。そして、相手に『これでも足りない点があるのか？』と問いただすと、面白いように本音を語ってくれるよ。**」

「確かになぁ。僕も、『今の唐沢くんのままでいいよ。君自身は何か足りていないと思っているのか？』って尋ねられたら、いろいろ答えてしまいますね。

『ちょっと仕事がマンネリになっていて、退屈しています』とか『コミュニケーション上のトラブルが多くて悩んでいます』とかね。

確かに、現状を肯定されると逆にスルスルと自分の悩みが出てきますね」

「私は、『結婚はしないのか』とか『このまま会社を続けるのか』とか、電話で口うるさく言ってきた母が、『マイドリーム』がヒットして、ネットや雑誌にちょっと顔が出たとたん、『当分は、今のままいくんだね』と意見を変えてきたんですよ。

こうなると『私の人生はこのままでいいのかな』なんて考えるようになりました。

肯定されると、『いえいえ、私は今を肯定できるほどの人間じゃありません』

という気持ちが起きてくるみたい。不思議ですね」

「先生、でも、毎回『今のままでいいですよ』と言っていると、逆にやる気のないやつに見られる可能性はないですか？
太田屋の塚田部長に、これを言い続けていたら、完全に『お前には積極性がない』と怒られそうです」

「うん。営業は毎日同じ人と顔を合わせるからね。じゃ、2人にはもう少し高度な技を教えてあげよう。

『ポポネポの法則』

というのがあるんだ。

話すとき、ポジティブな話を2回続けたあとに、ネガティブな話を一度入れる。そして最後をポジティブでしめる。ポジティブ、ポジティブ、ネガティブ、ポジティブだから「ポポネポ」ね。

これで「今のままでいいですね」という感想にバリエーションをつけてみよう。例えば、

ポ「私は、今のままでいいと思いました」
ポ「わかりやすいし、まだ世の中にないものだと思います」
ネ「若干、予算が心配ではありますが」
ポ「でも、外の人間としては、とても新鮮に感じました」

と言ってみる。**すると相手は悪い気はしないながらも、ネガの『若干、予算が心配ではありますが』部分が頭に残る。**
間違いなく、予算についての話をしてくれるだろう」

「なるほど。いきなり『予算は大丈夫なんですか?』と聞くよりも、気持ちがいい分、いろんなことをしゃべってもらえそうだわ」

「僕たちは、上から目線にものを言われるのが大嫌いです。確かにこういうのはもっと上の世代が学んでほしいですね。もちろん、僕たちの世代も役に立ちます」

「『上から目線の質問』というのは、『本当は知ってるんでしょう』『できないんですか』『怖いんですか』『逃げるんですか』というような相手を潰すための『質問』なんだよね。

今でも国会やマスコミの『質問』によく見られる。でも、あれは『質問』じゃない。ただの糾弾だ。

私がみんなに教えたいのは、相手を凹ませる技術じゃない。どちらかと言えば、友情を形成するための活動だ。共通の見解を持つことに目的があるんだ」

「その意味では、授業で先生が語られた社長さんは、懐が深いわね。社長の器って感じがします。

私は、『ネネポネの法則』くらい、ネガティブな言葉を相手にぶつけちゃう。これじゃみんな本音を言ってくれないですね。気をつけます」

「僕たちも器を大きくして、相手の世界観を受け止められるようになりたいね。今度からは塚田部長の小言を肯定的に聞くようにしよう」

POINT

「ポポネポの法則」を縦横に使いこなそう

講義18

「行動」を質問すれば展望は一気に開ける

さて、3時間目に入ります。今回も相手の本音をひき出す「質問力」について語りますね。結局、私たちが「質問」の結果、相手からどんな答えがほしいのか。シンプルに考えてみましょう。何だと思いますか?

私は、「行動」だと考えます。「進むのか、止まるのか」「支払うのか、支払わないのか」「攻撃するのか、しないのか」「中華を食べるのか、和食にするのか」「別れるのか、仲直りするのか」「結婚するのか、しないのか」……どれもこれも答えは、相手がこれからどう行動するかを聞くということ。

もちろん、すべてが「答え＝行動」とは言い切れません。

しかし、**ビジネスの多くのシーンに限って言えば、間違いなく「あなたはこれからどう動くのですか」ということを聞きたい。それさえわかれば、こちらの行動の指針も立つし、考える方向性も見えてくるのです。**

以上のことを考えて「質問」を組み立てます。

「私たちの製品導入を『決めて』いただけますか」「このイベントに『参加して』いただけますか」「得意先に謝罪に行くのに『同行して』いただけますか」


自分が望む答えを、しっかりとひとつの「行動」に結びつけておく。その「行動」を聞き出すために「質問」の内容は順番を吟味する。

「行動」を尋ねれば、相手は動けない理由を語ってくれます。どんな障壁があるのかを教えてくれます。


「これからどうするの?」


シンプルに、具体的に、相手に行動を尋ねる質問。

今日から意識的に使ってくださいね。停滞した関係が、動き出すはずです。

何か質問はありますか?

「行動に関しては、就活でめちゃくちゃ『質問』されました」

「私もです。どんなことに課題を感じて、どのような目標を持って行動したのか」

「行動するとき、どんな人を巻き込んだか。どんな協力を得たか」

「あった、あった。行動を起こした結果、ぶつかった壁は何か。それをどうやって乗り越えたか」

「我が社に入って、どんな行動をしたいか」

「2人ともポンポン出るね。『行動』を聞くことの必要性は、私より君たちのほうが詳しいのかもしれないな。

仕事が複雑になっている上に、裁量を若手に任せようとする企業も増えてきている。だから就活では『どんな人間か』より『どんな行動を起こす人間か』が重要視される傾向にあるんだよね。おかげで『行動』について質問される機会が増える」

「勤めてからは、僕たちが得意先の行動をずっと聞いています。

4年前に太田屋さんが店舗を全面改築したとき、僕は新人でした。そのとき先輩たちは、太田屋さんがどのような行動に出るかをずっと聞いて歩いていましたね。

銀座らしい超高級文具店方向に歩み出すのか。日本全国の珍しい文具を集めて『日本』らしさを売りに、インバウンドを目指すのか。確かにあのとき、先輩たちは、まだ部長になっていなかった塚田さんの姿を見つけるたびに、

『これから、どうするの?』

って聞いていましたね」

「その先輩は優秀だね。**『これから、どうするの?』と聞けば、相手は未来の行動計画を披露するしかない。相手がどう動くかがわかれば、こちらの行動も変わってくる。**高級文具を揃えるか、ファンシーなものを提案するか。よい答えをもらえば、無駄に動く必要がなくなる」

「先生、僕たちは今、フランスの『エルメット』と一緒に何かできないかなぁなんて2人で夢見ています。でも、夢見ているだけじゃダメですね。どういう行動を起こしたいのか。相手にどういう行動を起こさせたいのか。そこをもっと自問自答しなくちゃいけない」

「そうね。私たち勝手に盛り上がっているけれど、もう一度、社内にも私たちがどういう『行動』を起こしたいのかを説得しなくちゃいけない。私たち自身が、『これから、どうするの?』って、真剣に考えないとただの

夢で終わっちゃうわね」

「唐沢くん、三田さん。今の気づきは、とても重要なポイントだ。**ビジネス交渉で大切なのは、最終的な行動をどこに持っていくかなんだよね。**そのためには、相手の『行動』を聞くための質問の順番を練り上げなくてはいけない」

「例えば、

1　世界的なブランド『エルメット』が、日本のメーカーと『協業する気』はあるか

2　ただボールペンの芯やインクを提供するだけでなく、『新製品』をともに『開発する』ことは可能か

3　提携した場合、具体的な共同開発の拠点をフランスに『つくる』ことができるのか」

「いいぞ。そうやって『行動』を中心に質問を組み立てれば、ビジョンが明確になってくるよね」

「三田さん、すごくいいよ。僕たちが何をすればいいのか見えてきた。僕は、2社が仲良くなるだけでいいのか。うちのインクを買ってもらうだけでいいのか。新しく製品をつくりたいのか。自分の中で、ずっとモヤモヤしていた」

「肚を決めないといけないわね。『エルメット』のシャルル・ブレル社長に『これから、どうするの？』って言い続けるようにしたい。『いいよ、一緒につくろう』というところまで持っていけるように、がんばる」

「……ちょっと話がずれるけど、プライベートを含めて『これから、どうするの？』という『質問』が、怖い理由がわかってきました。
それは、答えを行動として表さないといけないからなんですね。彼女に『こ

れから、どうするの?』と聞かれたら、『結婚しよう、別れよう、友だちのままでいよう』という行動で答えなきゃいけない。逃げ場がないもんな」

「そうよ、唐沢くん。でも『逃げ場がない』ってわかっただけでも進歩だよ。行動しようよ!」

POINT

相手の動き方がわかれば、自分がするべきことが見えてくる

講義
19

「ひとつだけいいですか?」で相手の緊張の糸をゆるめる

テレビドラマ『相棒』の主人公・杉下右京さんの決め台詞を覚えていますか。

「最後にひとつだけ、よろしいですか」という質問。

古くは『刑事コロンボ』より使われている切れ者刑事のセリフです。

「あぁ、言い忘れた」という顔をして、最後に事件の核心につながる「質問」をする。「もう取り調べは終わった」と安堵した分、犯人は余計なひと言をついしゃべってしまいます。

これを使わない手はありません。会議や交渉が終わり、相手の心がゆるんだところで「質問」をする。「しつこいな」と嫌な顔をされるかもしれませんが、そこで本音が出ることがよくあるのです。

この言葉の中でも特に大切なのは、「ひとつ」。「もうひとつだけ、質問させ

てください」「あとひとつで、質問は終わりです」と言ってみる。

相手は「いつまで質問が続くのだろう」と少し不安になっていた。そこに聞こえた「ひとつ」という言葉にホッとします。この先は、ひとつ以上質問しても結構受け入れてもらえます。相手はすでに「そろそろ質問は終わるはず」と思い込んでいるからです。

私はよく、白熱した会議の場でこんな「質問」を最後にします。

「最後にひとつだけ。正直、今の議論、どう思いました？」

と全体の感想を聞くのです。「もう少し話し合わないと決定できないな」とか「あとはスケジュールだな。間に合うかどうか検討したい」と素直に語ってくれます。そこに次の会議の方針が含まれることも多いのです。

明確な言葉にはなっていなくても、その場の手応えを聞いておく。これは必ず次回の打ち合わせのためになります。はい、何か質問のある人は？

「『最後にひとつだけ』って、スティーブ・ジョブズもよく使っていましたよね。

すべてのプレゼンが終わったかに見せかけて、『One more thing（もうひとつだけ）』と言う。これはジョブズの決めセリフ。

このあとに、もっとも重要な商品発表があるぞ！　ってみんなわかっているから会場がどよめく」

「スティーブ・ジョブズの神プレゼンのひとつだね。

これで終わりと思ったあとに、忘れていたかのようにつけ足すから余計にみんなが注目する。人の心を揺さぶる天才だな」

「杉下右京さんにしても、オマケみたいに質問をしています。オマケだからこそ、印象に残るんだと思うわ」

「テレビＣＭには、法則があってね。最後のセリフが一番印象に残りやすいんだよ。
化粧品の広告で、商品名が出たあとの最後の１秒くらいで『しっとり！』なんて言いながら、女優さんが満足そうに頬を触ったりするだろ。
あれは視聴者に『使うとこんなにいいよ！』と記憶させるためのテクニックなんだよ」

「あぁ、確かに！　そういうＣＭありますね。そうか、なんでも最後が大事なんですね」

「誰かに会って、別れたあとに、記憶に残るのは別れる間際に見た顔だそうだ。
だから最後は笑顔で別れるのがビジネスマナーの鉄則だよ」

「知らなかったわ！　私、仏頂面で手を振ってたかも」

「何事も最後が大事。『質問』に関しても、最後の問いかけが記憶に残る。だから、次回までによく考えておいてほしい質問は、最後に持っていくこと。

『最後にひとつだけよろしいでしょうか。イベント会場のA案とB案だけでも、次回までにお答えいただけるとありがたいのですが』

と言えば、前のことは全部忘れても、これだけは覚えていてくれる。営業マンなら覚えておきたいテクニックだよ」

「『最後にひとつだけ』を実際にやると、しつこい女に見られてしまうのが怖くて、なんとなくできずにいました。どうすれば、嫌われないように言えますか」

「うん、ドラマは『決めセリフ』だから、いつも同じ言い方をするけれど、三田さんが言う場合には、言い方にバリエーションを持たせればいい。『ちょっと最後に』でも『あ、言い忘れてた』でも。
とにかく、念押しの『質問』をつくる機会を積極的に増やすといいよ」

「わかりました。さわやかに、しつこく念押し『質問』できるようにがんばります」

POINT

会議や交渉で印象に残るのは最後のひと言

講義 20

「ヒーローインタビュー」で相手の自己肯定感を満たす

さて、いよいよ4日目最後の講義となりました。

本音をひき出す「質問力」のテクニック。最後は、「ヒーローインタビュー」です。**「ヒーローインタビュー」とは、その人を物語の成功者、勝者として、その心境や成功に至るまでの努力を聞き出すもの。**つまり相手を気持ちよくして本音をひき出す方法です。

人は誰でも脚光を浴びて、みんなからかっこよく見られたいもの。ヒーローやヒロインでいたいものです。

「質問」をされるときも同じです。自分にスポットライトが当たり、みんなが自分の話に感動してくれる。そういういい気持ちになったときに、口が軽くなり本音が出ます。

ヒーローインタビューにはコツがあります。

1　**今**の心境を聞いて、心を開かせる
2　**過去**の苦労話を聞いて、自己承認欲求を満足させる
3　**未来**への展望を聞いて、どの方向に進もうとしているのかを語らせる

時間軸を、現在、過去、未来に変えながら、自分の成功物語を語ってもらうと、話を盛ったり、成功者として上から目線になったり、逆に隠そうとする部分が見えてきます。それでいいのです。話が大きく膨らんだり、嘘が混じったりする中に、その人の「本音」が潜むものなのです。

中でも大切なのは、「過去の苦労話」です。「どんな苦労を乗り越えて、成功したのか」という「質問」をすると「一時はどうなるかと思った」と一番苦しい時期を語り出し、そこから成功するまでの「信念」や「執着」や「こだわり」が見えてきます。

ここにその人の「本音」があるはずです。性格や人となりも見えてきます。それを見落とさないように、主人公の言葉に耳を傾けましょう。はい、何か質問のある人は？

「先生、今日もお疲れさまでした。今回のヒーローインタビューは、とても役に立ちそうです。私たちはまだ若いので、一緒に仕事をする人の多くが歳上です。

対等にしゃべるのも変だし、下手に出るのも間違っていると思う。いっつも、どういう態度で交渉に臨めばいいのか、困っていたんです」

「僕もです。元々会話が得意じゃないので、ぶっきらぼうってよく言われる。相手との距離の取り方がわからなかったんです」

「人はね、どんなに歳を重ねても、苦しい境遇にいても『かっこいい』『すばらしい』と言われたい生き物なんだよ。SNSに多くの人がはまるのも『いいね』という承認欲求を満たすことで自己肯定感がほしいからなんだ。**『質問』で相手から本音をひき出すときも同じ。相手の自尊心を傷つけることなく、自己肯定感を満たすかたちで『質問』する。**それがヒーローインタビューなんだ」

「先生は、さきほど一番大切なのは、『過去の苦労話』『どんな苦難を乗り越えたか』だとおっしゃいました。それがなぜだか、もう少し詳しく教えてもらえますか」

「自分のことで考えてごらん。私が唐沢くんに、『どうやって失恋を乗り越えて、自分らしさを取り戻したのか教えてください』と言ったらどう語る?」

「そうですねぇ。やっぱり、別れる前のドロドロした状況や甘かった自分をはじめに語ったあと、三田さんにこの研修に誘われたことを話します。
最初は気晴らしみたいな気持ちだったけれど、『質問』について勉強しているうちに、自分の欠点やいつの間にか忘れてしまっていたことに気づき出した。
少し気をつけようと思って、太田屋の塚田部長や会社の仲間たちと接していたら、不思議といろんなことが好転してきた。

それでいつの間にか自分を取り戻していた。そんな感じでしょうかね」

「うん。今、唐沢くんが語ったのは『物語』だよね。困難を乗り越えるストーリーがちゃんとできている。

『ヒーローインタビュー』をされると人は、気持ちよくなって、自分の物語を語りたくなるものなんだ。もちろん、そこには自分の都合のいいように事実を曲げたり、本音を隠すための嘘が混じっていたりもする。

でも、それを含めて聞き出すことができれば、大成功だ。その人の人となりが見える。何を主張し、何を隠したいと考えているかがわかる」

「そうか！　ヒーローインタビューでスポットライトを浴びる分、『見せたい自分』と『見せたくない自分』が光と影になって見えてくるんだ」

「唐沢くん、すばらしい。ヒーローインタビューは、相手を気持ちよくさせながら、相手の本音を見極めていくための武器なんだよね。

私の先輩は、『人をインタビューするときは、透明人間になれ』って教えてくれた。こちらの気配を消せば消すほど、相手にスポットライトが当たるわけだ」

「スポットライトを当てて、気持ちよくすればするほど、隠したいところをさらに隠そうとする。怖いけれど、人間の心理ってそういうものよね」

「先生、その人が隠している影の部分も知りたい。できればその人に話してもらいたいときはどうすればいいですか」

「さぁ、三田さん、唐沢くんのこの『質問』にはどう答える？」

「ヒーローインタビューを何回もやるしかないと思います」

「お見事。そう、一度で諦めないこと。いや、むしろいっぺんに全部聞こうとせずに、何度かに分けてヒーローインタビューをしたほうがいい。
そうすると、相手はあなたの顔を見ると『また、ヒーローインタビュー気分を味わえるかな』と思って寄ってくる。こうなると本当の気持ちを吐露したくなるものさ」

「でも、相手の殻が固くて、なかなか本音に行きつかない場合がありますよね。気づかれたら余計に頑なに本音を語らなくなりませんか」

「うん。じゃ、禁断のテクニックを教えよう。
『反芻の質問法』と言ってね。牛が反芻するように、前回、前々回に相手が言った意見を軸に質問をつくるんだ。
具体的に言えば
『前回、○○さんがおっしゃったように』

という言葉をつけて相手の考えを誘導していく。

例えば、太田屋さんに『**前回部長がおっしゃられたように**、ディスプレイの陳列が大事だと思いましたので』と言ってみる。ディスプレイ陳列を売り込みたいのは唐沢くんのほうだ。太田屋の塚田部長は『あれ？　そんなこと言ったかな』と思いつつも、きっとディスプレイの話をしてくれる。

過去に自分が発言したことと言われたら、人はそれを肯定したくなるものだ」

「なるほど。あくまでもヒーローインタビューの中で、実践します！」

POINT

相手が「自分語り」をはじめたら大成功

STORY

4 ブルーのプレゼント

事態が動いたのは、太田屋の塚田部長からのメールでした。

「シャルル・ブレル氏が今年もお忍びでうちの社長に会いに来る。そのあとに6分ほど時間がある。

そこに『ドリームポイント』をつくっている会社の人間からプレゼントを渡したいと言ったら、『いいよ』と快諾してくれた。私にできるのは、ここまでだ」

唐沢潤は、すぐに三田さゆりに、それを見せました。さゆりはすぐに「エルメット」とコラボレーションする内容の企画書をつくり潤に手渡す。

2人は営業部長に早速提案に行きました。

「君たちは知らないと思うけれど、過去に2回、話を持ちかけて断られている。もっともそのときはノートのリフィルだったけど」

営業部長は、天井をしばらく見つめ、こう切り出しました。

「でも、やってみない手はない。すぐには無理でも『エルメット』に、それもシャルル・ブレル氏に直接会える機会なんてそうはない。稟議を回している時間はないな。私から社長には報告しておく。それにしても唐沢、お前フランス語できたっけ？」

と顔を上げた先には、さゆりが笑いながら、小さくガッツポーズをとっていました。

「とにかく、このところスランプだった唐沢が、またやる気を出してくれたのは嬉しいことだ。瀬木先生の講義のおかげだな。毎年、彼に救われる社員がいるんだ」

さゆりも同じことを考えていました。

ほんの少し前まで、ぼんやりと生気のない顔をしていた唐沢潤。

入社当時の暑苦しいほどの自信が消え、「僕の人生は見えちゃったよ」と世の中全部に諦めていた潤が復活している。

長い手足を持て余すように座り、パソコンに向かう姿は、新人の頃と同じ、いや、あの頃よりひと回りたくましくなったように思えました。


「インクの製造部に聞いたら、今の藍色以外にも色を出せるそうだよ。だからあちらの意向に沿った色がつくれる。

それと『ドリームポイント』の命は、ペンのノックなんだ。振動が少ない上に、ペン先の位置が微妙に変わるので、かすれたりしない。できれば、インクだけでなく、ノックのシステムも提案したい」


と、食事の間も、潤はさゆり相手に、ずっとしゃべり続けています。

「質問」するスキを与えません。たまりかねたさゆりが切り出します。

「唐沢くん、ストップ。ひとつ、質問していい。君、今、歳はいくつ?」

潤は、虚を突かれたよう。「25歳だけど……」と答えると、さゆりが「ブーッ」と不正解のブザーの真似をしました。

「昨日、9月5日。君は26歳になっているのだよ」

と、ちょっとふざけた口調です。

「あぁ、誕生日なんてすっかり忘れてた!」

と言う潤の前に、さゆりは、長細い包みを差し出します。

「お誕生日、おめでとう。これ、シャルル・ブレルさんに会うときに締めてね」

白い包みを開くと、ショーウインドウに飾ってあった藍色のネクタイです。今、潤の頭の大半を占めている「エルメット」のブルー。

「ありがとう」と言おうとして、さゆりを見る。そこで、はじめて気づきました。彼女のスーツの胸ポケットには「エルメット・ブルー」のチーフが差し込まれていました。

「今、気がついたの？ これ、話が来てからずっと入れているのよ。お守り代わり。唐沢くん、もうちょっと、女の気持ちに『好奇心』を持ったほうがいいよ」

銀座の夜は今日もとっぷり更けて、そろそろ涼風が吹きはじめていました。

DAY 5

「巻き込む質問テクニック」で自分の意見を通す

最後は、会議や交渉の場や、プライベートな場において、「質問」で相手を誘導し、あなたの味方へと巻き込んでいく具体的な方法をご紹介します。ここで説明したことを実践すれば、声高に自己主張しなくても、あなたの意見をスムーズに通せるようになります。

講義
21

話の流れに「方向指示器」をつける

さて、いよいよ最終日です。本講義の締めくくりにふさわしい1日にしましょう。今日は、仕事を有利に進めるために「質問力」を使って人を巻き込み、自分の意見を通すテクニックを学びます。

プレゼンやインタビューといった特別な機会ではなく、毎日の何気ない会話や打ち合わせの中で「質問力」を使う。これが力をつける一番の方法です。

そのひとつとして、話しの流れに「方向指示器」をつけるというものがあります。やり方は簡単。**いつもの会話よりも「接続詞」を意識的に使うだけです。**

「**それから、**どうなったの?」「**そこで、**どう思ったの?」「**すると、**こういうことが言えるわけ?」

と、**接続詞の「順接＋質問」をすれば、話を促したり、まとめたりすることができます。**

「**しかし、**それは一概には言えないのでは？」「**けれども、**違う考え方もありませんか？」

と**「逆説＋質問」を使えば、話の流れを止めることができます。**

添加の**「さらに」**や**「そのうえ」**、転換の**「ところで」**、選択の**「それとも」**など、**接続詞をつけた「質問」を会話に織り交ぜることで、脱線したり、滞ったりする話の主導権を握ることができる。すべて「質問」の形で聞くことによって、あなたの意のままに相手は考えてくれます。**

普段の会話の中に、「接続詞＋質問」を入れていく。プロのインタビュアーが使っている技をぜひ身につけてください。何か質問のある人は？

「高校時代に作文を書いたとき、先生に『接続詞の多い文章は、子どもっぽくて美しくない』って言われました。

確かに『明日は遠足です。だから早く寝ました。そして今日は早く起きました』みたいな文章はよくないですよね。平板でどこを強調したいのかわかりません。だから、先生が『接続詞を使え』とおっしゃったのは意外でした」

「そうなんだ。美しい日本文を書くときは、『接続詞』をなるべく省略したほうがいい。

私は、文房具が好きだ。だから、ボールペンにはこだわっている。

私は、文房具が好きだ。ボールペンにはこだわっている。

比べれば、後者のほうが余韻があっていい。大人っぽい書き方になる。

でもね、会話は違うんだよ。決してみんな美しい日本語で話していない。

多くの人が曖昧で脈絡のない混沌とした日本語で語っているからこそ、接続

詞を使って『方向指示』をする必要があるんだ」

「確かに、普段の会話では『それで、それで？』なんていうのが『質問』ですからね」

「私、『っていうことは？』だけを言うことがよくある。これは『ということは、どう結論づけられるのですか？』って意味ですもんね。『ということは、結論はどうなりますか？』とちゃんと言えば、立派な『質問』になるってことですね」

「その通り。カオス状態の会話だからこそ、進む方向と考えるべき問題が提示されると、みんなそっちにくっついて来てくれるってことなんだ。

私は、政治家の街頭演説の原稿もよく書くんだよ。そのとき、意識するのが接続詞なんだ。

『教育制度改革は、国の未来にとって重大は政策であります。

しかし、現状はどうでしょうか？　国は真剣に、この問題に取り組んでいると言えるでしょうか？

さらには、子供たちを守る立場の親のみなさんに対する対策はどうでしょう？

私は、まだまだ不十分だと思う。**なぜなら……』**


みたいに『方向指示器』を入れて書く。

すると、政治家は必ずこの『接続詞』のところで声を張り上げる。話しの方向がどう進むのかをわかりやすくしたい心理が働くんだ」

「誰かが書いた平板な文章を読み上げる国会答弁と、先生の書かれる街頭スピーチの違いは、『方向指示器』の言葉があるかないかなのですね」

「まぁ、そうだね。興味のない人を振り向かせるには、ベタなまでのわかりやすさが大切なんだ。2人も日頃の会話を注意するといいよ。

相手が『あ、唐沢くんは今私に質問してきたんだな』とわかるようにしゃべるといい。少し練習をしてみようか。唐沢くんが『ドリームポイント』の高級ラインの新製品を、太田屋の塚田部長に売り込むとする。やってごらん」

「はい。今日は塚田部長に、弊社『ドリームポイント』の新製品をお持ちしました。ビジネスエグゼクティブが求める高級ラインです。革仕様で重量感があります」

「**しかし**、高いラインは売れますか？　これまで『ドリームポイント』は安くて、書き味がいいのが売りでした。**そのため**、いきなりの高級ラインに消費者はとまどいませんか？」

「おっしゃるとおりです。**他方**、『大切なビジネスシーンで使える高級ラインがほしい』というお客さまの声が弊社にはたくさん届いております。**それで**、弊社も製作にかかりました」

「**けれども**『ドリームポイント』は、学生が使っているイメージが強い。**それなのに、**高級ラインでやっていけますか？　別のブランドなら店頭に並べることもできますが、今のところ高級ラインを置く場所がない」

「実験的に、３階の海外高級ペンコーナー、**もしくは、**４階の高級手帳売場に置かせていただけないでしょうか。うちもしっかりと販売支援をしますので」

「お気持ちはわかりますが、現状は難しいです。**逆に、**今は学生たちが高級なペンを使うようになっている。**あるいは、**女性も女性っぽくないペンを求めるようになっている。男性を意識した高級ラインではなく、もう少し幅広く考えたほうがいいのではないですか」

「はい、ここまで。2人ともうまいよ。方向指示器を強めに言ってくれたので話の流れがよくわかった」

「普段の会議でも『しかし』とか『なぜなら』なんて方向指示器をしっかりつけて話すと、聞き手のほうも『この話の流れだとこっちに進みそうだ』と予想がつきやすいですね。

その分、話すほうは行き当たりばったりじゃダメで、筋道を立てていないと方向指示器が機能しないばかりか、余計に混乱を起こしそうだけど」

「うん。録音してみるとすぐにわかるけれど、人が普段話している内容は支離滅裂でね。尻切れとんぼだし、話が散らかっているし。だから『質問』するときは、強く方向指示器を意識したほうがいい。プレゼンや交渉など自分の意見を通したいときにも有効だよ」

「先生、方向指示器を有効的に使うためには、接続詞の語彙を増やしておく必要もありますね」

「三田さんのおっしゃる通り。**順説の『だから、それで、そのため、したがって、すると』。逆説の『しかし、だけど、けれども、ところが、それなのに』。選択の『または、それとも、あるいは、もしくは』。対比の『一方、反対に、逆に、他方、反面』**なんていうのを覚えておくといい」

「僕は、この講義を受けるまで、自分の意見は熱意を持って、断固たる態度で語れば通るものだと思っていました。『質問』で人の考えを誘導して、自分の意見を通しやすくするなんて考えもしなかった」

「日頃の会話が不完全だからこそ、『接続詞＋質問』でフラグを立てていく。私も意識的にやってみます。

私も唐沢くんと同じ。がんとして自分の意見を通す以外の方法を知りませんでした。ちょっと限界を感じていたのは、そのせいかもしれません」

「忘れちゃいけないのは、私たちは1人で仕事をしているわけではないということだよ。

いろんな境遇を抱えた人の様々な思いの中で仕事をしているんだ。その人たちの知恵や力を借りれば、一気に強くなれる。ビジネスの幅が広がるんだ」

「ありがとうございます。日常会話から、叩き直します！」

POINT

「接続詞＋質問」でフラグを立てよう

講義22

「質問」におけるキラーワード

最終日の2時間目です。このあたりで、最も力を発揮する、「質問力」のキラーワードを紹介します。それは、

1　具体的に　2　例えば　3　この他に

どれもよく使いますね。しかし、この順番を意識している人が少ないと思います。3つの言葉に隠れている意味は、こうです。

1　具体的に　言っている意味がわかりません
もっと優しく、詳しく、かみ砕いて説明してください

2　例えば　抽象的な話だけでなく、具体例を示してください

3　この他に　これだけでは満足できません、他の事例も示してください

これだけ強い「質問」を、たったこれだけの言葉でさらりと言ってのけることができるのです。

何より大切なのは、この順番です。いきなり「他にある？」と聞いてしまったら、発言を全部否定することになる。最後に「具体的に言ってください」と言うと「ここまで理解できてなかったのかよ！」と疑われてしまいます。

「具体的に」と相手の理解度をはかり、「例えば」で、相手がどれほど現実的に考えているかを知る。「この他に」で、相手の余裕度、懐の深さをも知ることができるのです。

普段の会話でも、このキラーワードの順番を考えながら使うようにしてください。自問自答するときにも役立ちます。何か質問のある人は？

「『質問力』の３つのキラーワード。本当によく使うものばかりですね」

「よく使うものでも、わけもわからず使っているのと、威力を知って使うのでは全く違うんだよ。

この3つをパッケージにして『質問』すると、相手が曖昧に考えていた部分が浮かび上がる。つまり、相手にも気づきを与えることができる」

「私、『具体的』と『例えば』って同じように考えてました。『具体的に説明してください』と言われて、『例えば……』って例を挙げて説明していました」

「よくやってしまうよね。

『具体的に説明してください』は、『私に理解できるように、もう少しわかりやすく説明してください』という意味。

『例えばどういうことですか?』は、『具体例を示して説明してください』と

いう意味なんだよ。

ひとつやってみよう。

三田さんのつくった『マイドリーム』を、唐沢くんは全く知らなかったとしよう。それが、ノートなのか、化粧品なのか、食料品かもわからないとき、唐沢くんは、三田さんにどう質問する？」

「『マイドリーム』について、**具体的に**教えてもらえませんか、ですね」

「その通り。で、三田さんはどうなる？」

「２０１８年に日本の文具メーカー『タチキ・コーポレーション』から発売されたノートシリーズです。書きやすく、かわいく、きれいなノートを目指しました」

「うん。いいね。じゃ、次だ。ノートだということはわかった。でも、それがどのようにして使うものかわからない。さっきの説明だけじゃ、頭の中に誰がどう使っているのか想像できない。そのときの質問は？」

「『マイドリーム』は、**例えば**どのようなシーンで使われるのですか」

「そう。今度は、『例えば』だ。答えを三田さん、お願い」

「はい。全国の女子高生にアンケートをしてできた商品なので、10代の女の子たちが授業中に使うノートとして使われています」

「うん、情景が浮かんできたね。でもこれだけじゃその良さがわからない。深掘りするときに、唐沢くんの質問はどうなる？」

「他には、ですね。**他には**どのように使われていますか」

「一番小さなサイズのノートを、働く女性たちが胸の内側のポケットに入れて使っています。小さいだけでなく、角が丸く、軽いし、柔らかいので、衣服のポケットに入れても目立ちません」

「うん、見事だ」

「これ、『エルメット』のシャルル・ブレル社長に『質問』するときにも使えるかもしれないわね」

「うん、『質問』の方法は、別に日本だけのものじゃない。外国人だって、好奇心を持てば、身を乗り出して『具体的にわかりやすく、くわしく説明してくれ』『例えば、どんな商品をつくるのか』『この他に代案はないか』と尋ねてくるよ。これにしっかり答えなくてはいけない。

逆に、君たちが『エルメット』の社長に尋ねるときも、この3つを活用するといい。相手には『切れ者』と思われるに違いない」

「先生、講義の中で、『理想と現実』についてお話しされていましたよね。私、自分でプレゼンするときは、それが大事だと思うんです。

まず自分で理想を語る。すると向こうが、『具体的には』と質問してくるので、実現したい企画にブレークダウンして話す。

『例えば』と質問されて、はじめて商品や企画の中身を説明する。

『この他に』と尋ねられて、『代案』について語る。ね、はじめは理想を語ったほうがいいと思う」

「ははは、三田さんは、聞いたことをすぐ応用して自分の力にしていくね。

そうだよ、

相手が理想を語る　→『具体的には』と質問する　→　相手にわかりやすく説明してもらう　→『例えば』と質問する　→相手に具体的な商品や企画を説明してもらう　→『この他に』と質問する　→相手に他の事例や代案を説明してもらう

この循環がうまくいけば必ず、いい仕事になる。がんばってくれよ」

POINT

3つのフレーズを使う際には順序がある

講義23

「○○ということは?」で相手に考えをまとめさせる

3時間目も、あなたの意見を通す「質問力」の話を続けましょう。今回は、相手に自分が話していることを振り返らせ、まとめさせる「質問力」です。人の会話は極めて曖昧で、すぐに脱線します。自分で言っていることがわからなくなっているのに、口先だけでしゃべっている。そんな状況にすぐに陥ります。

プロのスピーチライターは、頃合いのいいところで「ここまで、おっしゃられたことをまとめると」と断って、相手の話を簡単にまとめていきます。相手はそれを聞き「ちょっと違うなぁ」とか「つけ足すとね」なんて言いながら本題に戻ってくれます。

しかし、**一般の会議や交渉の場では、質問者の話をまとめるよりも、相手に**

自分の頭でまとめさせたり、定義づけさせたほうがいい。そのほうが、気づきもあるし、脱線していたことへの反省も促せます。その方法は、

「○○ということは、どういうことですか？」

短く「○○ということは？」と尋ねるだけでも構いません。相手は、「ということは、こういうことなんだよ」と話をまとめるために頭が働く。

「すると、どうなりますか？」

と話してきた「結果」を考えさせることも有効です。これまで語ってきたことの行く先を相手に想像してもらうだけで話がまとまっていきます。

相手をただ言いっぱなしにさせるのではなく、途中で自分の考えをまとめさせる。これも「質問力」の大切な力です。何か質問のある人は？

「私、わからないと『意味がわかりません』『もうちょっとわかりやすく説明してください』って言ってしまうんです。だから『きつい女』って言われちゃうんだけれど、これは相手に気づきを与えることになりませんか」

「三田さん、残念ながらそれはならない。

『意味がわかりません』『もうちょっとわかりやすく説明してください』と言われたら、相手は同じ説明をただ詳しく説明するだけだ。

多くの場合、話が長くなって余計にわかりにくくなる。

『意味がわかりません』は、ここまで一生懸命説明してきた相手に『私にわかるように、はじめから説明し直せ』というニュアンスが含まれる。相手はいい思いはしないだろう」

「なるほど、**『わかりません』と言ってしまうと、『わからないなら、もう一度言ってやる』と同じ話の繰り返しになってしまう。**

でも『○○ということは、どういうことですか』と聞くと、繰り返すのではなく、相手は自分の言ったことを、まとめようとするんですね」

「唐沢くん、ご名答。『もう一度言わせる』よりも『まとめてもらう』ことが大事。そのほうがよっぽどわかりやすい答えが戻ってくる」

「先生、『つまり、どういうことでしょうか』と質問するのはどうですか。これもまとめてもらう『質問』だと思いますが」

「ここで、少し『言葉のマナー』の話をしよう。『つまり』というのは結論を述べるときに使う言葉だ。これは、基本的に、話者本人が言う言葉。

他人が『つまり、どういうことですか』『つまり、何なのでしょうか』と言うことは、『あなたの言うことは、まどろっこしくてわかりません。簡潔に言ってください』というニュアンスを含んでしまう。
話者以外の人が『つまり』を使っていいのは、

『つまり、こういうことでしょうか』

と、**『あなたの意見を、私なりにまとめると、こうなりますが、合っていますか』と言うとき。**

丸投げするのではなく、自分の意見を含めて使う場合なんだよ。三田さんはかしこいからすぐに覚えられる。例文を出してみよう。

例えば、三田さんが、上司の経営部長に呼ばれて、こんなふうに言われた。
『三田さん、「マイドリーム」なんだが、最近、学生たちが「マイドリームばなれ」を起こしているようだ。少し出回りすぎて新鮮味がなくなったのかもしれない。

逆に君が考案した「働く女性向けのコンパクトサイズ」が売れている。若い女性ばかりか、シニア層にも評判がいいらしい。この間、うちの87歳になる母親に会ったら、やっぱり使っていたよ』

さて、三田さん、これをどうまとめる？」

「部長のお母さままでお使いになっているなんて、光栄です。

部長、つまり今おっしゃったお話は、学生主体でつくった『マイドリーム』が、様々な世代の女性に使われる商品になっている現状を踏まえ、商品デザインやラインナップを見直してみたらどうか、ということでよろしいでしょうか」

「すごいなぁ。僕はそんなにうまくまとめられないよ」

「確かにすごいね。部長の先の先を読んでいる。
しかも、最後が『ということでよろしいしょうか』と『質問』になっているので、部長も発言がしやすい。見事です」

「私の言葉が、強い、きついと言われる理由がわかってきました。いつもだったら、『部長、話が散らかっていて何が言いたいのかわかりません。私にどうしろと言いたいのですか？』って聞き返していたと思います」

「うん。それじゃダメだということはわかるよね。
今、話しているのは、**『相手の言葉を使って、話をまとめたり、まとめさせたりする』ということ。**
相手ありきなので、神経を使うべきところなんだ。相手を不快にさせない。あくまで教えを請う形で『質問』したほうが、いい答えがたくさん返ってくる可能性が高い。こういう心理戦にも強くなっていこう」

「でも、テレビの謝罪会見を見ていると、『つまり、どういうことなんですか！』みたいなもの言いをよくしてますよね」

「あれはわざと『つまり』という言葉を使って、相手を挑発しているんだよ。『ダラダラ話してんじゃねーよ！　結論を言えよ！　結論を！』と言っているのと同じだ。

謝罪会見特有のテクニックだ。普段の会話で真似しちゃいけない」

「『すると、どうなりますか？』は、うちの営業部長の口グセです。毎週開かれる営業会議で、いろんな案件が話されます。

この間も、『このままだと、人手が足りなくてみんな疲弊してしまいます！』と叫んだ先輩がいたんです。

そしたら部長が、『すると、どうなりますか？』と聞くんですね。

『すると……、誰かが倒れるか、勝てるプレゼンを落とすようなことになる』

と、先輩が言った。

これを聞いて、部長は、『どのパートに人手が足りないか』『疲弊している人は誰か』と立て続けに『質問』して、プレゼンに勝つために最適な人材の確保に動いたんです。

先輩が『助けてください！』って、嘆願しているだけだったら何も前に進まなかったなぁ。

「すると、どうなりますか?」と尋ねることで、先輩も具体的な補充ポイントが見つかったんだと思います」

「それも『質問力』の好例だね。

『質問』することで、相手に未来がどうなるかを具体的に考えさせ、発表させる。『質問力』で障害を突破する方法を部長はご存知のようだね」

「言葉って難しいわね。自分が言いたいことを言うだけでは、それ以上の答えは返ってこない。尋ね方ひとつで、答えがまとまったり、前に進んだりするんですね。勉強になりました」

POINT

あくまでも相手に「まとめてもらう」ことに意味がある

講義
24

相手の反応がガラリと変わる「質問会話法」

最終日の4時間目です。皆さん、疲れていませんか？

今日は、相手を巻き込む「質問会話法」です。皆さん、次の2つの交渉のうち、どちらが先方の部長に対して説得力があると思いますか？

a.「今日はタチキの新製品のボールペンをお持ちしました。今回は、最近需要の多いビジネスエグゼクティブ向けの高級品ながら、細身の4色ボールペンになっています。書きやすいようにペン先のほうに重心があります。また指に当たる部分はブナの木で手触りをよくしています」

b.「今日はタチキの新製品のボールペンをお持ちしたのですが、**少しお時間いただけますか？**（部長　いいよ）ありがとうございます。

部長、最近はビジネスエグゼクティブ向けの高級品の需要が多いのはご存知

だと思います。で、**彼らがどんなペンを求めているのかご存知ですか？**（部長知らないなぁ）

実は、実用的な4色ボールペンなんです。ペンの形状にも随分こだわりがあります。部長、今店頭に、ペン先のほうに**重心のあるペンってありますか？**（部長　ないかもしれない）しかも指に当たる部分がブナの木なんです。これ、**手触りはいかがですか？**」

すぐにわかりますね。**Bのほうが相手を巻き込んでいます。**

話の途中を質問形にして、相手に反応させています。じつは、口がうまい、弁が立つと思っている人はAのタイプの人が多いんです。立て板に水のように、サーっと語ってしまう。これでは相手の耳に何も残りません。**同じ内容でも「質問」で話を小分けにして話す。多少朴訥でも、口下手でも構わないのです。「質問」で、相手の反応を取り入れながら話すようにしましょう。**

会話は、相手とつくっていくもの。相手の声がすればするほど、交渉はうまくいくと心得てください。何か質問のある人は？

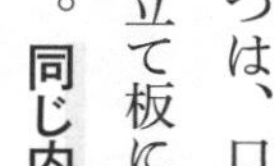

「先生、お疲れさまでした。最後にきて、また私の話し方の欠点が見つかった気分です。私、一気にしゃべっちゃうんです。周りが見えなくなっちゃうくらい」

「僕も同じです。でも、新人の頃はそれでいいと思ってたな。実際、『元気でいいね』なんて先方に言われたこともありました。今思うとあれは一人前に認められていなかったってことなんだな」

「自分はしゃべるのが得意だと思っている人の多くは、先ほど示したＡのタイプなんだ。しかも最近は、ＴＥＤやYouTuberの影響で、バァ〜っとしゃべる若い人が増えている。早口で、甲高い声で話すと、頭が良く見えると思っているフシもある」

「一方的にしゃべるものに対して、『いいね』をつけてもらうのが、憧れの話し方になってきているものね」

「おかげで多くの人がつまずく。**ビジネスは、互いが互いを確認し合う会話で成立していることを理解できずに、一方的に話しちゃうんだ**」

「先生、私の場合、交渉が怖くて、不安で、忘れないうちに一気にしゃべっちゃおうと思う気持ちもどこかにあります」

「うん、途中で反対意見を言われて、最後まで話したいことが言えなくなるのが怖い。ちゃんと結論に持っていきたいから、一方的に話しちゃうところはある」

「2人とも、ここからが正念場だね。
相手に否定されたり、興味を示されなかったりしながらも、なんとか『質問力』を駆使して、自分の意見を通す。これが本当のコミュニケーションだよ」

「でも、さっきの例で、ビジネスエグゼクティブが求めているのが、高級4色ペンだと先方の部長が知っていたら、話しが変わってきますよね。あるいは、『4色ペンなんて、ビジネスマンは買わないよ』と否定されたりしたら、どうやって話しを組み立てればいいんだろう」

「ここで復習だよ。1日目に何を習った？　私たちは『自問自答』について勉強したよね。

得意先に会う前にしっかりと『自問自答』して、『4色ペンの流行を知っていた場合は、このペンのどこを新しいとアピールすべきか』とか『4色ペンにネガティブな反応を示した場合どう説得するか。データはあるか。ネットに何か書かれていたか』と下調べをする。

どんな意見が来ても跳ね返せるように、自分の意見を肉厚にしておくんだよ」

「なるほど。『自問自答』って、こういうときに使えばいいのね」

「そうだね。実際うちの4色ペンは、他のメーカーのものに比べてスリムなんだよね。ペン先がブナの木なので一見軽そうに見えるけど、しっかり重心がコントロールされていて、力を入れなくても書ける」

「それに、青インクは、タチキの『藍色』。これはヨーロッパでも売れるかもしれない。インバウンド需要の多い銀座の太田屋さんになら、売り文句になる」

「ほら、2人で探していれば、いいアイデアが浮かぶだろ。会議も今のように、想定問答をしっかりやることが肝心なんだ」

「先生、確かに一方的にしゃべるのはよくないと思いますが、相手が無口な人だったり、口下手な人のときは、どうすればいいんでしょうか。一緒になって黙っているわけにもいかないし、かといって、こちらばかり話していたら嫌われそうだし。ビジネスの現場は、話しにくい人のほうが実際は

多いように思います」

「そうなんだよね。ビジネスは、学生時代のサークルやコミュニティとは違って、相手と性格的に合わなくても付き合わなければいけない。難しいことだけれど、コツがないわけでもない。**それは、会ったときに最初にどう話しかけるか、いくつかのパターンをつくっておくことなんだ**」

「僕、それは得意です。例えば、太田屋さんに新商品を売り込むなら、

『これから全国の文具店に持って回るのですが、それより前に太田屋さんにだけ、新商品をお持ちしました。これまでの店頭に並んでいる商品にはないタイプです。お時間ありますか』

なんて言って持っていきますね。『あなただけは特別』という感じを出せと先輩に習いました」

「唐沢くん、うまい！　さすが営業の元エース！　そうか、プレミアム感をつけたりすればいいのね」

「『元』は、余計だよ。でも、確かにやる気があった時代は、どういう質問をすれば相手が足を止めてくれるかをいつも考えていたな。ちょっと思い出してきた」

「そう。『質問』をたくさん考えることで、営業のスキルは上がっていく。なぜなら常に相手を想定して言葉を探すからなんだ。
さぁ、いよいよ最後の講義だ。行こう！」

POINT

相手の声がすればするほど、交渉はうまくいく

講義25

ここ一番の場面でこそ「質問力」が武器になる

皆さん、これが私の『質問力講座』の最後になります。5日間、早朝からの講義に休むことなく出席してくれて本当にありがとう。最後は、私に『質問力』を教えてくれた上司のエピソードを語って終わります。

まだ私が30代だった頃の話です。企画書を上司に見せると文句を言われそうで嫌だったので、締切まで誰にも見せず、自分の考えをまとめました。

それを上司に見せた途端、顔色が曇り、「ダメだ」と言うのです。頭にきて、「どこがですか」と言うと**「完璧すぎる。そこが、弱い」**と言うのです。意味がわかりませんでした。

上司は、パワーポイントで完璧に仕上げた企画書を、ワードの箇条書きにしろと言う。そして結論の部分は書くなと言うのです。

翌日、私は上司と2人で得意先に行きました。不完全な企画書を持って。

上司は、先方の部長に対して**「ここまで考えたのですが、ちょっと悩んでまして」**と言いました。すると先方は、「また、ですか」と苦笑い。

しかし、嬉しそうな顔をして、自分が考えていることを語り出しました。それは私が考えていたよりはるかに壮大で、世界をも視野に入れた話でした。こんな話、これまで聞いたことがありません。

「瀬木、おまえの完璧なんてのは、所詮、おまえの中の完璧なんだ。自分の意見へのこだわりなんて早いところ捨てて、人の意見を巻き込める強さを身につけろ。人をもっともっと巻き込んで、意見を強く、太くしろ！」

これが上司の言葉でした。私はこの日から仕事に対する見方が変わりました。「質問力」の真髄を教えてもらった気がしました。

私の講義はこれで終わりです。「質問力」で人を巻き込む台風のような強さを身につけてください。ご静聴、ありがとう。

「先生、泣けました。ほんと、涙が出ました」

「ありがとうございます。なんていうのか、自分がいかに小さな男かっていうことを見せつけられた気がしました」

「私も君たちの頃は同じように、自信がなくて、その割にはプライドが高くて、いつもハリネズミのように人に触られないように針を立てて、自分の意見や企画を守っていたんだよ。

でもね、この上司に会って、『私は一体、何を守っているんだ？』と思ったんだよ。**『自己満足、虚栄心、承認欲求、プライド、そんな小さなもののために働いていて何が楽しいんだ？』**とね」

「4年目の私たちが、ちょっと行き詰まっていたのも、そこにあるような気がします。これまでのように無責任にやりたいようにはできなくなってきた。それでいながら自分のわがままは通したい」

「もちろん、自分の考えをなくしちゃいけないけど、人の意見を入れるだけの懐の深さは必要だと思いましたよ」

「世の中ってさ、自分が考えているよりもずっとずっと、面白いことを考えている人がいるんだよ。

ふと乗り合わせたタクシーの運転手さんの言葉に深い哲学があったりね。旅先で出会った老婆のひと言に、この土地の歴史が集約されている。そんなこともあった。

こういう人に出会うためにも、自ら『質問』する力を身につけなくちゃいけないんだ」

「はじめの講義に戻るけれど、『好奇心』ですね。『あなたをもっと知りたい！』という気持ち」

「会社に勤めて4年。大学時代の友だちの中には、会社を辞めて起業したやつもいる。

『この会社でくすぶっていていいのかなぁ』なんて気持ちもどこかにあって、好奇心がどんどんなくなっていった。こうして考えると、彼女には本当に悪かったと思います。正直、別れたほうが彼女のためにもよかった」

「唐沢くんは、ここにきて、日に日に質問がシャープになってきた。

それればかりじゃない。わずかなチャンスをつかんで、『エルメット』と今、つながりを持とうとしている。相手を巻き込む力を試すところにまで来ている」

「それは三田さんのおかげです。僕がやってみたかった最高ブランドとのコラボの夢をここまでひっぱってきてくれた」

「まだ、まだ何も決まってないよ。太田屋さんのご好意で、空き時間の6分をもらっただけのこと。

でも、なんていうのかな。それでも私たちの思いをぶつけるべきだと思う。今なら、人を巻き込む力が私たちにはあるような気がしています」

「いいことだね。たとえコラボがうまくいかなくても、『質問力』を武器にチャレンジする気持ちを試すには最高の舞台だ」

「先生、最後にひとつだけいいですか。シャルル・ブレル社長攻略の『質問力』があれば、教えてください！」

「唐沢くん、早速使ったね。『最後にひとつだけ』。よし、じゃこれが最後だ。シャルル・ブレルさんほどの大物になれば君たち以上に『質問力』を身につけているはずだ。君たちが『質問力』で戦おうとすれば、彼もその上の『質問力』で返してくる。『質問力』のある人間が、その場の主導権に握るから、彼なら必ずそうしてくるだろう」

「困った！『質問力』ばかり考えていて、その返事の仕方まで気が回ってない！」

「でも、心配するな。君たちはもう相手の『質問』でドギマギすることはない。だって、相手がなぜこの『質問』をしてきたのか。そのすべてをここで学んだはずだ。

『はは〜ん、〝理想と現実の落差〟できたな』『ここは行動で答えるべきだな』

とわかる。**いいかい、『質問』の答えは、必ず相手の『質問』の中にあるんだよ**』

「そうね。怖がることないですね。先生、本当にありがとうございました。元気が出ました。夢のような時間でした」

「三田さん、ありがとう。食堂で会わなかったら、僕は、まだグズグズしてたよ」

「さぁ、これで終わりだ。君たちの前途ある未来をこれからも応援するよ。『エルメット』の件、吉報を待っている。2人、力を合わせて、巻き込め！」

POINT

人の意見を巻き込んだ分だけ、あなたは強く太くなれる！

STORY

5 2人よ、青く燃え上がれ！

5日間の講義を終えた直後から、唐沢潤と三田さゆりは、猛然と働き出しました。企画部のさゆりは、もし「エルメット」とコラボできるとしたら、どんな可能性があるかを社内で探り出しました。「夢物語だよ」と諦める人、「愉快じゃないか。うちのクオリティなら渡り合えるよ」と言ってくれる人。

ある日、偶然立木社長とエレベーターに乗り合わせたことがありました。企画書を読んでいる立木社長は、「可能性はあるのか？」と「質問」してきました。

即座にさゆりは、**「現実と理想のギャップ法」**を使い、「現実は、時間もないし厳しい。でもタチキのクオリティを世界に認めさせる千載一遇のチャンス。今はそのギャップを埋めるためにどうすべきかを考えている」と伝えました。

社長は「ギャップか……」とつぶやいた後、「そのギャップを埋めるために私が必要なら、気軽に声をかけてほしい」と言って笑ってくれました。

「質問力」は「応える力」にもなることを実感したのです。


唐沢潤も精力的に動いていました。

毎日、太田屋の塚田部長に会いに行き、「ドリームポイント」を購入している外国人の**動向を「質問」**していました。

もう投げやりだった頃の潤ではありません。

大切なところでは塚田部長の**鼻の頭を2、3秒見つめて**話を聞きます。

「なぜでしょう？　タイのほうが大量に購入してくれた理由は？」などと**倒置法**で塚田**部長の気持ちをどんどん巻き込んでいく**ように努めたのです。

インクの製造部にも足繁く通い、「**なぜ**現状の色にしたのか」にはじまり、「**他に色はつくれるのか**」と聞き、「できる」と相手が言うと、「**具体的に**はどんな色が？」とまた質問します。

「例えば、浅葱色とか、まつば色とか、かものは色とか……」と言って色見本を見せてくれます。その色がボールペンインクに合っているかを開発スタッフと吟味して、合っていなければ**「他にありますか」**と**「質問の3つのキラーワード」**を並べて深掘りしていったのです。

さゆりからもらった「マイドリーム」はすぐに文字でいっぱいになりました。そのメモも**「クエスチョン・メモ」**に変わったために、紙面には「?」の文字が溢れています。自問自答してわからないことがあればまたメモをしました。

夜の10時になるとオフィスの照明は全て消されます。唐沢潤と三田さゆりは、毎晩この時間から夕食を食べました。

食事、と言っても、ほとんどが打ち合わせです。潤が「質問」し、さゆりがシャルル・ブレル氏役となって、それに答えます。

「私たちのインクを搭載した『エルメット』の高級ブランドペンをコラボしたいと考えていますが、どうでしょうか？」

「それはダメよ。ただ自分の願望を言っているだけでしょ。シャルル・ブレルさんは、経営者というよりはフランスでは芸術家なのよ。もっと文化的、芸術的な『質問』をしないと見向きもされないと思う」

三田さゆりが検索で集めたフランス語の資料の多くは、潤のために和訳がしてあります。ヨーロッパやアメリカで行われたインタビューを読むと確かに、フランス絵画の歴史やデザインに関する話が多いようです。

「ねえ、唐沢くん。時間は6分よ。

私、彼が一番気に入っている『ドリームポイント』のブルーの話に特化すべきだと思うわ。彼のそのインクの評価を聞き出すところから、次の『質問』が見えてくるんじゃない」

「僕も『質問』していてそう思った。**『質問ドリル』で掘って、突破口を開こう**」

唐沢潤は、大きくうなずき、少し冷えかかったパスタを大量に口に入れました。少しこぼれて、ネクタイが汚れた。

それをじっと見ながら、誕生日に三田さゆりにもらった「エルメット・ブルー」のネクタイを思い出しました。シャルル・ブレル氏に会う日まで、5年前に亡くなった父の写真の横に置いてあるネクタイ。

三田さゆりは、大きなグラスで水を飲んでいます。

そのグラスに、潤が見てきた、「りんどう」や「つゆくさ」や「ふじ」や「ききょう」など様々な青色が反射して、三田さゆりをブルーの宝石のように輝かせています。

慌てて潤も水を飲んだ。長い間体の内側にあった重石や錆が、霧消していくようでした。

終章
STORY

エルメット社長に「質問」する

シャルル・ブレル氏との会談は、銀座太田屋本社8階の応接室で行われました。ブレル氏が懇意にしている太田屋社長と楽しく「文房具談義」をする。これは毎年恒例の行事だそうです。

ここまでの経緯を太田屋塚田部長が話し、2人は立木社長から預かったまだ発表前の「ドリームポイント」をブレル氏に贈呈。南フランス出身の陽気な笑顔が部屋の空気をやわらかくする中、やりとりがはじまりました。

向き合うのは唐沢潤。その横に三田さゆりがフランス語の通訳としてついています。

「まずお伺いしたいのですが、弊社の『ドリームポイント』のどこを気に入ってくださっているのですか」

「うん。全部だよ。特に色だ。

君も知っているだろうが、我々フランス人は、天然の石を砕き、土を焼いて、油を混ぜて顔料をつくってきた。これが絵の具や口紅の色の元になってきたんだ。すばらしい文化だと思う。


君たち日本人は、草木で色をつくる。その美しさ、繊細さは我々の目では再現できない。その再現できない色が、このペンの『藍色』なんだ」

「ありがとうございます。日本の青色を具体的に取り入れようとされたことはございますか」

「うん。今君が着けてくれているうちのネクタイも、日本のブルーを意識してつくっている。洋服やデザ

インに関しては、誰でも似た色合いはつくれる。でも、インクはダメだな」

「どうしてインクはつくれないのでしょうか」

唐沢潤は、質問ドリルを回し続ける。インクで一点突破しようとしている。

「万年筆のインクをごらんよ。ドイツは、濃くて暗い青だ。アメリカは鉄色に近い。我々フランスは、明るいブルーを濃くして使う。それぞれの国の目と技術で好みの色が違う。ボールペンのインクはもっと難しい」

「でも、エルメットほどのブランドなら、つくることができるように思いますが。エルメット・ブルーも私たち日本人にはなかなか出せない色です」

唐沢潤は、「現状肯定」に出た。ブレル氏の本音を待った。

「確かにできなくはない。しかし、色の文化はコンピューターで簡単に再現したり、金にものを言わせてつくるものじゃないと思っている。我が社は派手に見えるが、古い職人の会社なんだ」

横から、三田さゆりが、声を上げた。日本語のあとにフランス語訳を入れた。

「もしつくるとすれば、どのような行動に出るのがいいとお考えですか」

話者が変わり、「どうすれば（Ｈｏｗ）」と「行動」を聞いてきたところで、勘のいいブレル氏は、こちらの意図を読み取ったようだ。

しばらく沈黙が続いた。椅子に深く座り直すブレル氏に合わせて、唐沢もペーシングする。

「君たちの意図は読めたよ。うちのペンにタチキのインクを入れたいってことだね。

いや、怒ってはいないよ。ビジネスとしてはもっともな提案だ。

では、こちらから質問させてほしい。

君たちのところは、この『藍色』以外のブルーをつくることができるのか」

三田さゆりが動いた。背後からふたつ折りのボードを取り出し、開いて見せた。

「これが、我が社の技術でつくることのできる青色です。

浅葱色、まつば色、かものは色、りんどう、つゆくさ、ふじ、ききょう……」

シャルル・ブレル氏は、思わず身を乗り出す。

社長としてではなく、芸術家の魂に火がついた。

「これは、すごい。タチキさんのインクなら滲んだり、かすれたりすることもないだろう」

「はい。私たちの理想は、これらのインクをぜひ御社の宝石のようなペンの中に入れてもらいたい。

でも現実は、残念ながら『ドリームポイント』は普及品の廉価商品だし、我が社は、御社に二度ほどお断りされたこともあると伺っています。

その理想と現実をどう埋められるか……」

「なるほど、理想と現実ね。

では、私からも言わせてもらおう。私たちはフランスの芸術文化を担った製品をつくっているという自負がある。

しかし、フランス文化というものは、他の文化を

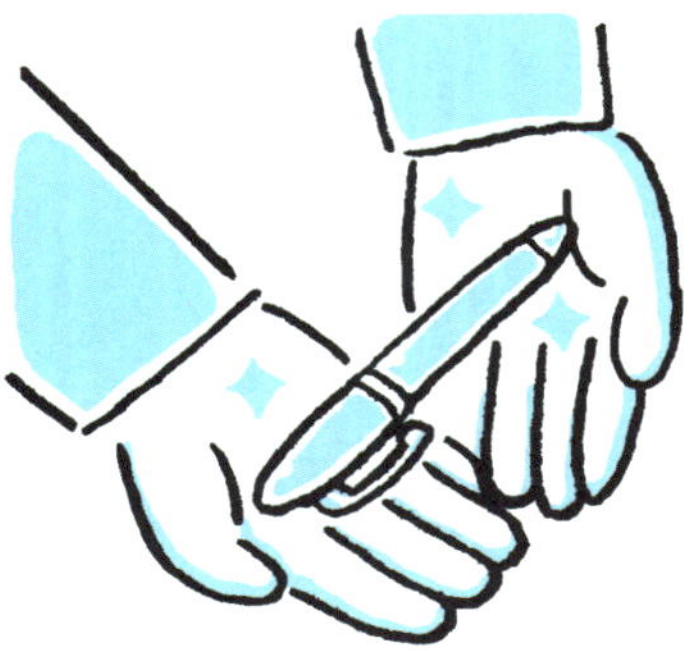

大いに取り入れて成長してきたものだ。日本の浮世絵もフランス文化には息づいている。

ぜひともこの素晴らしい日本の色合いを取り入れたペンを私はつくってみたい。先ほども言ったけれど、私も職人なんだ。

しかし、現実もある。我が社にもインクメーカーとの取引がある。それをどうするか。

また、失礼だがタチキさんの供給能力もわからない。さらに、タチキさんが本当に、日本文化を担うメーカーなのか。この『ドリームポイント』だけでは判断できない。私にも、ギャップがある」

唐沢潤の質問が止まった。

そのギャップに現状の自分の力では答えることができない。時間は刻一刻と迫っている。

天井を見た。ふっと瀬木周作先生の声がした。

「ポポネポ……」と聞こえた。

「私たちは互いに素晴らしい文化と技術を持っています。それがひとつになれば、『青』という色を通して世界にインパクトを与えることができます。

しかし、現実的な問題は確かにあります。難しいかもしれません。でも、問題の多くは互いをまだよく知らないことに起因していると思います。あなたはギャップを埋められないと思いますか？」

シャルル・ブレル氏が、唐沢潤の鼻の頭をじっと見ている。秘書が「時間です」と会議の終わりを告げる中、こう答えた。

「君たちに、もう少し日本の文化と青色の素晴らしさを教えてもらいたい。

どうかね。2人で、パリに来ないか。

まずは、うちの職人も入れてもっと話し合おうじゃないか」


三田さゆりのメモする手が止まった。肩が震えている。そこにシャルル・ブレルが声をかけた。


「最後にひとつだけ、質問していいかい。

あなたの使っているメモ帳も素晴らしい。女性の手のひらにぴたりと収まって、エレガントだ。そのメモパッドもうちの職人に見せてもらいたい。

さぁ、私たちの夢『Our Dream』をはじめよう」

STORY 6

パリに旅立つ2人

「エルメット」シャルル・ブレル氏との会談結果は、すぐに立木社長、営業部長、そして瀬木周作先生に伝えられました。

「先生が最後におっしゃったように、シャルル・ブレルさんは一流のビジネスマンでした。『質問力』がすごい。でも『質問力』を学んだおかげで、なんとか僕たちのやりたい方向にビジネスを持っていくことができました！」

「エルメット」からは、早速立木社長の元に連絡が入り、ひと月後に2人のパリ研修が決定。インク製造部門、営業、企画部から雄叫びにも似た歓喜の声が聞こえてきました。

月日は過ぎて、いよいよパリへと向かう2人。スーツケースを預け、イミグレーションに向かって歩いています。

「君は故郷に帰るようなものだから、気楽でいいよなぁ。僕はフランス語なんてからっきしダメだ」

という声を聞いても、三田さゆりは黙って下を向いています。それを気にもせず、少し前を歩く唐沢潤。その背中は、新人の頃の自信に満ちた彼の背中に戻っていました。

「ねぇ、唐沢くん！」

と言われて、振り向く潤。三田さゆりの頬は、少し紅潮しています。

「ひとつ質問していい？　逃げないで、ちゃんと『行動』で答えてね。
私たち、これからどうするの」

おわりに　こんな時代だからこそ、「直に会って話す」ことが大事

唐沢潤と三田さゆりの名前が、なかなか決まりませんでした。今風キラキラネームでもなく、昭和の名前でもない。唐沢潤は、書いているうちに二度改名。三田さゆりは一度改名し、元に戻りました。編集者と互いのスマホをにらめっこし、あれこれ名前を挙げていく。その途中の会話の中からアイデアが生まれ、具体的な構成が決まってくるのです。

今回の主人公の心を暗くしているのは、「マンネリ」と「無関心」という病です。それを「質問力」という武器を使って、「好奇心」を取り戻し、「あなたのことをもっと知りたい」という気持ちを回復していくのがこの物語の基調にあります。

ただノウハウを提供するだけではなく、入社4年目あたりからはじまる「マンネリ」や「緊張感のなさ」を解消してほしい。ビジネスを自分の思うように進めるためにも、心にハリを持たせるためにも「質問力」が役に立つと考えました。

残念ながら世の中は、人と対面する機会がグンと減ってきています。コミュニケーションはネットが中心。顔を合わせて話す機会が減ったおかげで、表情筋が衰えて、眉毛の動きが昔の人に比べて少なくなったという怖い話も聞きました。

しかし、一番大切な瞬間は、公私を問わず、直に会って話すこと。他者との共同作業によって、互いを知り、認め合い、共同で物語を紡いでいく。これが最も効果的で、自分の糧になっていく作業であることは、遠い未来も変わらないことでしょう。

共同作業のガイドとして、この本が皆さまの本棚の一番手に取りやすい場所に収まることを願ってやみません。

私にとっては、10冊目になるこの本。ずっと支えてくれたのは、大和出版編集部礒田千紘さんでした。彼女が書いてきてくれる「質問できずに困っている人」「質問を重要だと思ってない人」の生の声が、この本を書く力になりました。ありがとう。

この本が多くの皆さまのエールとなりますように。

ひきたよしあき

博報堂クリエイティブプロデューサーが明かす
「質問力(しつもんりょく)」って、じつは仕事(しごと)を有利(ゆうり)に進(すす)める
最強(さいきょう)のスキルなんです。

2019年11月30日　初版発行
2021年4月9日　4刷発行

著　者……ひきたよしあき
発行者……塚田太郎
発行所……株式会社大和出版
東京都文京区音羽1-26-11　〒112-0013
電話　営業部03-5978-8121／編集部03-5978-8131
http://www.daiwashuppan.com
印刷所……誠宏印刷株式会社
製本所……ナショナル製本協同組合
装幀者……原田恵都子(Harada＋Harada)
イラスト……てんしんくん

ISBN978-4-8047-1859-0

くずときんかのくおりでぃあ
クズと金貨のクオリディア
QUALIDEA OF SCUM
AND A GOLD COIN
さがら総・渡航(Speakeasy)
Illustration 仙人掌

千種美沙
Misa Chigusa
「誰がなんと言っても、お姉ちゃんは天使だもん！」
千種夜羽
Yu Chigusa
「根っから臆病で気弱なわたしは、他人と対等な形でお付き合いしたいだけなのです」

久佐丘雨音
Amane Kusaoka
「あんたほんと性格悪いよね」
久佐丘晴磨
Haruma Kusaoka
「人は見た目が九割なんて言うがあれ嘘だろ。十割だ、十割。フルパワー100%中の100%」

「お姉ちゃんは久佐丘先輩と付き合ってるの？」
「ちょっとちょっともう、マセてきたなぁ……」
「いーじゃん！教えてよう！」

「……一方がどれだけ想っていても、
もう一方にその気がなかったら
どうしようもないでしょう」

世界の終わりは穏やかに可視化される。
恋い焦がれるように紅蓮に燃える夕映え、
鮮血でしとどに濡れた紅い月。

空から落ちてくる機械仕掛けの神。
種が死に絶えても、個が拒まれても。
隣に立つ少女の美しさはいささかも否定されない。

Contents

ダッシュエックス文庫

クズと金貨のクオリディア

さがら総・渡　航（Speakeasy）

【参考文献】
「ヴェニスの商人」（シェイクスピア物語） ©2001 by SOGO_e-text_library
「口語訳聖書」©日本聖書協会 Japan Bible Society,Tokyo 1954,1955

CHAP.
1
第一巻

彼はまた、わたしに言った。

「この書の預言の言葉を封じてはならない。
時が近づいているからである。
不義な者はさらに不義を行い、
汚れた者はさらに汚れたことを行い、
義なる者はさらに義を行い、
聖なる者はさらに聖なることを行うままにさせよ」。
「見よ、わたしはすぐに来る。
報いを携えてきて、
それぞれのしわざに応じて報いよう」

口語訳聖書　ヨハネの黙示録　第22章10-12節

読書をするたび常々思うことがある。

『ラノベはイラストが十割』

どんなゴミ作家の駄文テキストもクソみたいな記号テンプレ萌え会話も俺強え設定資料集も寄せ集めキャラクター見本市も中学生でも読める否小学生でも書ける安易な文章もイラスト一つで愛読書に早変わり。読むのが苦痛なものだってイラストのおかげで読めるようになる。娯楽快楽享楽の判断基準は見た目に依存する。それすなわち幸福の根幹は見た目にあるということだ。

人は見た目が九割なんて言うがあれ嘘だろ。十割だ、十割。フルパワー一〇〇％中の一〇〇％。

そう考えるのはきっと俺だけではない。他の多くの人間もそうであるはずだ。

総合学習の選択講座、『アンデルセン童話の世界』で取り上げていた『みにくいアヒルの子』なんてまさしくそんな物語。要は「外見がなんとかなれば人生イージーモード、高級中華で皮だけ剝がれたりしなくて済む、わかったかこの安価フォアグラ野郎！」というお話だ。

その物語を通じ、かの巨匠、アンデルセンはのたもうた。不細工は罪ですらあると。いや、そんなことを言ったかどうかは知らん。だが、俺はアンデルセンからのメッセージを確かに受け取った。その物語に込められた悲痛なまでの想いを勝手に受信し共感した。なんなら俺がアンデルセンかと思った。俺マジアンデルセン。銃剣持ってエイメンとか言っちゃうまである。

『みにくいアヒルの子』は、もしかしたら不細工に希望を与える話に思えるかもしれない。

だが、真実は否だ。そういう浅い読み方しちゃうのはグリム厨のにわかだけだから（笑）。

あの話に希望はない。美しさという暴力が醜い存在を否定し、その拒絶に対して更なる美しさでもって報復するという話に過ぎない。そこに友情だの努力だのが入る余地などなく、完全な血統によってその勝利は完成する。こんな主人公、最近のジャンプでもなかなか見ねぇぞ。

仮に、童話というものが人間心理の源流に位置するものだとすれば、アンデルセンが描いたのは不細工が不細工のまま肯定されることはないという空恐ろしいまでに冷たい真実だ。

だから、講義終わりの感想レポートでそんなことを書いた。

無論、今は後悔している。なぜもっと無難なことを書かなかったのか。なぜ他の生徒たちのように教師が喜びそうな適当なおべんちゃらを並べ立てなかったのか。異質も異端も異形もたやすく排除されるのだと、アンデルセンに言われるまでもなく理解していたのに。

「ねえ、晴磨……」

昼休み、ツンと鼻を突く消毒液の香りが立ち込める保健室、養護教諭の久佐丘雨音は俺の名前を呼ぶと静かにため息を吐いた。

俺はベッドに座らされ、正面にわざわざ椅子を移動させてきた久佐丘雨音が座っている。長く形のいい脚をそっと組み替えると、白衣とタイトスカートが衣擦れの音を立てた。その脚を静かに抱くようにして彼女が前屈みに俺の顔を覗き込むと、ブラウスの胸元がちらちらと視界に入ってくる。雨音ちゃんは再度、悩ましげに吐息を漏らす。

薄いカーテンで区切られたベッド周りはちょっとした個室のようになっていて、俺と雨音ちゃんの距離は妙に近い。俺が彼女に呼び出される時はいつも決まって、この体勢になる。

昼下がりの保健室、白衣姿の美人教師とベット際で二人きり。それも、相手は悩ましげな吐息を漏らしている。なんて言うと、思春期の男子としてはそれなりにぐっとくるかもしれない。

だが、実態はさらにあらず。

この空間は思春期男子嬉し恥ずかしイメクラチック桃色空間などではない。

ただの懺悔室だ。あるいは説教部屋とも言う。

雨音ちゃんが髪をかきあげると、ふわりと香水の香りが鼻孔をくすぐった。こいつ、また香水変えたのか、前のよりはこっちの香りのほうが好みだな、などとどうでもいいことを考えていると、雨音ちゃんが不機嫌そうに俺を睨んだ。

「ねぇ、晴磨。あんたさ、あたしの立場考えたことある？」

「立場……。まぁ、保健の先生、だな」

「そう、それも若くて綺麗な保健の先生よ」

雨音ちゃんは余計な修飾語をつけて復唱し、うんうんと頷く。そして、首の上下運動をぴたと止めると、俺をびしっと指さす。

「ついでに、あんたのお姉ちゃんでもある」

「ん、まぁ、知ってるけど」

言わずもがなのことではあるが、久佐丘雨音と久佐丘晴磨は血を分けた姉弟（きょうだい）であり、何の因果か同じ学校の養護教諭と生徒という関係性にある。おかげでイメクラ空間でも劣情（れつじょう）を催（もよお）すことなどあるはずもなく、むしろ、まーた自分でなんか言ってるよこのバカ姉と呆（あき）れるほかない。

この姉がいるがために俺は極力保健室へは近づかないようにしているのだ。ただいくつか例外があり、姉が小間使いを欲した時やストレスが極限まで溜（た）まった時にこうして呼び出される。今日はその後者だろう。

雨音ちゃんは白衣の胸ポケットにささった禁煙パイポを取り出すとそれをがじっと齧（かじ）る。

「わかってるなら同じ学校で面倒起こすなバカ。あんたが何かすると、あたしが職員室で嫌味言われるんだから」

「それ雨音ちゃんが嫌われてるだけじゃねぇの。俺なんもしてないし」

「してるから！　今日だって、あんた、なんかレポート？　それに変なこと書いたでしょ」

じとっとした目で見られ、記憶を探る。すると、検索結果に該当（がいとう）するのは一つだけだ。

「もしかして、……ブスに人権なし？」

「そう、わかんないけどたぶんそれ！　そういう内容のやつ！　あんた舐（な）めてんの！　そう言うあんたはどうなの！　いつもしみったれた顔してるくせに！」

「いいんだよ、俺は。男の場合は金で人権買えるんだから」

言うと、雨音ちゃんは神妙な顔つきになる。

「……それもそうね。資産と年収次第でなんとでもなるか」

あちゃー、納得しちゃったかー。まぁ、実際、男は高収入ならなんとかなる。かの昔、バブル華やかなりしころは三高なんて言われ、高学歴高身長高収入な人間がもてはやされたものらしい。そこに顔の造作云々は含まれていないので、男性の顔面差別はなかったのだろう。っつーか当時の女性はどんだけすごかったんだよ。みんなその条件に見合うだけの価値があったの？　等価交換が錬金術の基本なのに、高望みした彼氏なんて作ろうとしたら腕とか足とか持ってかれちゃうぞ。

まぁ、うちの姉も似たようなものか。この姉、顔とスタイルについてはそれなりなのだが、如何せん性格がゴミだ。

しらっとした目で見ていると、雨音ちゃんは居心地悪そうに咳払いをする。

「まぁ、仮にあんたの言ってることが正論でも教育的にはそうもいかないの。あんたの答えた内容が気に入らなかったみたいで、あたしまで文句言われちゃったわけ。あの教科担当のおばさん、顔が残念なせいでそういうのほんとうるさいんだから。言動に気をつけなさい」

「めっちゃ顔面差別してんじゃねぇか。ついでに年齢差別追加すんのやめろよ……」

「あたしは表に出してないからいいの」

雨音ちゃんはふふんと得意げに胸を張る。うーん、世界は今日も誰かの「言わない優しさ」

のおかげで平和なんだなぁ。俺も優しいので、クラスの誰とも会話をしない「言わない優しさ」を実行中です。しかし、今や誰もがその優しさを標準装備しているのに、あちこちで火種があがるのはなぜなんですかね、複雑怪奇。

「表に出してないのにいろいろ言われんのは雨音ちゃんの性格に問題があるから言われんじゃねぇの」

言うと雨音ちゃんは真顔になり、胸の前でぶんぶん手を振りながら、一気にまくしたてる。

「違うから、あたしの性格とか関係ないから。いい？　若くて綺麗な養護教諭っていうのはね、職員室での立場がアホみたいに弱いの！　同僚からはセクハラとパワハラのオンパレなの！　その上、保健室には毎日オスガキがやってきて、それに嫉妬したメスガキは敵視してくるの！　こんな仕事結婚して早く辞めたいの！」

最後のほうはなんだか涙声になっていた。

教師って大変だなぁとかどうでもいい感想を抱いていると、ベッドを区切っていたカーテンがふわっと揺れる。

「あの、先生？」

カーテンをおそるおそるめくるのは小さな手。隙間から覗くのは不安げに揺れる大きな瞳。熱でもあるのか、声をかけてきた少女はほっぺを朱に染め、潤んだ瞳で雨音ちゃんと俺を見ている。

俺と目が合うと小動物めいた動きでカーテンの陰(かげ)にこそっと隠れてしまった。そして、またおっかなびっくりの様子でこっちを覗き込んでくる。そのいたいけな仕草がひどく愛らしい。制服を見るにどうやら中等部の女子生徒のようだ。

声を掛けられた雨音ちゃんは我に返ると、椅子をくるっと回転させ、声の主に向き直った。

「ご、ごめんねー、美沙(みさ)ちゃん。弟があれでさー」

「あわわ、あたしこそごめんなさい！　話しかけていいかわからなかったんですけど、あの、解熱剤、どこかなって、……今聞いたらまずかったですか？」

美沙ちゃんと呼ばれたその女の子は困ったように自分のお下げ髪を撫(な)でて、俺と雨音ちゃんを交互に見た。俺たちの話を邪魔(じゃま)してしまったのかと気にしているらしい。それを察した雨音ちゃんは立ち上がって美沙ちゃんとやらの肩を軽く叩(たた)く。

「いいのいいの、全然。気になったらすぐ聞いたほうがいいんだし。ほら、昔から言うでしょ。聞くは一時の恥、弟は一族の恥って」

「言わねぇよ。どんだけ家族から忌(い)み嫌われてんだよ俺は」

なに、雨音ちゃん俺のこと嫌いなの？　俺はお姉ちゃんのこと結構好きなんですけど？　まぁ、両親と姉はどうか知らんがじいちゃんとか俺のこと大好きだろ。ヴェルタースオリジナルとかくれるし。ばあちゃんはだいたいいつもルマンドかエリーゼだけど。エリーゼとか食べ飽きてて、出てくると憂鬱(ゆううつ)になるまである。エリーゼの憂鬱……。

しかし、言い募ったところで雨音ちゃんは不敵に笑うだけだ。一方傍でそんなやりとりを見せられている美沙ちゃんは困ったように曖昧な笑顔を浮かべている。まぁ、よく知らん人をネタにした会話なんてどう反応していいかわかんないよな。そういう時は笑うに限る。

「じゃあ、俺もう行くから」

これ以上、この可愛らしい少女に教室での俺みたいな愛想笑いさせるのもなんだ。雨音ちゃんに向け軽く手を挙げ、美沙ちゃんとやらの横をすり抜ける。

と、すれ違いざま、美沙ちゃんは俺にぺこりと礼をしてきた。色の淡い黒髪にぽんぽんのついたヘアゴムがぴょこんと跳ねる。ちんまりとした低い背に細い肩と薄い胸、熱っぽい頬と潤んだ瞳。小さな唇に細い指を当ててけほとかすかに咳き込む姿は可愛らしさに加えて、妙に色気がある。

美沙ちゃんは天使みたい、という形容がよく似合う子だった。こんなひどく汚れた地上では生きづらそう、という意味も含めて。

「あ、そうだ。晴磨」

保健室のドアに手を掛けると、後ろから声が飛んできた。

「あ?」

「屋上前の踊り場、最近汚れてるでしょ。あれ、職員室でいろいろ言われててさー。だから、放課後に片しといて。それで弟も反省してますんでってことにしといてあげるから」

ウインクしながら雨音ちゃんは言うが、たぶんそれは本来雨音ちゃんの仕事なんじゃないの。たぶん時々屋上で煙草（たばこ）を吸っているのがばれて問題になったとかそんなとこだろう。

だが、弟というのは姉の奴隷（どれい）である。あるいは、姉と呼ばれる存在は弟に女性へのトラウマを刻むために存在しているとも言えよう。

姉という人種がどれだけ害悪かといえばそれはもう相当なもの。気紛（きまぐ）れに可愛がったかと思えば虫の居所が悪いと理不尽な暴力を振るうし、時に儚（はかな）げな泣き顔を見せたりもする。悪い意味での女性への耐性がついたし、女性の生理周期について無駄（むだ）に詳しくなってしまった。

「……ああ、やっとくよ」

そう答えて今度こそ保健室を出ようと扉に手を掛けた。すると、その扉がするっと引かれる。

瞬間、足が止まった。

目の前には一人の少女。

廊下の窓から陽射（ひざ）しがきらきらと降り落ちて、薫風（くんぷう）はかすかに甘いアナスイの香りを運ぶ。梳（くしけず）った長い黒髪、輝くような白い肌、華奢（きゃしゃ）な肢体（したい）は細くしなやか。大きな瞳と艶（つや）めいた唇は驚きで開かれている。

女神みたい、という形容が似合いそうな少女だった。その美しさゆえに気まぐれにこの世界を滅ぼしてしまいそう、という意味も含めて。

彼女の名前を俺は知っている。もちろん一方的に。無論、調べたりしたわけでもなく。ただただごく自然に、一般的常識として、この高校の生徒なら多くが持っている知識として。

千種夜羽。俺の一つ下の学年にいる美少女、間近で見たのは初めてだ。

その千種と出合い頭にぶつかりそうになり、俺も彼女も互いに一歩引いた。

向こうは向こうで驚いたような顔をしていたが、俺も驚きのおかげで随分と間抜けな顔をしていたことだろう。だが、固まっていたのは俺だけで、彼女はすぐにはにかむような笑顔を浮かべると、しずしずと頭を下げ、俺の横をてこてこ通り過ぎた。思わず視線で追ってしまう。

「あ、お姉ちゃん！　ごめんね、忙しいのに……」

美沙ちゃんが千種の姿を認めると、そう声をかけた。

「美沙より大切な用事なんて、あるはずないもの。大丈夫？」

千種がそっと美沙ちゃんの額に手を当てる姿は一枚の絵画じみている。なるほど、美沙ちゃんは千種夜羽の妹か。そりゃ可愛いわな。

天使と女神な姉妹をちらっと見て俺は後ろ手で戸を閉める。

その戸にこつんと後頭部をぶつけた。

俺ももうちょっと雨音ちゃんに似てればそれなりに大した顔だったろうに。どうしてこうもしみったれちまったかね。逆に考えれば俺だって一つ間違えれば……いや、二つ？　三つくらいかな？　いや、四つ……まぁ、そんだけ間違えていればそれなりにいい人生送れただろう。

なんなら別物だしな、そいつ。

ほんと世の中不公平で、その結果、差別と区別に満ち溢れている。

格別でも特別でもない、ただ誰もが理解してわきまえているごく当たり前の分別だ。

それを承知しつつもつい思ってしまう。千種夜羽の顔は……いい。いいと思う‼


保健室を離れるとがやがやとした声が響く。もうじき昼休みが終わるとあって、廊下も教室もぱたぱたと慌ただしい。

俺は人混みが嫌いだ。人間もゴミも嫌いなのに、それが合わさっているなんて好きになる理由が一つもない。それに比べて、風邪とか風と邪が合わさって最強に見えるから好き。

いや、俺とて一応人や人混みを好きになる努力はしたのだ。

小さい頃はいろんなことに挑戦した。少年野球にスイミングスクール、そろばん塾。書道教室にピアノのレッスン。そのほとんどはまぁ、雨音ちゃんのついでに通わせてもらっていたものだったが、いずれもそれは雨音ちゃんのための場所であり、俺がそこに馴染むことはなかった。おかげで、掛けたお金に対して俺が得たものは驚くほどに少ない。コスパ最悪。

身になった教えはたった一つ。

『人間なんてカボチャだと思えばいいのよ！』

ピアノの発表会で緊張している俺に、講師のババアはそう言った。随分と使い古された言葉だが、相手はババアだからね、しょうがないね。お年寄りは大事にしないとね。

が、しかし、ババアの言うことにも一理ある。確かに水分量で考えれば人間も野菜も大差ない。どちらも水の詰まった袋だという共通項でくくればニアリーイコールな存在だ。さすがババア。亀の甲よりなんとやら。いいこと言うぜ。サンキューババア。

おかげで俺はそれ以来、人間なんて野菜レベルだと思って生きている。まぁ、ババアにそんなこと言われたところで緊張が解けるはずもなく、発表会はぼろぼろでそのままピアノはやめちゃったけど。ソーリーババア。

ふと、廊下の窓から空を見上げた。そこには真夜中の釣り鐘みたいな少し珍しい形の雲がある。ネット上に投稿でもしたらすわ地震雲か、なんて騒がれそうだ。

アホか。ほんと世の中カボチャ頭のパンプキンヘッドだらけだ。地震の前兆に現れるとされる地震雲、その大半は実際にはよく見られるものらしい。ただ恣意的に結びつけ、無知につけ込んでいたずらに脅かしているだけにすぎない。

牽強付会もいいところだ。それが許されるなら、人間と野菜の水分量がほぼ同じだから人間と野菜は同じものだなんて暴論までまかり通ってしまう。そんなこと言いだす奴はほんとアホ。

まぁ、仮に。

もう一つ人間と野菜の共通点を上げるとすれば。

俺は野菜も嫌いだということである。ただし、いちごとメロンは除くけど。

●●●●●

体育の授業のあとの女子更衣室は、まるで夕立のあとの水田のように騒がしくなります。汗を拭くタオルの使い回しに飛び交う清涼飲料水のボトル、立ち昇る香水とパウダーの匂い。合間に会話がやむことは決してなく、あちらでケロケロ、こちらでケロケロ、さながらカエルの輪唱のようです。

もっともカエルがどんなふうに鳴くのか、わたしたちは知りませんが。このご時世、都会に暮らす高校生で、実物のカエルを見た人はいないでしょう。

ですから、わたしは勝手に想像します。開いたロッカーの扉に身を潜めて、静かな楽しみに浸ります。

一枚ずつ脱皮するカエル。

制汗剤を吹きつけるカエル。

友だちと恋の話をするカエル。

クラスメイトとカエルを一人ずつ置き換えるたび、ケロケロケロケロ、更衣室の光景はどんどんユーモラスになってきて、わたしはひとりで忍び笑いをします。

水田世界ではきっと、一匹ぐらいカエルが仲間からはぐれていたとしても、だれも気に病んだりしないでしょう。カエルは鈍いです。カエルは強いです。カエルは自由です。人間はみな、カエルになるべきなのです。

もしも地球が百匹のカエルの村であったなら、白鳥への分不相応な憧れを抱くカエルは生まれませんでした。不格好で不細工な自分の姿にも気づかず、いつまでも平和に暮らせていたに違いありません。

わたしは掌のなかで、名も知らない小さな白い花をぎゅっと握りしめます。この花はたぶん、わたしに摘み取られるまで、花以外のなにかになることなんて考えたこともなかったのだと思います。それはぜったいに、幸せなことです。

「はあ……」

思わず、ため息が漏れてしまいました。

眺めた窓の向こうには、地震の前兆のような螺旋型の雲がとぐろを巻いていました。

びっくりして、出たばかりのため息を吸いこんでしまうわたしです。

あんなものは牽強付会のたまものだという人がいます。予兆とはことごとく人間の思いこみであって、すべて意味はない。信じるやつは野菜に等しいかぼちゃ頭である、とか。

確かに事実はそうなのでしょう。

でも、それは心が強い人の理屈です。美味しいかぼちゃに罪はありません。

世の中には、もう少し臆病な人がいます。だれかに背中を押されなければ、踏み出せない人がいます。

たとえば、わたしのように。

予兆や占いの類は、勇気が出ない人のためのきっかけかもしれません。預言書だって黙示録だって、思い悩む人の助けになるからこそ連綿と受け継がれてきたのです。

なにか目に見えない運命にすがることは、そんなに悪いことなのでしょうか。

「まる、ばつ、まる、ばつ、まる、ばつ、まる……」

わたしは花びらをちぎってつぶやきます。

もちろん、ロッカーの陰に隠れてですけれども。高校生にもなって花占いなんて、最高にロックンロールだということは自覚しています。

こんなアブナイところをクラスメイトに見られてしまったら、今以上にどんな扱いを受けるかは容易に想像できるのです。

「まる……」

一枚だけ残った花びらは、掌のなかでくちゃっと皺をつくりました。なんだか、美沙の笑顔に似ている気がします。天使のようなわたしの妹。あの娘のことを思うと、なんだってできるつもりになってしまうのです。

花びらに応援されるようにして、わたしはスマートフォンをタッチして、メッセージアプリを起動します。

『万梨阿さん、お願いがあるのですが――』

わたしはこれから、とても怖い人と会わなければいけないのです。

不当に奪われた大切なものを、少しでも取り戻すために。

CHAP. 2 第二章

本日の科学ニューストピックス

TODAY'S NEWS TOPICS

ボイジャー2号、未知との遭遇？
＝NASA「受信データに異常 説明できない」...

大人気連載 太陽学講座第666回
人類は空への夢を忘れてしまったのか...

2300万年前の隕石に"金属痕" 捏造の疑い
＝調査委緊急会見で怒号飛び交う...

ケンブリッジ博士死去
＝ワームホールの存在を予言 晩年は不遇も...

「奴らが攻めてくる」男逮捕
科学技術博物館に落書き―東京都台東区...

ロケット打ち上げ連続失敗問題
「原因不明」周辺住民の不信感高まる...

帰りのＳＨＲは出走前のゲートに似ている。放課後を告げるファンファーレを合図に、教室中の動物たちが動き出すからだ。

だが、ここにいるのは選び抜かれて鍛え抜かれたサラブレッドたちじゃない。駿馬に牝馬に駄馬にロバ、子豚に狸にキツネに猫、一富士二鷹三茄子、まぁ、とにかく。みんな違ってみんな争う異種族格闘技戦の様相を呈しているのが教室という空間だ。ざわざわとしたさざ波のような小さなおしゃべり声は馬の嘶きや狼の遠吠え、果てはカエルの鳴き声にも聞こえる。かくいう俺もさっきからケロケロけぇろーけぇろー心中で泣いている。

部活へ行く者、遊びに行く者、なんとなくだらだらする者、みなめいめいに放課後の予定を考えながら教壇へと視線を向けた。

「最近、このあたりで若い人の失踪が報告されています。みなさん、知っていましたか？」

落ち着いた声音、ともすればトロいとすら言えそうな口調で、担任の栗宇先生は話す。

「部活動などで遅くなる人たちは気をつけて帰るようにしてくださいね。寄り道や夜遊び、いけませんよ」

めっと指を立て、生徒一人一人の顔を見るようにゆっくり教室を見渡して言ったが、生徒たちからはぶーぶー子豚ちゃんの鳴き声みたいな文句があがった。

「えー」

「そりゃないっすよー」

文句は男女問わず、教室のいたるところからあがってくる。先生の話に否定的な態度を取らなかったのは話そっちのけでネットのニューストピックスを見ていた俺くらいのものだろう。

栗宇先生はその非難の声を抑（おさ）えるようにぱんぱんと軽く手を打った。

「遊びたい気持ちはわかります。でも、皆さんに何かあったら先生はとっても悲しいです……。明日も元気な姿を見せてくださいね。はい、じゃあ今日はここまで。皆さん、さようなら」

おっとりした別れの挨拶（あいさつ）をすると、生徒たちもばらばらがたがた動き出した。

教室を飛び出していく者がいて、あるいは寄り集まっておしゃべりしている者がいて、あるいはあっちへふらふらこっちへふらふらしている者がいる。皆一様にこの放課後という時間に解き放たれる。

彼らは大きく三つの系統に分けることができる。

まずはきらきら青春部活系。本気で朝な夕なに部活するガチ勢となんとなくゆるゆるながら楽しい時間を過ごすエンジョイ勢とがいるが、総じて彼らは部活動を学校生活の中心に置いて過ごしている。

続いて、イケイケ青春遊び系。クラスやバイトの繋（つな）がりを強く意識し、主に放課後遊びに行くことを生きる目的としている連中だ。カラオケにボウリング、ダーツ、ビリヤード、そして恋愛とまさしく高校生らしい若さに満ち溢（あふ）れている。オールだのイッキだの二日酔いだのという言葉を好んで使うのもこの辺りの人間である。

それから、忘れてはならないのが趣味に生きる我が道系である。おそらくふた昔前であれば、排斥される対象であっただろう、アニメやマンガ、ゲームを好む人たち。未だ世間では日陰者と見られがちだが、うちの高校にあってはさにあらず。男女入り交じり、楽しげに今季アニメや推しの声優さんについて熱く語る彼らはクラスにおいて一大勢力となっている。

この三勢力が入り交じり、時にはっきりと分かれ、学校生活が織りなされている。

部活に勤しむ者でも恋をするし、遊び人らしき奴だってジャンプを読む。オタクだって帰りに男女でカラオケ行ったりするのだ。むしろ、オタサーのほうが恋愛ごとにはまった時厄介だったりする。具体的には不細工同士で人前でいちゃつくなどの被害が増える。

現代高校生の心の乱れ。不純異性交遊真っ盛り。あれか、お前らＮＡＳＡに就職希望かっつーくらい異性と交遊してらっしゃる。私はここにいるとか言い出すんちゃうんかと小一時間。

カーストやグループが違えど、やることは変わらない。友情や恋愛、趣味。そして青春に日々を費やしている。

だが、その代償として時計と予定と人間関係でがんじがらめに縛られてもいるのだ。

まったく嘆かわしい……。

本来、時間や予定をコントロールするのが万物の霊長たる人間の証であるというのに、それすらできないとは……。フハハ！　哀れだな！　惨めだな！　俺と彼らどちらが哀れで惨めかはもちろん言うまでもないことだな！

あまりにも嘆かわしかったので、さっさと教室から退散して図書室で勉強をしていた。五月に入ってからというもの、放課後はだいたいこうして過ごしている。

遊ぶ金も相手もないし、部活も、やるべきこともない。いやまぁ、あれだ。馬鹿と不細工に用がないから相手にしてないだけだ。でも、頭と顔が良い人は俺を相手にしないというこのスーパージレンマね！　どうなってんのこれ！

つまり、俺にあるのはただ時間だけ。持ちうるものは最大限活用するべきだ。

読書と勉強の傍ら、時折携帯電話をいじり、ソシャゲをぽちぽちしていた。課金はしない主義なのでゲーム内での行動力が切れたら回復するまではまた勉強なり読書なりをする。

オッケー、大丈夫。ほんと時間を有効活用できてる。勉強とかもうマジ絶対将来役に立つから俺の高校生活全然無駄にしてない。大丈夫、大丈夫……。ぜ、ぜんぜんだいじょぶだし……。

霞んだ疲れ目を癒そうと、ふと窓の外に目をやった。時は既に夕刻。

この時間なら校舎にも人はそう残っていないはずだ。ちょうどいい。昼休みに雨音ちゃんから命じられていた奉仕活動を片付けてしまおう。人目につくところで目立つ行動取るとかジャングルだったら死を意味するからな。それはこのコンクリートジャングルでも同じことだ。

図書室を出て、廊下を歩いた。

一階から二階、二階から三階と階段を上がるにつれ、グラウンドからの声は遠くなり、人の気配は薄くなっていく。高いところは空気が薄いというけれど、それは地上の空気が濃すぎるだけなんじゃなかろうか。

吸ったり吐いたり読んだり呑(の)まれたり圧(お)されたり。

空気が濃いほうがよほど苦しく感じる。まるで自分は別の進化の道筋を辿(たど)ってしまったのではないか、なんて馬鹿げたことを思う。まぁ、バカとなんとかは高いところがなんとかとも言うし。バカしか情報がねぇな、これ。

だが、空を目指す者を、高みを目指す者をバカと呼びならわしたのはいったい誰であったか。

無論、空へ行けない者たちだ。自分たちでは及びもつかない遙(はる)か高みへと行く者を寄ってたかってバカと蔑(さげす)むことでしか溜飲(りゅういん)を下げることができなかったのだろう。

だから、こうして一段一段空へ近づいていく、この行為が俺は嫌いではない。世界と離れていることが正しいと確信できるから。

夕焼けで赤く染まる硝子(ガラス)張りの階段はようやく屋上前の踊り場に差し掛かった。すぐそこには屋上へ出る扉があるが、いつも施錠(せじょう)されていて生徒が自由に出入りすることはできない。

雨音ちゃんが指定した場所はここのはずだ。

ちらっと見渡してみれば確かに薄汚れている。

隅(すみ)には綿ぼこりが積もっているし、バケツはその辺に転がっている。ついでに、掃除ロッカーの扉は誰かに蹴(け)られでもしたのか、べっこべこに歪(ゆが)んでいた。

引っ張ってみてもうまく開かないロッカーとしばらく格闘してみる。

と、その瞬間。

「うわあああああああああああ！」

獣の咆哮のような声が響いた。がちゃがちゃがちゃがちゃっと屋上へ続く扉のドアノブが狂ったように回り、扉は荒々しく開かれる。

そして、弾かれたように女子生徒が飛び出してきた。危うくぶつかりそうになったが、なんとか避けると、その少女はこっちを振り返ることもなく、階段を一足飛びに駆け降りていく。

「……なんだ、今の」

ぶつかって危うく恋がスタートするかと思ったじゃねぇか。しかし、今の雄叫び、日常生活じゃなかなか聞かないレベルの奇声だったぞ……。ていうか、屋上って立ち入りが規制されてなかったかしらん、とおそるおそる屋上を覗いてみた。

閉じられることもなく、開け放たれたままのドア。その先には誰もいない、薄汚れたモルタルの平地が続いている。

見慣れない光景を前に、足が勝手に踏み出していた。

赤く、赤い、空。

夕焼けは、おぞましいくらいに綺麗で、おどろおどろしいほどに美しい。

街並みは燃えるようで、六〇階建ての高層ビルは血に濡れた墓標に似ていた。

ふらふらとフェンスへと歩み寄る。

すると、それまで死角だった場所に女の子が立っていた。

残照を浴びた頬は朱に染まり、黒髪は夜闇を溶かし込んだような鴉の濡れ羽色。正面から陽光を受け、後ろには夜を背負う、狭間に立つ少女。

千種夜羽は、その白い頬に一筋涙を伝え、潤んだ瞳で夕焼けを見ていた。

話しかけてはいけないのだと直感する。涙を流す女の子にかける言葉なんて思いつかないし、そもそも女の子に話しかける言葉が思いつかない。

何より夕焼けに泣く美少女という完成された景観を邪魔してしまうことはひどく心苦しい。

そっと屋上を立ち去ろうと後ずさりすると、千種夜羽がぱっと振り向き、こちらに気づいた。

「…………」

千種はきょとんと、まるで街中でハクビシンでも見つけたような不思議そうな表情で俺を見る。その間も彼女の眦からははらはらと涙がこぼれていた。

「お、おう……」

目が合って何も言わないというのもなんだ。かといって、年下に敬語というのもさらになんだ。しかしながら「どうしたんですかなお嬢さん。そんな風に心の雨を降らせてしまってはせっかくの夕焼けが台無しですよ。泣くのはおよし」とフランス人っぽく言うのもなんだ。もしかしたらそんなん言うのはイタリア人かもしれないし。結果、俺の口からこぼれ出たのは死ぬほどうでもいい意味をなさない吐息めいた言葉だけ。

千種の反応が変わるわけもなく、相変わらず珍獣を見るような視線を俺に向けている。

二人のあいだに沈黙の帳が下りた。

……知ってる。知ってるぞこの空気！　家で雨音ちゃんが泣いてる時と同じだ！

女の子が人前でちょろちょろ涙流している時に話しかけると「大丈夫だから放っておいて」と言われ、放置してたら「なんでなにも聞いてくれないの？」と言い出す。しかも、聞いたら聞いたで話の中身は超どうでもいいパッパラパーなことだったりする。

はじめちょろちょろ中ぱっぱ、女子泣いたら関わるな。

面倒なことになる前に立ち去ろうと、俺は俺なりに最大限柔和な苦笑を浮かべ、気持ち会釈して踵を返す。

と、ブレザーの袖に引っ掛かりを覚えた。

ちらと目をやると、千種の小さな手が俺の袖をちまっと握っている。

「…………」

無言のまま、けれど意志は確かにその手の中にあるようで、くいっと袖を引っ張ってみてもびくともしない。

「あの……」

言いながら、俺はゆっくりと千種の指を引きはがしにかかった。千種の細くて長い、綺麗な指にびっくりするが、その動揺は無理くり飲み下す。

　こういう時はとにかく刺激してはいけない。

　とかく、女性というものは繊細な存在。壊れ物として割れ物として扱うべし、それはもうバカラのグラスの如く。間違っても腫れ物のように扱ってはいけない。女性は自分の扱われ方には敏感だから余計にヒステリックになる、それはもうバカなマラカスの如く。

　しかし、千種は一度ほどけかけた指に再度力を込め、さらに握りこんできた。潤んだ瞳で見上げられてしまうと、こっちの呼吸が止まりそうになる。

　不安げに震える細い肩、浅い吐息の漏れる艶めいた唇。わざわざ一歩踏み出すことをせずとも、俺の腕の中に収められそうなくらい、俺と千種の距離は近い。

　……だが、その手には乗らん。俺は姉の「本当は怖い！　女の本性」教育をもう十七年も受講している。未だに単位を取れる気配はないが。

「あの……、放してもらっていい？」

　可能な限り穏やかに言ってこの場を逃れようと試みた。だが、千種はまた一筋はらっと涙を流して口を開く。

「あ、えっと……、そ、その、ですね……。友達が、ずっと連絡つかなくって……、どうしたらいいか……」

「いや、そうじゃなくて……」

何いきなり話しかけてきてるわけ？　お前それでいいのか。が、千種には俺の声など届いていないのか、言葉を続けた。

「もう三日も連絡がつかなくて……」

みじかっ。おいおい、俺なんてもうひと月以上、クラスメイトと連絡ついてねぇぞ。同じ教室にいるのに……。

「そんなの風邪（かぜ）とかインフルエンザとか家庭の事情とか……」

「でも、それでも連絡くらいは……これまでも電話とかちゃんとしてたんです……、それなのにこんな……」

千種は堪（こら）えていたようだったが、小さな嗚咽（おえつ）が漏れる。

「なるほど。なるほどなぁ、うん、わかる。確かに心配だよなぁ」

このままだと埒（らち）が明かなそうなので姉の教えを思い出して、とりあえず相手の話には共感しておく。雨音ちゃんの話によれば女子との会話はこれで半分済むらしい。あとの半分は本人のいないところでの陰口（かげぐち）で決まるんだって！　やだ、女子怖い！

だが、友達とか親友というのはそういうものなのだろう。音信不通になれば心配して、言い争いをして……。

正直、俺には理解しがたい。

かかさず連絡するとか心配のあまり喧嘩（けんか）をするとか、あるいは一人友人を想（おも）いさめざめと泣くとか、そうした行為に酔うことで、そうした行為を経ることによって、「親友」という存在を規定しているに過ぎない、極めて打算に満ちた儀式的行為なのではないかとすら思える。

本当に醜いと思う。

けれど。

その涙は美しかった。

どんな意図があったにせよ、赤い夕映えを溶かし込んだその涙は見惚れるほどに美しかった。

「……まぁ、あれだな」

言葉に詰まってそんなことを言うと千種は小首を傾げて俺を見つめる。

「どれですか？」

どれだろうね？　可愛い顔でいちいち聞くなよそんなこと。「これ」が何を指すか答えなさいって現代文の設問じゃねぇんだからよ……。

しかし、こんな時こそ俺の経験が生きてくる。

「もう一日待ってみて、それでも連絡つかないようならまた相談してくれ」

これぞ俺がクラス替え初日に喰らった技『え？　メアド交換？　……あー、私ぃ、今携帯電池切れちゃってるから、あとでメールするね？』作戦だ。一体、俺のアドレスを知らずにどうやって送ってくるつもりだったんだ、あの女子は……。

だが、そんなその場しのぎの言葉でも無駄ではないらしく、千種の顔がぱっと輝いた。

「え……、い、いいんですか?」

「ああ。じゃあ、また」

そうにこやかに笑って、軽く手を挙げると向こうもぺこりと頭を下げてくる。うむうむ、素直でいい子だ。

話せばわかる。いい言葉だな。そう言った首相は問答無用で殺されたけど。もしかしたら相手は猫派だったのかもしれないね。そりゃ犬養さんとは相容れないよね。

向こうが頭を下げているうちに、俺は足早にその場をあとにする。

どうせ二度と会いはしないのだ。清楚可憐な美少女千種夜羽と孤高の一匹狼久佐丘晴磨に接点はない。

校舎に入ると、後ろ手で屋上の扉をそっと閉じた。

● ● ● ● ●

仮に、わたしがエンターテイメントにおいて嫌いなものをひとつあげるとしたら、それはすれ違いを描いた物語です。

演劇を観るとき、オペラを聴くとき、あるいは小説を読むとき。そこに描かれているものがどんなに高尚なテーマであったとしても、登場人物のわざとらしいすれ違いを見せつけられた瞬間にうんざりしてしまいます。

　わたしたちの時間は有限です。

　人はだれしも永遠には生きられません。どれほど優秀な人間であっても、たとえ容姿端麗才色兼備、文武両道で天下御免、完全無欠で全知全能の神にも等しい究極生命体であったとしても、人生の残り時間はあらかじめ定められているのです。

　わたしたちの先行きにトッピングしてあるのは、あえかな絶望です。意識の苛烈な断絶。無窮に広がる悪夢。虚無へと至る陥穽。

　今日生きることは、また一歩死に近づいたということです。明日も生きている保証はどこにもありません。

　すれ違いごときに時間を費やしている物語を見るたび、わたしは叫びたくなってしまいます。

　人生にそんな暇があるものですか。接点がない？　だからどうした。想いを捏造してでも、出会いを粉飾してでも、早く早く、一刻も早く、自分のことをやるべきだ。すれ違った相手のことなど気にせず、ただ自分のストーリーだけを。

　無為に死ぬより恐ろしいことが、この世にあるのでしょうか。

「――ですから、そういう脅しは本当に勘弁してほしいんです……」

わたしは精一杯の哀切をこめて訴えました。

屋上にはふたりぶんの長い影が伸びています。

夕闇に浸る五月の大気は、どこまでも高く透き通り、そのまま溶けていけそうな錯覚に陥ります。耳で聞く己の声も、風の流れにか細く消されてしまいそうで、我ながら頼りありません。

あんまり地面が揺れるので何事かと思ったら、脚もまたがくがくと震えていることに気がつきました。

「死ぬとか、殺すとか。そんな怖い言葉を、軽々に言わないでください……」

「はああああ!?」

目の前の女の子――万梨阿さんは、怒声とともにわたしを睨みつけます。

すさまじい形相でした。

フェンスに背中を預けるわたしに詰め寄り、今にも取って食べてしまいそうなほどに口を広げます。それはさながら、肥大化したウシガエルそのものでした。

録音機器を持ち歩いていないことを後悔しました。今しがたの、聞くに堪えない単語がふんだんに用いられた一部音声を、編集して切り貼りしてしかるべきところに持っていけば、たちまちのうちに相応の処分が下ったことでしょう。

もちろん、やりませんけれども。

わたしは今でも彼女のことを友だちだと思っているのです。友だちを売ることだけはしたくありません。

「冷静に、落ち着いてください……！」

わたしは肩を縮こまらせながら言いました。

でも、それは火に油を注ぐ結果にしかなりませんでした。

「千種──あんた、そういうこと言える立場なの!?」

ふう、ふう、と荒い息を吐きながら、万梨阿さんはフェンスを拳で軋ませました。耳もとで弾ける暴力的なカエルパンチの衝撃音に、わたしの背中がアルマジロみたいに丸まりそうになります。

確かにわたしと彼女では、立場の強弱など比べるべくもありません。どんなに社会道徳が発展しようと、立場の弱い人間は、強い人間に盲目的に従うしかないのです。

けれど、それでも。

「詩愛さんの居場所を訊きたいだけなんです……！」

わたしは話をしようと試みます。

話せばわかる、という言葉があります。それは人類普遍の原理のはずです。総理大臣と暗殺者であっても、〆切過ぎて冒頭を書いている小説家と編集者であっても、パンク寸前の多重債務者と借金取りであっても。

わたしたちだって、話してわからない道理がありません。

「連絡がつかないと、困るんです……わたしのお金……」

「口を開けば金金かねかね、そればっかり！　あんた他に大事なことないの!?」

「そんな……」

怒鳴られて、わたしは再び身をすくめました。

他人のお財布(さいふ)から、笑ってお金を借りていった人の言葉とは思えません。

わたしがまちがっているのでしょうか？　彼女の言う、ほかに大事なこととは、どのようなことなのでしょうか？

彼女の立場に寄り添うべく、わたしは周囲をちらと見渡しました。

都心のビル群がにょきにょきとタケノコみたいに聳(そび)え立つ向こう側、奇妙に大きな夕陽(ゆうひ)が地平線の彼方に溶けていこうとしています。

世界は今日も鮮血よりも赤く染まっていました。

滲(にじ)んだ茜(あかね)色をおどろおどろしいなどと言う人もいますけれど、溶鉱炉(ようこうろ)に生まれたダイヤモンドみたいに、きらきらと眩(まばゆ)く輝いているようにわたしには思えます。

わたしの学校の屋上の眺望(ちょうぼう)は、自慢ではありませんが、お金では決して買えないもののひとつでしょう。

美しい夕景を眼下に収めて、わたしは考えます。

この限りある人生にとって、一番大切なものはなにか？

――お金ですね、もちろん。

お金で買えないものはありません。万が一買えないものが存在するとしたら、それはこの資本主義社会において一ミクロンも役に立たないものですから、存在しないのと同義です。この夕焼けもまったくもって意味がありません。ほんとに自慢できません。

溶鉱炉のダイヤモンド？　宝飾品よりゲンナマが信奉される社会ですからそういうのはちょっと。

やっぱりわたしはなにもまちがっていませんでした。

安心して、万梨阿さんに向き直ります。

「教えていただけないと、本当に困るのです。わたしがとことん困ります。お金を借りたまま逃げられては、今後の商売に差しさわりが出てしまいます」

このごろ、急に夜逃げ（ショート）する子が多くなりました。

未来を夢見ることの多い、ありていにいえば人生の計画性が著（いちじる）しく欠如（けつじょ）した、そういうタイプの子を狙（ねら）ってお金を貸しているとはいえ、最近の返済遅延率（ちえんりつ）は異常です。みんなが裏で繫（つな）がって、わたし金融からいっせいに逃げているとしか思えません。

わたしも舐（な）められたものです。小柄で可憐（かれん）な究極美少女としての外見が、このときばかりは恨めしいです。

「だ、だから、ランダム十字路！」

「はあ」

「ぜったいあの都市伝説で失踪したんだって！」

「もうその話は結構です」

手をゆるく振って、わたしはため息をつきました。

万梨阿さんは人生無計画者の方々との友誼に厚く、またご自身でもわたし金融を利用しています。

カエルさんとしてこの世に生を受けた身でありながら、白鳥になるような分不相応な夢を見てしまうから、他人のお金に頼ってしまうのでしょう。カエルは所詮カエルです。ケロケロケロケロ、その日暮らしの唄を歌って暢気に愉快に暮らしていればいいものを。

わたし以外の人間はみなカエルになるべきです。もしも世界が百匹のカエルの村だったら、わたしはすぐに脱出して人間の村に行きますが。

蛇の道は蛇、カエルの子はカエル、多重債務者の思考回路は多重債務者に。

それで呼び出してお話を聞いてみたのですが、都市伝説とやらのせいにするばかりでした。

曰く――ランダム十字路。

舞台はオレンジ色のカーブミラーが光る住宅街。真夜中に恋人同士が手をつないで歩いていると、突き当たりの丁字路で第四の道が現れる。そこで誤った通りを選んでしまえば、二度とこの世に戻れない。

「くだらないにもほどがあります……」

ランダムだかランデブーだか知りませんが、人を馬鹿にするのも大概にしていただきたいものです。オカルトに怯えていいのは小学生まで。ランデブーに浮ついていいのは中学生までです。そんなことより返済してください。

「正直に答えてもらえないなら、万梨阿さんの延滞利率をアップしてしまうことがあったりなかったりするかもしれませんね」

「言うにことかいてそれ……！　死ね！　くたばれ！」

また恐ろしい言葉を使われました。わたしはぶるぶると震えます。

貸したお金の二百パーセントを平均して回収しないうちは、死んでも死にきれません。

「だいたい三万借りただけで、なんで五万十万にもなるのよ！」

「四十万とんで五百円です、正確には」

「暴利すぎる！」

「お貸ししたときに、金利については説明しました。白紙の借用書に判子を捺している時点で、どうにもなりません」

「そんな、だってこんな高額になるなんて……」

いつもそうです。債務者はみんな同じです。借りるときはあんなにうれしそうに借りていくのに、返す段になって、四の五の言いだします。まったく、金貸しほど人に裏切られる商売がこの世にあるでしょうか。

「親御さんに相談してもいいですよ。わたしのほうも、貸したお金の使用目的をご説明する用意があります」

万梨阿さんは内緒のカレシとの一泊二日旅行のために、お金を借りていきました。いろいろな意味で幸せそうなふたりの写真がわたしの画像フォルダに収められています。リア充写真の添付送信は計画的に。

「くっ……」

万梨阿さんはうろたえたようにフェンスを掴んで、その場に立ちつくしました。

どちらの立場が上なのかは一目瞭然、お猿さんにもわかる事実でしょう。アルマジロVS.カエルだったら、ごろんと回転してぷちんと踏みつぶしておしまいです。三秒もかからず楽勝です。だから立場の弱い人間は強い人間に従うしかないというのに、それでも話をしようとわたしが譲歩しているのです。万梨阿さんにも努力が伝わってくれるとうれしいのですが。

「居場所を教えてもらえるだけでいいのです。決して万梨阿さんに迷惑はかけません。あとはわたしが処理します」

「どうしてそんな、詩愛にこだわるのよ……もう充分儲けたんだから、放っておいてあげたっていいじゃない……」

「なぜって、わたしたちは友だちじゃないですか」

わたしは莞爾として微笑みました。

お金を返してくれる借り主は良い友だちです。少なくとも、わたしのほうではお友だちリストに登録しています。

ついでに金貸しという職業は生かさず殺さずが基本です。金の生る友だちを見捨てたり売ったりするバカはいません。

くだらない幻想を伴わない、冷徹な現実に裏打ちされた友情は美しいものです。

「あんた……」

万梨阿さんも感動したのでしょうか。その頬にさっと赤みが差しました。

激情に満ちあふれた瞳でわたしを睨み、

「この——外道ッ！」

ふいに、小気味のいい音が響き渡りました。

頬をたたかれました。このわたしが。

事実を認識したと同時に、わたしの頬がじんじんと疼きだします。

「あ、あ……ごめ——」

万梨阿さんは我に返ったのか、振り下ろした掌をうろたえたように握りこみます。

きっと反射的に手が出てしまったのでしょう。

彼女は本来、心優しい人です。喧嘩する意思のないことはよくわかります。そもそも明らかに余裕が失われていた状態ですから、情状酌量の余地が充分にあります。

そこまで理解できていれば仲直りも簡単です。ちょっとたたかれたぐらいで怒る人間は、きっとろくなやつではありません。

「――痛いです」

「……ひッ！」

頬を押さえるわたしと眼が合い、彼女は顔面蒼白になりました。

まるで憤怒する地獄の悪鬼をそこに見つけてしまったかのよう。たちまち歯の根が合わなくなって、腰が抜けそうになっています。

たたらを踏む足が一歩下がり、二歩下がり、

「きちんと、話し合い、ましょう？」

「うわあああああああああ！」

わたしが手を差しだした瞬間、彼女は絶叫して、屋上を飛び出していきました。

なんということでしょう。

脅されたのがわたしなら、たたかれたのもわたし。踏み倒されているのもわたし。被害者は圧倒的にわたしのほうなのに。

これではまるで、こちらが悪者のようではないですか。

わたしは途方に暮れて、異界人のシチューみたいに真っ赤に垂れ落ちる夕空を見上げました。

まだ小学校に通っていた時分、先生におっしゃっていただいたことがあります。

『千種くん、君は確かに優秀だ。勉強ができるしスポーツもできる。なにより他人の目を惹きつける華がある。親御さんにも恵まれて、きっと一角の人物になるだろう』

はい、まちがいなくなります。やっぱりわかってしまいますか？

自信満々に答えたわたしに、先生は微笑んで言いました。

『けれどね。少しだけ注意するなら、君は自分をナンバーワンだと思いこんで、周囲を蔑ろにする節がある。いつか、思いもよらぬことで足をすくわれてしまうかもしれないよ。どうか忘れないでほしい。千種夜羽という存在は、この世界で孤独に生きているわけじゃないんだ。わたし、あなた、かれ、かのじょ。ひとりひとり、みんな違ってすばらしいのだよ――』

叱るというより、ただ優しく言い聞かせるような声音でした。

子ども心に、わたしは独善的な思考に陥っていた己を深く恥じました。

今でもこうして瞼を閉じれば、先生の温かな言葉が蘇ります。

ひとりひとり、みんな違ってすばらしい。

なるほど、まったくもってその通り。

人は生まれながらにして不平等な存在です。

スクールカーストについて悩む人たちは、大変な労苦を背負っていると思います。ニンジンとジャガイモのどちらが上とか下とか傷つき傷つけ、教室という名のサラダボウルでぶつかり合いながら生きているのでしょう。

でも、そんなことは考えるだけ無駄です。系統分けがどうこう、クラス内勢力がどうこう、どうでもよいです。

わたしと、それ以外。極めてシンプルな分類だけが正義です。ほかはみんな、等しく価値がないのですから。わたしよりも知性感性美醜その他、明確に劣る方々がのうのうと生きていられるからこそ、わたしの素晴らしさもより際立つというものです。

わたしと違うみんなを大事にしてあげないといけません。

先生のおっしゃったことを、わたしは正しく理解しています。

ですから、今も赦します。それはもう圧倒的に赦します。トイチの利息がトサンになるぐらいで手を打ちましょう。ロッカー内の万梨阿さんの教科書も古本屋に売り払っておきましょう。

ああ、それでも。

ショートした方々の穴埋めには到底足りません。この三日間で、わたしはいったいいくらお金を損したのでしょうか。人生とは限られた時間。時は金なり。お金こそが人生。

三段論法で喪われた人生のことを思うと、涙がぽろぽろと零れ落ちていきます。

などと。

頭のなかの算盤を弾いて、とまらない涙で地面を濡らしていたときのことです。

唐突に屋上の扉が開きました。

本日、これ以上の来客は予定されていません。わたし金融の営業時間は終わりのはずです。まさか万梨阿さんが教師を連れて戻ってきたのでしょうか。

それは禁断の手段のはずです。

揉めごとは二国間のみで話し合わなくてはいけません。いくら恫喝されようと勝手に大国を連れてくるのはルール違反です。いわゆる南シナ海のジャイアン理論です。

禁じ手搦め手を使っていつでも戦う覚悟はできていますが、学校の先生という人種には、言葉の通じない方々が多くて困ります。

心臓がばくばくと鳴りだします。わたしは本当に緊張しいなのです。手指が震えて、涙を拭うのもままなりません。

ゆっくりと振り返ると、そこには、

「お、おう……」

気まずそうな表情を浮かべた男の子がいました。

ふたりのあいだに沈黙の帳が下ります。

見たことのない人です。うん、これっぽっちも見たことがありません。

どうやら、お金を借りに来たのではないようです。ここはわたし金融の取引場所ですが、訪れる人間のカテゴリはだいたい決まっています。

第一に無計画。第二に能天気。第三に人生を舐めている。

この人はそのダメ人間枠を大幅にはみだしていました。

容姿についてはまあちょっとアレでナニですが、まあまあ微妙にアレもアレなので、いったん無視しておきます。

それよりなにより、真面目で、純朴そう。

ニンジンとジャガイモが出荷箱のなかでぶつかっていたら、きっと優しく見守ってあげる。そういうタイプの人です。野菜を人間のように扱える方に悪い人はいません。

わたしの数多い美徳のなかでも、とりわけ、人を見る目は褒められたものです。性根の腐った人とそうでない人の区別はすぐにつきます。完璧美少女にとり、当然のスキルですね。

そのわたしの類まれなるセンサーが言っています。この人の心のなかは善良な情熱に満ちあふれているに違いありません。

たとえば、そう。

屋上で泣いている女の子を見かけたら、親身になって声をかけてくれるような――おや？

「…………」

わたしは思わず、彼の服の袖を摑んでいました。

あっさりと立ち去られかけていたような錯覚が一瞬ありましたが、もちろん錯覚は錯覚に過ぎません。

究極美少女が困り果てているというのに、面倒がってなにもかも見なかったことにする人がこの世に生きていてよい道理がないのです。

「あの……」

その証拠に、もっと摑みやすい場所に誘導するよう、彼の指がわたしの指先をつまんできます。おかげで、わたしはより深く、彼の制服を握りこむことができました。

「あの……、話してくれる？」

彼の声音は、慈愛に満ちていました。

小学校の先生の声に似ています。わたしに人生の指針をくれた、あの優しかった先生。

「あ、えっと……、そ、その、ですね……」

昔を懐かしむと、余計に涙がとまりません。あのころから金融業に励んでいたら、いまごろハリウッドの一等地にプールとシアターとトレーニングジムつきの大邸宅を構えるぐらいの余裕があったはずなのです。時は金なり。もったいないことをしたとつくづく思います。

「友だちが、ずっと連絡つかなくって……、どうしたらいいか……」

わたしは彼の優しさにほだされて、事情を打ち明けることにしました。

「いや、そうじゃなくて……」

冷静になって、と彼は無言でわたしの瞳にささやきます。

わたしはすんすんと洟をすすりました。そうですね。大事なのは、期間です。わたしの喪われたお金を明確にすることとです。

「もう三日も連絡がつかなくて……」

「そんなの風邪とかインフルエンザとか家庭の事情とか……」

「でも、それでも連絡くらいは……これまでも電話とかちゃんとしてたんです……」

今までも、多少返済が遅れることはありました。

そんなときでも、取りたての電話とか直談判とか怪文書とか生卵とか、そういうアクションを起こせばきちんと反応はあったのです。

「それなのにこんな……」

突然ばっくれるなんて、信頼を裏切る行為です。犬畜生にも劣る輩です。ミトコンドリアに先祖返りした能無しです。

借りたお金を返さない人間に人権はありません。

「なるほど。なるほどなぁ、うん、わかる。確かに心配だよなぁ。……まぁ、あれだな」

「どれですか？」

「もう一日待ってみて、それでも連絡つかないようならまた相談してくれ」

正当なる怒りに震えるわたしに彼が紡いだのは、予想外の言葉でした。

「え……、い、いいんですか？」

「ああ。じゃあ、また」

彼はまああアレな容姿なりに、爽(さわ)やかに笑って、去っていきました。

やはりわたしの究極美少女ヒューマンサーチアイは完璧でした。

その場しのぎでごまかす場合が多いでしょうに、この人は違います。

『また相談してくれ』

ここまで言ってくれたのです。

相談という言葉は簡単に使われがちですが、実はひどく重い概念(がいねん)です。勝手に弱点を開陳(かいちん)して、自分の物語に他人を巻きこむ悪魔の所業。己でも解決できないことが他人に解決できるはずもないのに、まっとうな神経の人間がどうして気軽に相談できましょう。ましてや昨日今日会ったばかりの相手にほいほい相談なんてする輩は、ろくなものではありません。

それを踏まえてなお、彼はわたしに促(うなが)してくれたのです。俺がおまえのすべてを背負ってやるよ、と。やだかっこいい。

わたしは決めました。この人を手下に……違う、手足に使って——もとい、手助けいただいて、逃げおおせた連中を捜すよりありません。

ランダムに現れるとかいう都市伝説などより、はるかに怖いのは人間です。

この世には夢も希望もないのです。都会のコンクリートジャングルにおいて、追手から逃げ切れる十字路なんて存在しません。

わたしたちにとってのランダム十字路は、いま始まったばかりです。

あちこち電話した末に、やっとこさ辿り着いた個人情報をめるめると呼び出します。

――久佐丘晴磨、高校二年生。

わたしより一年先輩です。

わたしはそれなりにお友だちの多いほうですから、学内生徒の名前と住所、電話番号その他を取得するのに難儀したことはありません。友だちの友だちの友だちまで範囲を広げれば、全校生徒と繋がっていると言っても過言ではないでしょう。人脈は金なり。個人情報リストも金なり。将来はエンジニアになってUSBメモリを売りさばく系の職業に就きたいです。

ところが、今回に限ってはずいぶんとたらい回しにされました。

みんなこぞって、「久佐丘くん……？」などと首をひねるのです。

一度なぞ、「臭いヲタくん……？」などと聞きまちがえようのない悪口を耳にすることまでありました。我が校にいじめはありません。

危うく、友だちがいないのかな？　などとあらぬ誤解をしてしまいそうになりましたけれど、もちろんそんな高校生、この世に存在していいわけがありません。

おそらく個人情報を保護するテクニックに長けた方なのでしょう。連絡先を気軽にばらまかない。そんな生真面目さも好印象です。口も堅いことが予想されます。

ぜひともご協力願いましょう。

「ぽちっとな！」

わたしはこういう、人にものを頼む文章を書くのが大得意です。丁寧（ていねい）なあいさつから始めていますし、お返事しやすいように興味のありそうな話題も入れておきました。ランダム十字路という流行にホットな釣り針が垂らしてある上に、それを大げさに怖がって庇護欲（ひごよく）を煽（あお）ってみせることも忘れていません。愛嬌（あいきょう）を表すハートマークも適量まぶしてあります。

美しいメッセージでした。

完全無欠の究極美少女に相応（ふさわ）しい、愛と青春とロマンティックにあふれたメッセージ。

「ううん……」

でも、珍しく、なにかが足りない気がしました。

個人情報を秘匿したがる久佐丘さんは、一筋縄（ひとすじなわ）ではいかないかもしれません。

もうひと押し、してみるべきでしょうか。

「……よしっ」

わたしは真っ赤なシチュー色の夕焼けを眺めて、拳をひとつ突き上げました。

CHAP. 3

第三章

大予言映画!

FULL METAL JUDGMENT

シヴァ★再誕

RESURRECTION

シヴァの転生体である、
司馬和也は亡き兄・竜也に代わり、甲子園を目指すことに。
しかし、その時、守護霊からのお告げで
世界の危機を知る羽目になってしまった……。
人々の心から信仰と教義が喪われ、
世界はやがて滅亡する。
それを防ぐには、競技によって取り戻すしかない!
和也のプレーと信仰心が世界を救うと信じて……!

照らせ! 末法の世!
投げろ! 必殺魔球ニルヴァーナ!
打て! 仏恥義理打法!

同時上映

緊急言霊守護霊G7会談!

迫りくる世界恐慌、生態系の破壊、逼迫するエネルギー事情、食糧不足。
そして、予想される最後の世界大戦。
国際社会に山積する難問をＧ７のトップ守護霊が語り明かす。
ここでしか見れない一夜限りの恐山フェスティバル。観ない者には仏罰覿面！

大ヒット上映中!

鍋がぽこぽこと音を立てている。中身がゆっくりと温められている様をキッチンでぼーっと眺めていた。やがて沸き立ったところで、さっと取り出し、しゃっと湯切り。あとは皿に盛りつければシチューの完成だ。スプーンで口に運べば、確かに我が家の味がした。

誰が作っても同じ味というのは素晴らしい安心感がある。オンリーワンでかけがえのないもの、なんて最上級の賛辞みたいに捉えられがちだが、いくらでも取り換えのきく汎用性あるものだって素晴らしいと思うんだよね。例えば社畜とか下請けとか！

なんて考えながらシチューを食べていると、がちゃりとドアが開く音がした。どうやら姉が帰ってきたらしい。姉の自室からどたばた聞こえ、どたどた疲れた足音が近づいてくる。

「ただいまー」

「おー」

振り向くと、胸元がだるっと伸び切ったTシャツにホットパンツという部屋着姿の雨音ちゃん。もうじき初夏とはいえ、ちょっと緩すぎじゃないですかね……。

「あ、シチュー食べてる。あたしもそうしよーっと」

雨音ちゃんはキッチンへと回り、戸棚からレトルトパウチを引っ張り出すと、それをがっと皿に盛りつけ、電子レンジに突っ込んだ。お湯が沸くのを待つ気はないらしい。

「っへへぇ、一日頑張ったご褒美に……、一本だけ一本だけ……」

怪しげな薄ら笑いを浮かべながら熱々のシチューを持って俺の向かいに座った。ついでに缶ビールとポテチを小脇に抱えている。姉の夕食はなかなかにジャンクな晩酌だ。

「養護教諭なのにそんなんばっか食ってていいのか」

「別にいいんじゃない？　何食べたって身体に悪いに決まってるんだから」

「お、おう……」

　その食生活もさることながら、言ってることも養護教諭にふさわしくねぇな……。

　今もポテチをシチューにダイブさせ、それをあてに缶ビールを呷っている。サバサバ系って言うかがさつなだけだなこいつ……。繊細でナイーブ、かつ理知的で聡明な俺とはまるで正反対の性格だ。姉弟なのになぜこうも違うのだろうか。教えてメンデル先生。

「食生活なんてちょっとくらいじゃ変わんないでしょ。外食だって何食べてるかなんてほんとのとこはわかんないし」

　酒を飲んでいる人間の発言を真に受けるのもなんだが、姉の言うことにも一理ある。

　社会は信頼で成り立っている。冷たい諦観という名の信頼によって。どうせわかりはしないという諦めだけだが、欺瞞と猜疑なき諦観だけが、人の心を安らかにできる。

　毎朝届けられる新聞の情報も、ランチで食べる食品の産地表示も、夜のお店の女の子の年齢も、疑いだせばきりがないし、真実を追求しきることなど不可能だ。

　だから、人はみな諦めて受け入れている。なら、理解や追求の放棄こそ信頼だろう。

　外食、製造、情報、教育、金融。ありとあらゆる産業への信頼で社会は成り立っている。げに、この世界は美しい。俺にとって、その「信頼」のカテゴリーに入らないのは肉親くらいだ。

今もこの姉は二本目のビールを開けながら信用ならんことを平気で言う。

「健康気にしすぎて身体壊してもねー。好きな物食べて好きなことしてたほうが健全よ」

「それ、学校で言うなよ……。成長期の青少年にとっては大事なことだから」

「わかってるわかってる。でも、食生活ちゃんとしてても健康とは限らないのよねぇ……」

「そりゃそうだけど。だからって飲み過ぎていい理由にはなんないでしょ……」

自分へのご褒美って際限なく甘やかすって意味だったの？

「あたしの話じゃなくて。美沙(みさ)ちゃん、あ、今日保健室いた子ね？　その子もさ、食生活とかは問題ないんだけど、ちょっと身体弱いのよ。生活習慣もまともだし、これといった原因も見つからないみたいで。静養先を探したりもしてるんだけど……」

「ほー、それは大変そう」

「だよねー」

テーブルに肘(ひじ)をつき、火照(ほて)った頬(ほお)に缶を当ててると、遠い目をしてぽつりとつぶやく。

「……でも、ちょっとだけ憧(あこが)れるかも」

「は？」

何言ってんだこいつ……。ばーっかじゃねぇの。

しらっとした視線を向けると、それが何か火をつけてしまったのか、雨音ちゃんは缶をテー

ブルに叩きつけるかの如く勢いよく置き、きらきらした眼差しで熱く語り始める。

「薄幸の美少女ってやつ？　ちょっと病弱で、でも健気に頑張っちゃうっていうかさー。ああいうのに男って弱いじゃん？　あたし全然違うタイプだもんなー、そりゃモテないわな……」

言いながら姉はソファに寝ころぶと、しげしげと自分の脚を眺める。部屋着のホットパンツから伸びる長くしなやかな脚は病弱とは程遠い。薄幸というイメージはまるでない姉だが、それだけが女性の魅力というわけでもあるまい。

「……いや、そんなことないんじゃない？　発酵の美女って感じするよ」

そう言うと、雨音ちゃんはどこか嬉しそうに照れ照れしながら居住まいを正す。ついでに、寝転がっていたせいで乱れていた髪を手櫛で撫でつけ、ちらちらと上目遣いで俺を見た。

「そ、そう？」

「まぁ、無益な発酵は腐敗でしかないけど」

「不敗？　別にマスターアジア関係な……あ。そっちの発酵か！　うるせー、このっこのっ！」

意味を理解するや、姉は長い脚でもって俺をげしげしと蹴ってくる。全然痛くはないが、そうやってすぐに暴力振るうところがいけないんだと思いますよ。暴力系ヒロイン人気ないし。

機嫌の悪い猫ちゃんみたいにひたすら猫キックを繰り返すと、多少気が晴れたのか、雨音ちゃんはむくっと起き上がりため息を吐いた。

「あんたほんと性格悪いよねー」

「育った環境がアレだったんでな……」

活発な姉を持つ弟の性格はほぼ一〇〇％歪む。これは俺の持論だ。姉が空手を習おうものなら練習と称してぼこぼこにされ、料理を作ってみたいと言い出せば実験台にされ、弟が買ったものは勝手に共有財産にされる。挙げ句の果てには、その惨状を母親に直訴すればあとでひどい報復に遭うものだ。これで性格が歪まないはずがない。

まぁ、悪いことばかりでもないけど。おかげで女性に幻想を抱きようがなくなった。

どんなに見目麗しい女性であっても一皮剝けばこの姉、久佐丘雨音と変わらないのだと、あらかじめ女性に対する絶望的現実がインプリンティングされている。

今も雨音ちゃんは缶ビール片手にさきいかを摘み、あぐらをかいてテレビを眺め、げらげら笑っている。これが二十四歳独身女性の実態だ。これでどうして女性に幻想を抱けよう。

などと、言い訳を言い募っていたら突如携帯電話が震えた。まーたソシャゲの新イベント開始のプッシュ通知か。それともアップデートのお知らせかな？　詫び石配布のお知らせかな？

ごろ寝していた絨毯から起き上がり、携帯電話に手を伸ばす。

見てみると、それは長らく起動することのなかったメッセージアプリからのものだった。

プッシュ通知の差出人の名前は「よはね♡」と表示されている。……よはね？　知らない子ですね。スパムかな？　最近はスパムだけでなく映画の予告や広告でも終末だの末法だのの文言が並ぶ。家の近所でもよく「シュハキマセリークイアラタメヨー」とうるさい。

まぁ、スパム業者くらいしかこのメッセージアプリに送ってくる相手はいないんだけど。そもそも、このメッセージアプリのアカウントは誰にも教えていないのだ。そりゃまぁ、高校入学当初は「これがないと友達と連絡とれないからなー」とか言いながらうきうきでインストールしたものの、今ではまるで使うあてもなく、ときたまプリキュアの公式アカウントと会話をし、使う予定のないアニメ系のスタンプを買うためだけに使っている。

知らない人についていってはいけない。両親のありがたい教えだ。おかげで俺はよく知らない人たちとの交流を断ってきたので、気づけば友達らしい友達もいない人間になりました。知らん奴からのメッセージなど見る気にもならん。さくっとブロックをして、携帯電話をポケットにしまった。

が、またしばらくすると携帯電話が震えだした。

何度か無視していたが、マナーモードとはいえ、その振動音はなかなかに気になる。

雨音ちゃんが軽い舌打ちとともに俺を軽く睨んできた。

「ねぇ、それさっきからぶーぶーうっさいんだけど」

「……あー」

しつけーなブロックすんぞとまたぞろ携帯電話を手に取り、内容を確認して戦慄した。

久佐丘晴磨さんへ

こんにちは、一年の千種夜羽です！　今日は屋上でお話を聞いてくださってありがとうございました♡

久佐丘さんは二年生だったんですね！　席の位置がわたしとそっくり！　住所はわたしの家とちょっぴり離れていますが、誕生月は近いです！　ナントナント、血液型もぴったり同じ♡これって運命でしょうか？（笑）

あとあと休み時間にソシャゲっていう遊びをよくやっているって聞きました。わたしもそういうスポーツ？　的なやつにすごく興味あるので、今度教えてください♡

えっと、実は、いつでも相談してねって言葉に甘えて相談したいことがあります（汗）　久佐丘さんは『ランダム十字路』ってご存知ですか??　わたしの友だち、その都市伝説に巻きこまれたみたいなんです…。どうしよう怖いよぅ（涙）

どうにかして、わたしの大切なお友だちをひとり残さず生かさず殺さず捜しつくすのに協力してもらえませんか！

よろしくお願いします（ぺこり）♡

どうしよう怖いよぅ（涙）

送られた内容を読んでいる間にも携帯電話は震え続け、途中から俺が震えていた。

総計二十通を超える送信はいずれも同一人物からのものらしい。最初にブロックした「よはね♡」のあとも「よはね♪」だの「よはね☆」だの「よはね2」だのとアカウントを変えたりしてあの手この手でブロックをかいくぐって何度も送られてくる。そのうち、「よは.Nevolution」とか「the end of genesis よ.は.N.evolution turbo type D」とかにもなるんじゃないのこれ。

その上、内容がアレだ。

ハートマークや記号はいいとしよう。文面も女の子らしくて好感が持てる。でもね、ナチュラルに住所生年月日血液型を押さえられているのはよくないなってぼくおもうんです。個人情報保護法っていつの間に法改正されてたの？　それとも知る権利が行使されてるの？

携帯電話片手に固まっていると、姉が不思議そうな顔で覗き込んできた。

「どうかしたの？」

まったくどうかしてる。この送信者が。姉さん、事件です！　とばかりに俺は咳払いをしてから声を掛ける。

「雨音ちゃん」

「なに？」

「女子が『血液型同じだねー』って言う時って、どういう意図があんの？」

聞くと、雨音ちゃんは、さきいかをがじがじと齧ってからしばし考え込んだ。

「……こいつ、輸血に便利だなって意図」

マジかよ、超勉強になるぜ。さすが養護教諭。まさか献血のお誘いだったとは。ていうか、この姉、マジ顔で言ってるけど、まさか本気じゃねぇだろうな……。

まぁ、姉がどこかずれているのは元からわかっていることだが、この送信者「よはね」とやらも相当なもんだ。普通に考えて、こんなとち狂ったメッセージの送り方してくる奴がまともなわけないだろ。千種夜羽のイメージとこのメッセージからあふれ出すサイコ臭がいまいち結びつかないが、屋上での出来事が書かれている以上、この記名を信じるしかない。

確かに千種夜羽の容姿は宝石めいた美しさがある。ダイヤの原石のような美少女だ。でもね、こんなクレイジーダイヤモンドはお断りなんですよ？

ひたすらブロックしていると、ピンポンとインターホンが鳴った。

雨音ちゃんはガン無視でテレビを見てげらげら笑っている。俺も雨音ちゃんもインターホンに反応せずにいると、その間もピンポンピンポンピンポン鳴り続けていた。なんだよ、そんなに呼ぶなよ、スマイルかてめぇは。

「……晴磨」

さすがに耐えかねたらしく、小さな舌打ちのあとに雨音ちゃんが俺の名前を呼んだ。まぁ、そうなるな。姉と弟、どちらのカーストが高いかなど考えるまでもない。弟など奴隷に等しい。その証拠にほら、英語で言うとブラザーとスレイブって似てるじゃん？　似てねぇよ。

しぶしぶながら立ち上がり、未だ鳴り続けるインターホンのモニターを覗いた。だが、そこには誰もいない。いるんだよなー、なぜかカメラに映らない奴。集金や勧誘の人はその傾向が強いよ！　よいこのみんなはきをつけて！

こうなると、実際に玄関に出るほかない。念のためドアスコープから覗いてみたがやはり来客の姿は見えず、俺は諦めてノブを回す。

警戒しつつ、わずかに開けて顔だけ出すと、来客らしき人物はてこてこと歩み出し、ぺこりとお辞儀した。

「こんばんは」

「あ、はい。こんばんは……」

そう応えるしかなかった。まるで、そのあいさつのあとに「いい夜ですね」とでも続きそうなくらいに優雅な所作。千種夜羽は街灯に煌めく黒髪をそっとかきあげると真冬の三日月みたいに儚げな微笑を浮かべた。その姿はさっきまで狂ったようにインターホンを鳴らしていた奴とはどうしても繫がらない。

「あの、なんでうちに……」

かすれ気味の声で言うと、千種は照れ照れしながら説明してくれる。

「いつでも相談してくれていいとおっしゃっていただいたので、来ちゃいました」

その仕草も朱に染めたほっぺたも時折ちらりと窺うような上目遣いの視線もいちいち可愛い

のだが、説明になってないんだよなぁ……。来訪の理由も謎ではあったが、俺が聞きたかったのはどちらかといえば、なんでうちに来れたのか、なぜ俺の家を知っているのかのほうである。なに、この子九〇年代のハローページなの？　そう簡単に個人の家が割れてたまるか。

「そうじゃなくてだな……」

「あ、もしかしてまだメッセージ読まれてないですか？　今、送りますね」

千種ははたと気づくと、めるめるとスマホをいじり始めた。そして、俺の携帯が震える。そこにあるのはさっき見たのと一言違わぬ文面。ふと相談という語に目をとめた。

確かに、また相談してくれ、とは言った。

だが、日本語において「また今度ね！」や「また次遊ぼうぜ！」といえば、それは二度と機会がないという意味である。「行けたら行く」は日本語で「行かない」って意味なのと同じだな。こうした社交辞令を扱えるようになると、社交界でも華々しく活躍できて超セレブ。

「うん。いや、また相談してくれっつったのは、そういうことじゃなくて、なに、その……」

「わたし、暇じゃないですかー？」

千種がすっとポケットに手を入れながら俺の言葉を遮ってそう言った時、口から乾いた笑い声が漏れた。いきなり外国人に他国語で話しかけられた時の日本人みたいな笑顔になってたと思う。Ｏｈ，Ｓｏｒｒｙ……、あいきゃんとぅすぴーくふぉーりんらんげぇじ……。

久佐丘（くさおか）さんは満面の笑みを浮かべていました。

顔のつくりはまあまあ、アレでナニですが、それでもその表情からは確かに感情が伝わってきます。Oh、YESYES……、あいきゃんいえす、あいあむいえす！　神の子かな？　無償（むしょう）の愛で人類を救済してくれるのかもしれません。

「わたし、暇じゃないですか！」

わたしが笑うと、久佐丘さんの笑みもますます深くなります。彼もやっぱり、わたしがここに来ることを予期していたようでした。

それもそうでしょう。相談してくれと囁（ささや）いてくれたからには、相応の覚悟もできていたはず。「行けたら行く」という言葉が、「行ける可能性が一パーセントでもあれば絶対に行くよ！」という契約なのと同じです。口約束でも法的に成立することを熟知していれば、よいこの皆さんも実業界でひと財産築いて左団扇（ひだりうちわ）。

「わたしが暇なので、もし久佐丘さんもまた暇だとすると、もう障害はどこにもないってことになりませんか？」

「なりますか？」

「お暇ですか？」

「暇に見える？」

「行けそうですか？」

「行けそうに見える？」

ところが久佐丘さんときたら、土俵際の焦らしテクニックが抜群でした。

暖簾に腕押し糠に釘、どうにもこうにも言質を取らせてくれません。勢いで押しまくる腕の力もなければ、人体に釘打つ勇気もないわたしです。

いくら超絶美少女といえども、コミュニケーションに絶対の自信があるわけではありません。どれだけお願いしても色よい返事が来なければ動揺しますし、拒絶のサインだとわかれば傷つくことだってあります。

「……もしかして、ご迷惑でしたか」

この泣き虫め。自分でもイヤになってしまうのですが、どうにも止められません。弱虫のわたしの視界が、じわっと涙で滲みだしました。

「久佐丘さんならお話を聞いてくれるって思ったんですけど……」

「わかった！　聞く！」

久佐丘さんはやっぱり、救世主の生まれ変わりでした。男の人特有の大きな掌を、もっと大きく広げて、涙を止めてくれようとします。

いい人ですね、久佐丘さん。


千種の言葉はあくまで丁寧。

それまでがさごそやっていたポケットからそっと手を出すと、お行儀よく身体の前で手を組み、お辞儀する。そうやってはにかむ千種夜羽の顔は素直に好ましいと思う。

正直に言ってしまえば、この女の子は、可愛い。

可愛い女の子からお願いされて悪い気分になる男はそうそういない。美少女に頼りにされるなんて男冥利に尽きるというもの。

例えば、チワワのごとく瞳をうるうるさせたり、胸元を強調するように手を合わせて前屈みになってみたり、あるいは高圧的に「しょ、しょうがないから手伝わせてあげるわ！　感謝しなさいよね！」とツンデってみたり……そんなことをされればたいていの男は二つ返事でお願いごとを引き受けるだろう。

斯様にお願いの仕方にもいくつかある。

一つ目は依頼、二つ目は懇願、三つ目は取引、四つ目は要請、五つ目は命令。

さて、ここで問題です！　絶対可憐清楚洗練超絶美少女、みんなのよはねすこと千種夜羽が選択したのは先述の何番でしょうか!?　超簡単だね！

正解は……、選択肢にはない、脅迫。何番でもなかったね！

千種はにっこり微笑みながら、その小さな掌に防犯ブザーを握っていた。ボールチェーンがきらりと光る。何番っていうかもうこれ南蛮だろ、蛮族の方法じゃねぇか。

「……もしかして、ご迷惑でしたか？」

千種の瞳にうるうると涙がたまり始める。ブザーのチェーンはぎりぎりと音を立て始める。あのチェーンが引き抜かれれば四方八方に大音量が鳴り響き、ポリスメンがおっとり刀で駆けつけてくるだろう。

我がことながら不健康そうな面した男子と涙を浮かべる美少女の取り合わせだ。事実はどうあれ、俺が悪者、俺がヴィラン。こんなのどんな弁護士だって弁護も論破もできないよぅ！

千種は悲しげに目を伏せると、きゅっと自分の胸元を押さえる。もう片方の手は相変わらずブザーを握っていた。

「久佐丘さんならお話を聞いてくれるって思ったんですけど……」

「わかった！　聞く！　むしろ聞かせて！　何でも言って！」

言うと、千種はぱあっと顔を輝かせてようやく防犯ブザーをしまってくれた。まさか女子高生の防犯ブザーとヤクザの腹マイトが同じものだとは思わなかったぜ……。

「ありがとうございます。では……こんなところで話すのもなんですから、行きましょうか」

そっと目じりの涙を拭(ぬぐ)って照れたように笑うと、千種は道の先を指さす。こんなところとか言うんじゃねぇよ……、俺んちだぞ。

さりとて個人情報を押さえられ、その上俺の社会的生殺与奪権を掌握(しょうあく)されている以上、俺に拒否権はない。おとなしく頷(うなず)くと、千種はさっきの脅迫めいた行動をとった人間とは思えないほど、心底嬉(うれ)しそうに笑った。

その笑顔に鼓動が跳ねる。

ついでに、頭皮にはじわりと汗が滲(にじ)み、呼吸が詰まり、唇(くちびる)は紫色になっている。これは……、初期のショック症状ですね……。その容姿を見てるだけだったら、恋かも……と思っちゃうところだったぜ！

千種夜羽は見た目から受けるイメージと実際の行動がまるで一致していない。その上、本人はそのことに疑問を覚えていないようだ。顔は抜群に可愛いだけに、そこに違和感がある。

端的に言ってしまえば、この女は、おかしい。

お詫び

お客様にモルバーガーからの大切なお知らせ

平素はご愛顧いただき誠にありがとうございます。

マラッカ海峡封鎖の影響で物流が一時的に混乱しております。

つきましては、一部商品の生産数を調整してご提供させていただきます。

お客様には大変ご不便をおかけいたしますが、何卒ご理解賜りますようお願い申し上げます。

店長

MOL BURGER

――社会を、社会たらしめているものとはなにか？

そう問われれば、わたしの答えは決まっています。

人間社会とはすなわち、助け合いの精神である――と。

保険制度しかり、インフラしかり、あるいは災害救助しかり。世界は相互扶助(ふじょ)の仕組みとともに発展してきました。

与えられてばかり、奪われてばかりでは人間の発展は成り立ちません。人はたがいにたがいを支え合って社会を構成しているのです。

翻(ひるがえ)って、わたしと久佐丘(くさおか)さんはどうだろう？

横断歩道の信号が切り替わるのを待ちながら、ぼんやりと首をひねります。

夕暮れに染まるロータリーは、今日も行きかう人々であふれかえっていました。

わたしたちの街には、私鉄地下鉄ＪＲふくめて全八路線が走る、巨大ターミナル駅が中心にそびえたっています。百貨店の旗艦(きかん)店と家電量販店の総本店が両脇を固めて、東西に形成されるのは全国でも有数の繁華街。早朝から深夜まで、どの時間を切り取っても喧騒(けんそう)に包まれています。

相互扶助とは無関係に、貪欲(どんよく)なる資本主義の論理で動く世界。

そのなかで、わたしはちらととなりの人を見上げました。

求めに応じて、なにも言わずについてきてくれた男の子。

「久佐丘さん。わたしたちは、助け合いの関係にあるといえるでしょうか？」

「この状況で俺たちの間にあるのはただの奸計（かんけい）だけなんだけど……」

「？？？」

「いい、なんでもない」

「……そうですか。わたしは少し不安です。どちらかがどちらかに与えられっぱなしでは、気分がよくないと思うのです」

「気分がこれ以上悪くなることはないと思うから心配しなくていいぞ」

「……やっぱり、少し気にされていましたか？」

　それきり、返事はありません。久佐丘さんは妙に乾いた笑みを浮かべて、黙々と歩きだしました。雑踏で声がかき消されたのか——いえ、そうではないでしょう。明らかに聞こえるはずの距離でした。

　嫌われているのかな。わたしでなければ、そんな不安に駆られるところかもしれません。

　しかし、心の細かな機微（きび）についての会話で、わたしの声をわざと聞こえないふりをする。意味するところはひとつ。

　美少女に惚（ほ）れてしまったのでしょう。フラれて傷つきたくないのでしょう。男の子ってば本当、いくつになっても意地っ張りですね。

　屋上で声をかけられたときから、なんとなく察していたのです。久佐丘さんたら完全に一目惚れの顔でした。そうでなければあんなひどい顔に人類はなれません。

こういうことにかけて、容姿端麗、才色兼備なわたしは人一倍の経験値があるのです。告白された回数も、それこそ星の数ほどあります。残念ながら、OKを出したことは未だかつてありませんけれども。

美少女であるということは、ときに厄介なものです。

異性に顔が売れれば、同じぶんだけ同性の不興を買います。売買は正しく成り立って、閉鎖された学校社会での取引は正当化されます。わたしの知らないところでわたしは恋愛という世界の資本主義に組みこまれてきました。

根っから臆病で気弱なわたしは、他人と対等な形でお付き合いしたいだけなのです。己よりはるかに愚劣で低劣な人間と同列に取引されていると考えただけで、震えがとまりません。世の高校生諸君は不毛で不当な身の程知らずの感情に身を焦がすより先に、自らの魂のレベルを引き上げてほしいなと切に思います。

でも。

「久佐丘さんがどう思われているかわかりませんが、わたしだって人の子です。人をイヤな気分にさせてしまうのは、なんだかとってもイヤなのです」

ゆっくりと訴えると、久佐丘さんはお口を閉じたまま一瞥してくれました。

そうです。千種夜羽は見た目がちょっぴりものすごくカワイイというだけで、心は普通の女の子です。

想いには応えられなくとも、なにかしらのお返しをしなければ。そういう人情ぐらい、きちんと宿っています。

好意には行為で返すのが鉄則です。

妹が教えてくれたところによると、男の子というものは、カワイイ女の子に頼られることを非常に好むそうです。

そうなると、わたしが誘ったことで、久佐丘さんは多大な興奮を得ているということになりますね。わたしは自らの目的のために調査に乗りこみますが、彼のほうは完全に部外者。悦びのために従事する、いわば純然たる快楽追求者です。

「厳密に計算すれば、やはりわたしが久佐丘さんに与えているものが多いのでしょうか」

「は？」

久佐丘さんが虚を衝かれたように声を発しました。

「でも気を遣われなくても大丈夫ですよ。金銭の発生しない貸し借りには、頓着しないタイプなのですわたし」

「……そりゃすごい。俺は貸し借りに執着するタイプだからとても真似できねぇわ」

動き始めた人波のなか、横断歩道の中央で、久佐丘さんは感銘を受けたように嘆息しました。

「で、なにをすれば俺は帰れるわけ？」

「聞きこみ調査が終われば、です。突き当たりのモルバーガーで待ち合わせをしていまして――きゃっ」

行きかう人のだれかの鞄が当たったのでしょう。

ドン、と背中を押されて、わたしはたまらず膝をつきました。

遅れて、じんわりと痛みが全身に広がります。

「いたい……」

視界がにじみます。そんなつもりは毛頭ないのに、涙が目尻からあふれてこぼれていきます。この泣き虫め。こういうとき、わたしは無力だと痛感してしまいます。

なにができるわけでもないですが、ぶつかった人のことだけは今後のために確認しておかなければ。弱々しく振り返りかけた瞬間のことでした。

「――いいから早く立てって」

「え？」

「とっとと終わらせて帰るぞ」

ワオ！

わたしは腕を引かれ、立ち上がらされていました。ぶつかるよりもよっぽど強い力に、ぞくぞくと背筋が震えます。

強引に引っ張ってくれる男の子は、古今東西、女の子の理想のひとつです。もちろん、女の子生態系の頂点に君臨するわたしといえども例外ではありません。

わたしは掌でぐしぐしと目尻を拭いました。ぺこ、と頭を下げます。

「……あの、えっと……ありがとうございます」

「礼とかいいから。早く帰りたいだけだから」

見上げると、何事もなかったように、久佐丘さんはそっぽを向いていました。ぶっきらぼうな横顔が、妙にネオンに輝いて見えます。

「これはポイントアップですよ、晴磨さん」

「なんのポイントだよ……」

「もう、そんなこと女の子に言わせないでください」

わたしは人差し指を立てました。

「こわい」

強引なくせになんだかんだでシャイボーイが、照れたように肩をすぼめます。そのギャップにもますますポイントアップ！

ヨハネスポイントが満タンになると、わたしと夕飯を一緒にできるアタックチャンスが与えられます。ステキな女の子とのデート時間がさらに伸びるだなんて、久佐丘さんたらたいへんラッキー。わたしも夕飯代が浮いてとってもハッピー。一石二鳥のポイントシステム！

みんなが幸せになれる政策を考えつくわたしは、政治家稼業に向いているのかもしれません。

目標金額を貯めたら、政界に身を投じるのもひとつの案です。この愛する母国、わたしのための日本を、より良い形に作り替えたいものですね。

●　●　●　●　●

別に紳士的とかだとかフェミニストだとかってわけではないのだ。

だが、千種が倒れた時、即座に携帯電話を片手にぶつかった相手のことを撮影しようとすれば、そりゃ止める。くすんくすん言って流れる涙を拭いもせずまっさきに取る行動がそれとか身内に弁護士でもいんのかこいつ……。

道行く人がざわっとしかけたので、すぐさま千種の腕をとって、急いでその場を離れた。

……千種、腕ほっそ。

けれど、別に骨ばっているわけでもなく、布越しでもその柔らかさが感じ取れた。

このまま握っていると千種の制服に俺の手汗で日本地図が描けてしまいそうだったので、数歩進むとすぐに放す。

距離を取ると、それはそれで手持ち無沙汰で、代わりに口を開いた。

「っつーか、どこ向かってんのこれ」

「モルバーガーですよ、晴磨さん」

なんで普通に下の名前呼んでるんだこいつ。ポイントアップしたから？　そうなると俺も俺の考えたあだ名「よはねす」と呼ぶべきかしらん。でも、俺の中でよはねすのポイントはアップする気配が微塵もないんですよね……。なら、千種と呼ぶのが一番いいのだろうが、でも、千種って乳房にちょっと似てて呼ぶの恥ずかしい！　思春期シャイボーイのどうも俺です。

なので。千種と呼びかけはせずに、話を続けた。

「飯ならもう食っちゃったんだけど」

「違います。アンナさんにお話を聞くんです」

さも当然のように千種は言うが誰だよアンナさん。甲斐バンドの名曲？　だいたい俺の予定を確認する前にアンナさんにアポ取っちゃってるのがもうやばいよね。俺が千種についてくるの前提で行動してるし……。

こういう身勝手な美少女と仲良くできる女の子などいるのだろうか。こんな奴、女子社会ではそっこーでハブにシカトに無視いじめ、登校したら机に仏花置かれてるレベルだろ。

まぁ、顔がいいというだけで利用価値を見出す人も中にはいる。これから会うアンナちゃんとやらもその口だろうか。

俺は千種から数歩遅れて、夜闇の押しせまる街を歩く。

帰宅を急ぐ人たちの流れを縫うようにして進むせいか、あれきり俺たちの間に会話はなく、どこか落ち着かない気分にさせられた。

ついついスマホに手が伸びる。ぽちぽちいじって、千種からのメッセージに再度目を通した。

しっかし、見れば見るほどひどい文章だな、これ。普通に怖いし恐ろしくてマジ恐怖でホラーだし、スリル・ショック・サスペンス。読むたびに一日寿命が縮むまである。

そのおぞましい文面の中で目を引くのはやはり〝ランダム十字路〟という言葉だ。これがこのメッセージの恐怖新聞ぶりに拍車をかけている。

「ランダム十字路に巻き込まれて失踪、ねぇ……」

あまりにリアリティのない話に、あざけりの混じった独り言が転び出た。

俺はそのランダム十字なんたらのことを寡聞にして知らない。都市伝説とのことだが、俺の身の回りではそんな噂をしている人はいなかったし、なんなら俺の身の回りに人がいない。念能力の扱いに天賦の才があったのか、いつの間にか絶を習得していたからな……。むしろ、あの漫画は作者が絶使ってるまである。気配絶ちすぎィ！

まぁ、それはそれとして、今はこの問題が解決しないとお家に帰れない。可能であれば千種の相談事をサクっと解決し、解決が難しいようなら納得してもらえそうな適当な答えをでっちあげる必要がある。

「……なぁ、千種。相談っての、詳しいこと聞いていい？」

俺は何度か咳払いをしてから声を掛ける。すると、千種は後ろで手を組み、くるっとターンした。ふわりとスカートの裾が靡き、真っ白な太ももがちらりと覗いた。

「詳しいこと、ですか」

千種は小首をひねってうーんと考える。

「えっと……詩愛さんとは本当に仲が良かったんです。詩愛さんは学校から二駅離れたマンションの十二階にご両親、弟さんとの四人暮らしでミニチュアシュナウザーを飼っていて、小学校のころは母親の影響で新体操を習わされていたんですけど、箸にも棒にも掛からぬどころかバトンもうまく扱えずに、母親からのバトンも受け取れなかったようなんですけど、かといって学業の成績がいい訳でもなく、偏差値五十後半から六十前半辺りを行ったり来たりして伸び悩んでいる最中、悪いクラスメイトとつるみはじめ、成績はさらに下降、最近はもっぱら遊び歩いていて、ご両親も近頃は弟さんの受験にご執心のご様子でいろいろ悩んでいたみたいです」

「お、おう……」

長々の説明恐悦至極だが誰だよ詩愛ちゃん。バターか何か？　肌潤いそうなんだけど。

というか、俺は詩愛ちゃんとやらのことを詳しく知りたかったんじゃなくて、ランダム十字路について詳しく聞きたかったんだけど……。ていうか、詳しすぎだろ、こいつ。

ドン引きの眼差しを送っていたのだが、千種はふぅと吐息を漏らすと、かすかな、けれど、熱のこもった声で続けた。

「……詩愛さんはわたしの大事な存在を共有している、信頼し合える相手なんです。だから、返ってこないと困っちゃうんですよ」

そう言った千種の表情は真剣だった。切々とした面差しには確かに愁いがこもっている。

「まぁ、確かに帰ってこないってのはちょっと心配だわな……」

「そうなんですよー。それを思うと本当にもう心配で心配で……、自宅に押しかけてもいないし、昨日の夜も一晩中電話してたんですけど全然連絡が取れなくて……」

千種はくすんと鼻を鳴らして目尻をそっと拭う。その仕草自体は大変愛らしく庇護欲をそそられるのだが、先のメッセージといい、言ってることがさらっと危ないんだよなぁ……。

けれど、そんな千種でも心配しているということは本心らしく、なおも言い募った。

「このまま返ってこないなんてことになったら大きな損失です。もしや、何か事件に巻き込まれていて、その背後に何らかの組織がいたりしたらと想像するだけで胸が痛いんです」

ぎゅっと胸元のリボンを掴み、まるで世界が終ってしまいそうな表情をする千種を見ていると、おかしな言動をさっぴいても多少なら手伝ってやらんこともないかと思ってしまう。

「まぁ、なに……とりあえず、ランダム十字路についてちゃんと知っときたいんだけど」

千種はきょとんとした様子で首をひねり、都会でアルマジロとランデブーしてしまったような顔をする。

「……らんだむ、じゅうじろ？」

「いや、あのメッセージの、あれ」

え？　ランダム十字路じゃなかったっけ？　もしかしてガンダムジュウジオーだった？　名

前的にはSD頑駄無っぽいよね。

「……ああ。それですか」

千種はふふっとおかしそうに笑うと、えーっと確か……、と不確かそうに説明してくれた。

自分から相談持ち掛けてきたのに何やのん、この子……。

ランダム十字路。

曰く、真夜中の住宅街、恋人同士で手をつないで歩いていると、突き当たった丁字路に第四の道が現れる。どれが本当の道か見分けがつかない。そこで誤った道を選ぶと、二度と帰ってこられない、とかなんとか。

……アホか。いかにも頭の悪い中高生が考えそうなことだ。誤った道を選ぶと二度と帰ってこられない……じゃねぇーよ。

なんだそりゃ、人生の暗喩かっつーの。どれが本当の道かわからないとか進路に悩んじゃってる乙女心の青春かっつーの。

誤った道を選んで後悔しても引き返せなくなってる人間、数多だっつーの。

俺なんてまさにそう。今まさに引き返したいし、帰りてぇ。

人付き合いがうまい人間というのは、帰り際のタイミングを逃さない人間だと思う。他人にも自分にもストレスを与えない距離と時間を測れることこそがコミュニケーションの要諦であり人間関係の奥義だろう。

あるいは。人間関係、人付き合い、コミュニケーションエトセトラエトセトラ……、そうした他人との関係、他人の存在をまるっと排除してしまうことは裏奥義といえる。

それこそ、千種夜羽のように。

「晴磨さん。こっちですよ」

今も、千種は俺の心境などまるっと無視してずんずん先へと進んでいく。時折、すれ違う人が彼女のほうを振り返ったりするが、都会の喧騒も彼女の耳には届いていないようだった。

駅から吐き出されてくる人の流れを割るようにして歩いていくと、やがて、駅前のビルにつく。そこのエレベーターに乗り込み、千種がふーっと深い息を吐いた。

千種は二階にあがるボタンを押すと、一歩後ろに下がり、お行儀よく足を揃えて扉が開くのを待ち構えるように正面を睨み据えた。

小さな箱に入っているのは俺と千種だけ。必然、俺たちの距離は今までよりも近くなる。

……なんか緊張してきました。

よくよく考えてみれば、同じ学校の女子と会話するのなんて久しぶりだ。それも校外で会うだなんてなにこれデートなの？　女子と同じ空間に居るとか、これもう広義においては同居しているといっても過言ではないじゃん……。

モルバーガーの店内二階、灯(あか)りも届かない隅(すみ)っこの席。

そんな人目につかないところで、小さな女の子が肩を縮こまらせるようにして座っていました。

「すみません、お待たせしちゃいましたか？」

わたしがぱたぱたと手を振って駆け寄ると、結んだポニーテールが二度三度、大きく左右に振られます。黒目がちの瞳(ひとみ)が、わたしたちを見ています。

「ええと、こちらは聞きこみに協力してくださる晴磨(はるま)さん。こちら、わたしのお友だちのアンナさんです」

「……うす」

ぶっきらぼうなことにかけてはミドリガメにも勝る久佐丘(くさおか)さんが、彼にできる最大限の社交辞令とともに椅子(いす)に腰かけます。

一方のアンナさん。

わたしと同学年であり、三人姉妹の末っ子。ふたご座のB型で、手芸部には想(おも)い人がいるとか。実家は持ち家、車のローンあり。税金の滞納なし。株と債券を少々。ただし親の管理は厳格。わたし金融への債務は三十六万四百円。えくぼがチャームポイントの女の子です。

ところが今はそのえくぼは綺麗(きれい)さっぱり消えて、かわりに冷たい汗がにじんでいました。

「あ、あの、夜羽ちゃん……なんであたしここに呼ばれたのかなって……」

「ちょっとお聞きしたいことがあるのです」

スタンプ一個送っただけで、夕方の忙しい時間帯でもふたつ返事で来てくれたアンナさんです。大親友といっても過言ではありません。

「わたしのお友だちがたくさん行方不明になっているのはご存知ですよね。アンナさん、詩愛さんと仲良かったかなって思うんですけど。なんでもいいのでなにか知っていたら教えてもらえないですか」

「……あの、あのね、あたしたち、詩愛と、あと万梨阿で、三人でよく、あの、こないだの日曜も遊んでてね……」

となりの席に腰かけたら、アンナさんはただひたすらに、自分の震える指先を見つめていました。震動で発電できそうです。その便利な身体を売ったらお金になるかもですね。

「だから詩愛のこと、万梨阿に電話して訊いてみたんだけど……」

「うんうん」

「でも万梨阿、なんだかひどい目に遭ったって、さっき電話の向こうでガタガタ震えてて……」

「わあ可哀相。ところで、どうしてそのお話をいま?」

「う、ううん!」

ぶるぶると首が左右に振られます。小動物のウサギみたいで可愛らしいです。

人間関係において必要なことは、三つのオー。おだてる、おどかす、おいかける。これだけでコミュニケーションが成り立ちます。もっとも、臆病で気弱なわたしはおだてる行為しか行ったことがありませんが。

「アンナさん、かわいいかわいい。がんばれ、がんばれ！」

にこにこ応援していると、アンナさんは顎の蝶番が外れそうなぐらい、唇までも震えを伝染させていました。

久佐丘さんにご協力いただいた理由のひとつに、抵抗する調査相手への圧力というものがありましたが、そんなことをしなくともなんでもしゃべってくれそうです。あれ、ひょっとしてこの人いらない？　無価値な男の人と同じ空間にいるとか、それもう狭義においてはチャージ料や指名料金が発生するのではありませんか？

「……なんでもいいから思いついたこと全部話せ、な？」

すかさず、久佐丘さんが反対側の席からぶっきらぼうに言いました。

優しくて情に篤く、完全無欠の超絶美少女。そんなスバラシイ女の子にいいところを見せようと、やる気満々です。お払い箱もしくは貯金箱かと思った矢先に活躍するなんて、なかなかどうして侮れないですね。

「ぜ、ぜんぜんアテにならないんだけど、詩愛から一度聞いたことあるのは」

アンナさんは顔をこわばらせたまま、口を開きました。

「夜羽ちゃんに払う利息に苦しん──」

「おっとっと」

わたしはうっかりして、カップをテーブルに倒してしまいました。

絶望のようにどす黒い熱とともに、淹れたてのコーヒーが床に飛び散ります。

「ごめんなさい！　かからなくてよかったですね、アンナさん。大やけどするところでした」

「え、え……」

「それで、なんでしたっけ。わたしは小心者なので、変なところでわたしの名前が出てきたら、びっくりして手が震えてしまうかもしれません」

わたしはちらと久佐丘さんのほうを見ました。

「夕、タイルが汚れちゃったなぁ……」

わーたいへんだ、みたいな態度でせっせと床を拭いてくれています。こちらの話を聞いてもいなそうです。よいことです。わたし金融の情報開示は、限られた相手にしか行いません。そういう顧客情報をきちんと管理できているのが優良企業の証です。

「……ご、ごめんなさい！　ごめんなさい！」

コクコクと、びっくりばこの人形みたいにアンナさんは首を上下させました。なんだか長生きできそうな運動だなあと思います。

「え、えと……詩愛が、だれかに！　どこかのだれかに！　お金を借りて困っていて！」

「それは困りましたね」

わたしは優しく微笑みます。借りたお金も返さない、人間としてのルールを守れない困った人たちが、一刻も早く真人間になってくれることを望みます。

「それで詩愛は、別の闇金融に手を出したんじゃないかって思ったことがあるの」

「――べつの闇金融、ですか？」

一瞬立ち上がりかけて、冷静沈着なわたしはすぐにクールダウンしました。かわりに、テーブルの下で、岩をも穿つ鋼のように拳を握ります。

いつかは出てくるとは予想していたのです。競合他社というやつが。

先行者利益は十分に得ていますが、油断するとすぐに先んじられるのが世の常です。失踪したことになっている方々も、向こう側の金融に因果を言い含められて、取りこまれた可能性が大いにあります。

早いうちに徹底的に芽を摘んで、わたし金融が覇道を築かねばなりません。

「アンナさん！　詳しく教えてください！」

わたしはたまらず身を乗り出しました。

「ほ、ほんとに！　ぜんぜん知らなくて！　やめて、本当なの……！」

「大丈夫ですよ、ここに怖い人はいませんよ」

「う、ぐすっ……」

必死になだめなければ、アンナさんは今にも泣いてしまいそうでした。

地獄の悪鬼どもから、手荒い取りたてを受けている少女のようです。

こういうとき、かんたんに「親に頼れ」だとか「警察を呼べ」だとかわかったようなことを言う人がいます。それどころか、「こんなのよくあることだろ。おまえも強くなれよな」などと笑いまでします。

本当にひどい話だ、と思います。

おまえも強くなれ。その知ったような言葉が、どれだけ被害者の心を傷つけるかわかっているのでしょうか。

弱みを握られ、恐怖を植えつけられ、精神を支配されている。絶望一色で心が塗りつぶされている。そんな状態で、だれがまっとうな状況判断をできるものですか。このような極めて卑劣(ひれつ)な輩(やから)には、個人の力だけで太刀打(たちう)ちできるはずがありません。周囲の手助けこそが求められているのです。

それらを踏まえて考えますと——やっぱりアンナさんはもうちょっと強くなったほうがいいですね。

わたしたちは大事なお友だちですから、ふたりのあいだに恐怖とか支配とかいう単語は存在しません。これぐらいのやりとり、友情ならばよくあることです。

わー、真っ黒だなー。と、床のタイルをごしごししながら思った。

もちろん、コーヒーが、ではない。

よはねすマジ怖い……。

えいっとばかりにカップを倒すその動作には一切の躊躇がなかった。

床をふく紙ナプキンはじわじわと褐色に染まり、そこには確かな熱がある。直接かかっていれば軽い火傷くらいはしただろうし、その純白のブラウスに消えないシミができていたことだろう。

　こんなことされたら怒るのが普通だと思うが、アンナちゃんはがくがくぶるぶるしながらしきりに謝っている。ようやく床の片付けを終えて俺が顔を上げても、アンナちゃんは恐縮しきったように肩を縮こまらせていた。

「それで詩愛は、別の闇金融に手を出したんじゃないかって思ったことがあるの」

「――べつの闇金融、ですか？」

　その言葉を繰り返す千種の表情に驚きはない。至って平静な様子だったが、テーブルの下ではぎゅぎゅっと拳を握っていた。あまり筋力がないせいなのか、拳に力を込めると腕がぷるぷるしているのが見て取れる。

俺なんてそもそも学生相手の闇金融があること自体初耳だったが、二人の口ぶりから察するに複数いるのだろう。それくらいのことを察するのはわけないことだ。

普段、人と面と向かって会話をすることが少ない分、関係ない他人の会話から洞察することが得意になってしまった。どれくらい得意かというと、その複数の闇金融の一つは千種夜羽が主犯だってわかるくらい得意。

……まぁ、今、夜羽ちゃんの利息が云々とか普通に言っちゃってたしね！

だが、千種なりにごまかそうとしていたみたいだし、ここは聞こえなかったふりをしてあげよう。……じゃないと、今度は俺がコーヒーかけられちゃう！

本人が言いたがらないことを聞くべきではない。

円滑な会話の要諦は二つだけ。聞かれてないことを言わない、相手が言わなかったことを聞かない。この二つさえ守れば、諍いや揉め事は起きない。なんなら会話そのものが起きない可能性まである。

感情、主観、心象領域は純然たる個々人の領土であり、そこに踏み入ることは領土侵犯に他ならず、そんなことしたら戦争だろうがっ！　これからの時代、個人は鎖国して精神的内需拡大に努めるべきだと僕ぁ思うな、うん。ことなかれ的敗北主義？　ノンノン、これは気遣いというものだ。

だが、千種夜羽という女の子にそういった気遣いの精神はないらしい。

今も身を乗り出さんばかりにアンナちゃんに詰め寄っていた。千種の手は机の上に置かれたスマホにそっと伸びている。

「アンナさん！　詳しく教えてください！」

「ほ、ほんとに！　ぜんぜん知らなくて！　やめて、本当なの……！」

アンナちゃんが身をこわばらせてみせても、千種の指先はスマホから離れることがない。お前、言わねぇとどうなるかわかってんだろうな、というボディランゲージであるらしい。

「大丈夫ですよ、ここに怖い人はいませんよ」

千種がにこやかに微笑みかけると、アンナちゃんとやらはびくっと肩を跳ねさせた。瞳にはうるうると涙がたまり始める。うん、今のよはねすスマイルは怖かったよね……。

何より、そんな可愛い笑顔と温かな言葉で人を脅迫できる人間がいる事実が怖い。笑いながら怒る人という芸はテレビで見たことあるが、笑いながら脅す人って新しい芸風だな……。

しかし、千種の芸風にアンナちゃんはすっかり怯えてしまい、話が全然進まない。

「その別の闇金融ってのは何者なんだ？　知り合いか？」

話しかけるとアンナちゃんはほっとした様子で俺を見る。これはあれですね、吊り橋効果で俺のこと好きになっちゃうんじゃないの、やだ困る！

「詳しく聞かせてください」

ずいっと千種が身体を前のめらせようとすると、アンナちゃんがまた身を固くする。この調子だと話進まなくなっちゃうんだよなぁ……。早く帰りたいのに……。

「別に詳しくなくていい。気になったこととかないのか？」

千種とアンナちゃんの間に入るようにして言うと、アンナちゃんは思い出し思い出しながらゆっくりたどたどしく話し始めた。

「二週間ぐらい前のことなんだけど、詩愛と夏の水着どうするって話になったときがあったの。お金ぜんぜんだから無理ーって言ってたのに、放課後になったらやっぱ買おって。その日、やけに気前がよくて、聞いたら臨時収入って……」

はぁ、なるほど。普通に考えればそのタイミングでお金を手にしたということになる。問題なのはどこから工面（くめん）したかだ。今の話には見逃してはいけないポイントがある。

「おかしいですね……」

黙って聞いていた千種が不意に口を開いた。あるいは俺と同じ違和感を抱いたのかもしれない。いつも微笑の絶えない少女だが、この時は瞳の奥に怪しいきらめきがあった。ぞわっと総毛立つような雰囲気は怒っているようにも見える。それを敏感に察したのか、アンナちゃんも慌（あわ）てて同意した。

「う、うん……。詩愛（さえき）、わたしたち以外に借りれる相手とかいないのに」

その言葉を千種が遮る。

「誰かに奢（おご）る前に人から借りたものを返すべきであり、人道的には他に優先することがあると思うのですが、詩愛さんは頭がおか、いえ、少し変わっているのかもしれませんね。これはお友だちとしてちゃきちゃきっちりお話をしておいたほうがいいかもです」

あ、そっち……。

でもね、よはねす。よはねすも人のこと言えないくらいおかしいって晴磨思うな！　千種の言うお話をするって、ヤクザ屋さんや業界人が言うところのナシをつけるってやつじゃねぇか。

「放課後になったら金が出てくるってことは、学校内で工面したってことだろ。そこがおかしいんだよ」

「……それっておかしいことですか？」

「おかしいだろ……。お前、学校の役割って知ってる？」

「本来は決して関わり合いにならないはずの階層の人たちを、強制的に接触させるものです。正しい秩序を後退させるガンです。でもお金のやり取りがあるということは、ヒエラルキーの崩壊に比べて、まだ貨幣制度のほうは正常に機能しているようですね」

けろりとした顔で、さも当然のように千種は言った。

「ああ、うん。そう……、もういいや」

言わずもがなのことだが、本来学校に金融機能は存在しない。金を工面するにしてもほかのやり方を考えるのがまっとうだ。それに、返済能力も怪しい高校生相手に高利貸しをやろうなんて奇特な考え持つ奴がそうほいほいいていいはずもない。まぁ、千種夜羽という実例が存在する以上、他にいないとも言い切れないのがあれだが……。マジでどういう考え方してたら闇金融やろうだなんて思うんだよ。

まぁ、蛇の道は蛇。灰は灰に、塵は塵に。カエサルの物はカエサルに。ここは闇金ヨハネスくんの説をとるとしよう。

だいたい、こいつの価値観を今更云々言ってもどうしようもないしな。常人の主観ですら俺には理解できないことなのだ。それが常識外れの人間相手となればなおさらだろう。

だから常識人であるはずのアンナちゃんとのおしゃべりを楽しんじゃおうっと！

「で、詩愛ちゃんとやらはどこに寄ったかわかるか？」

「そうです、それです晴磨さん。アンナさん、詩愛さんがその日どこへ行ったのかご存知ですか？　それと受け取った金額と利率についても知っていれば詳しく」

アンナちゃんだけに話しかけたつもりだったが、千種はずいずいっと間に入ってくるようにまたしても前のめってきた。

その勢いに多少押されるようにしてアンナちゃんはちょっと身をのけぞらせる。

「金額と利率はわからないんだけど、たぶん、生徒相談室、だと思う……。買い物行く前待ち合わせしたとき、そっちのほうから歩いてきたから……」

生徒相談室は校舎の一階にある。校舎中央の昇降口からほど近い場所にある小さな部屋で、主な用途は名前そのままに生徒指導なんかに使われているはずだが、うちの学校の生徒は優等生が多いので、あんまり出入りしているところを見ない。

　隣には職員室があり、二つの部屋は中でつながっていてそれぞれ行き来できるような構造になっていたはずだ。

　俺も一年生の時、おせっかいな教師に生徒相談室に呼び出され「何か悩んでないよな？　いじめとかないよな？」と心温まる熱い生徒指導を受けて感激したものだ。って、これ完全に教師側の保身じゃねぇか。嫌なこと思い出しちゃったぜ……。

「でも、あそこって鍵かかってなかったか？」

　確か呼び出された時はなかなか教師がやってこなくて、二十分くらい廊下で待ちぼうけの目に遭った覚えがある。

「だと、思うんだけど……。でも、方向的にはそっちのほうから来たように見えたから……」

　答えるアンナちゃんの声は自信なさげだ。うーんと考え込みつつ、だんだんと言葉が曖昧になっていっている。まぁ、事件や事故の目撃者の証言って結構あてにならなかったりするらしいしな……。

「普通の生徒が入れないんじゃ、違うとこ寄ってた可能性もあるな」

　別アプローチを考えようと促すつもりでアンナちゃんに言うと、見当違いの方向から声が飛んでくる。

「いいえ。鍵がかかっていることそれ自体は密室の条件になりえません」

「は？」

いきなり差し挟まれた言葉に振り向くと、千種は唇に人差し指を当てて、論理パズルを解く時のようにその指を揺らしている。

「だって、鍵さえあれば誰でも入れるってことなんですから。扉があるならその時点で密室とは呼べないと思います」

「……はぁ、なるほど」

至って単純、かつ明快な解答に思わず納得してしまった。そりゃそうだ。継ぎ目のない箱こそは本当の密室。そうでないなら入る方法が存在している。

千種は俺とはまるで違うものの見方をしているのだ。さすが常識外れ。……それはそうと、立ち入り禁止の屋上にいたのはどうやったんですかね、よはねす？

だが、千種の言うように、鍵さえあればいい、というのなら答えはぎゅっと絞られる。

生徒相談室の鍵の管理は教師連中、ひいては責任者の学年主任なり教頭なりが行っていると見るのが妥当だ。まぁ、鍵の偽造や複製とかピッキングとかもないではないが、そこまで含めてしまうときりがない。まずは対象を絞って考えるべきだろう。今のところはこれで十分。

聞きたいことも聞けたし、そろそろ帰れるかなー帰りたいなー眠くて欠伸出ちゃうなーと帰宅願望オーラを噴出させながら千種のほうを見ると、千種は穏やかな微笑みを浮かべている。

「アンナさん、お話を聞かせていただいてありがとうございます」

「え、え、あ、うん……」

唐突に繰り出された丁寧なお辞儀にアンナちゃんは面食らっていた。千種の口調は完全に締めの挨拶のそれだ。よっしゃ！　帰れる！

そう思って軽く腰を浮かせると、千種がぐいっと俺のブレザーの裾を摑んだ。

「で、ここからが本題なんですが。生徒相談室における闇金融の噂はどの程度広まっているものなのでしょう。わたしの情報網に入っていなかったということは、口コミ媒体による宣伝方法をとっていなかったということになるのですが、果たしてそれで商売は成立するのでしょうか。顧客単価を増やしているのか、リピーターに頼っているのか、いったいどのようなビジネスモデルなのでしょう？」

「わ、わからないよ……」

「わからないじゃ許されません！　アンナさん、顧客候補のひとりとしてどう考えているのですか！　これは責任問題ですよ！」

千種が詰め寄ると、アンナちゃんはまたぞろ震え始める。あわあわと泡を食ったように慌てふためいて出てくる言葉はへどもどにしどろもどろで用をなさない。これはまた時間を食うパターンだな……。トレーのシートに書かれたお知らせを読んでも暇潰しになりそうにない。

「……ちょっとコーヒー買ってくる」

一言告げると、俺はとろとろ牛歩戦術でレジカウンターまで向かった。

それから一時間はなだめすかしましたが、結局、アンナさんはろくろくしゃべってくれませんでした。いちおうわたしも借金の残高をろくろく三十六万円にカットしておきました。アンナさんは泣いて喜んでました。

わたしたちは先にモルバーガーを出ることにします。

空を見上げると、そこにあるのはネオンの光。雑多で猥雑で、人工的な欲望の象徴。

わたしたちの住む街に、闇は存在しません。今日も胸がつまるぐらいに眩く輝いています。

「とんでもないお話でしたね」

わたしは横断歩道の白い部分を踏んで歩きながら、黒い部分を踏んで歩く久佐丘さんに視線を向けました。わたしたち、まるで天使と悪魔の象徴のようです。

怯えるアンナさんから聞き出せたことはただひとつ。

「職員室の隣、生徒相談室でお金の受け渡しですか……」

「……そんな場所を使うとは思えないけどな」

「そうですね」

そんな安全地帯があったとは、まったく気づきませんでした。うらやまけしからんことです。

もっとも、自由に使えるのは先生だけでしょうが。

聖職者が闇金融で生徒を食い物にするなんて、世も末ですね。断固糾弾(きゅうだん)せねばなりません。誤(あやま)っていたらアンナさんを糾弾せねばなりません。

モルバーガーではずいぶん時間を取られてしまいました。押し寄せる夜に対抗しようと、ネオンたちが必死に栄華を誇っています。

繁栄とは常に影を伴(ともな)うものです。

時代の潮流に取り残された巨大百貨店は、鈍重な亀(かめ)のオブジェを連想させます。倒れたときには、大勢のものが犠牲になるでしょう。

街を覆(おお)うように伸びる高速道路の修繕工事は、いつまでたっても終わりません。あとちょっとでオリンピックだというのに、奇妙な政治的判断で作業自体がストップしているという噂(うわさ)すら流れています。

ちょっと路地裏に入れば、奇人変人の見本市です。涎(よだれ)を垂らして座りこみ、なにかの薬を飲み続ける浮浪者。「悔い改めよ」だの「世界は終わる」だの、ぶつぶつ唱え続ける宗教家。ぬいぐるみを抱いて、架空の赤ん坊を探し続ける老女。人生を変えるトラブルがおいでおいでをしていて、サイレンを鳴らす緊急車両を見ない日はありません。

でも。

わたしはそんな綻(ほころ)びだらけのこの街が嫌いではありません。一種の郷土愛とでも呼ぶのでしようか。愛情とは、ダメなところが目につけばつくほど燃え上がるものなのです。

気がつけば、わたしは鼻歌をうたっていました。

「ゴキゲンですね」

久佐丘さんが丁寧（ていねい）な言葉でふざけてくれました。どうやら彼もご機嫌なようです。

「さあ、詩愛（しあ）さんの行方に加えて、別の闇金融の正体まで、聞きこみしなくちゃいけないことがいっぱい増えましたね。一緒にいられる時間も増えますね、晴磨（はるま）さん！」

「いやもう帰りたいんだけど？」

「え？」

「え？」

思わぬ回答に仰天（ぎょうてん）してしまいました。

深呼吸です、深呼吸。すーはーして、胸を落ち着けます。

そうして、おっかなびっくり久佐丘さんを見上げます。

「急にそんなことを言われましても……わたしたちはまだ高校生ですよ」

「え？」

「プライベート空間に異性を招くのは、おたがいのことを十分に知ってからにしてほしいなって思うんですけど」

「え？　なんで俺のうちに来るつもりなの？」

「え？　まさか、わたしを置いて、おひとりで帰宅されるつもりなのですか」

「いやそうだけど……」

「え、えええ？」

もう何度訊きかえし、訊きかえされたかわかりません。最後にびっくりした顔とびっくりした顔が出会って、わたしはさらにびっくりしてしまいました。

コミュニケーションの断絶としか言いようがありません。なにを考えているのでしょう、この人は。

となりにいるのは、あなたが一目惚れしてしまった、容姿抜群、性格極上、人類最高の女の子ですよ。なかんずく、時間を持て余していることまで開陳されています。

どうしてみすみすチャンスをふいにするようなことをするのでしょうか？　もう意味がぜんぜんわからないです！

「……よし！　わたし、決めました！」

「え。なに、何を。やだこわい」

「今日はもうお開きにしましょう！」

「え、マジで？　やだ逆にこわい」

「そしてまた明日集合です！　晴磨さんに拒否権はありません！」

「え？　やっぱりこわい」

わたしには、座右の銘（めい）があります。

他人の嫌がることを進んでやりなさい。

久佐丘さんはどうやらお友だちの少ないタイプです。信じられないことですけれども、コミュニケーションが苦手な節すらあります。腰蓑（こしみの）に石槌（いしづち）を持ってうろつく原始人でも、他人と共生して狩りをすることを学びます。

現代のコンクリートジャングルの申し子は、たったひとりで生きていくおつもりなのでしょうか。それは社会の敵とでも呼ぶべき、異形のあぶれ者です。

だからこそ、わたしだけは、彼と行動を共にしないといけません。社会の敵を更生させてあげること。それが一目惚れされた者の務めです。たとえ世界中のだれもが彼を拒絶しようとも。

「わたしに全部任せてください！　晴磨さんを真人間にしてみせます！　他人の嫌がることこそ行わなければって、母から習ったのです」

「ああ、そういう……」

久佐丘さんはぼんやりとうなずきました。

彼のことを真摯（しんし）に想（おも）う、わたしの熱意が通じてくれたのでしょう。それ以上、彼が拒絶の意を示すことはありませんでした。

つったかつったか駅へと向かって、千種は夜の街を歩く。

勝手に連れ出し、勝手に別れ、勝手に明日以降の予定を決める。その自由さはぴょこぴょこ跳ねる長く艶やかな黒髪にも表れているようだった。

その後ろ姿をぼんやり眺めながら、俺は口の中だけで呟く。

他人の嫌がることを進んでやりなさい、か。日本語ムズカシイネー。

薄々感づいていたことだが、俺と千種の間には常にボタンの掛け違いがある。それはもう未必の故意と秘密の恋くらい違うし、『裏切りの街角』と『恋人も濡れる街角』くらいかけ離れている。

「あのな、千種」

「はい？」

声を掛けると、千種はその場でくるりとターンし、スカートの端がふんわりと靡いた。

「お互いの言ってることに致命的な食い違いがあると思うんだ」

「そうですね。まだお互いのことをよく知りませんからそういうこともあると思います。でも、たとえ双方の歩み寄りは難しくても、わたしが晴磨さんのことを完全に理解できるようになれば問題はないと思うんです！」

千種はキラキラおめめで結構マジっぽい雰囲気で言うけど、言ってることがさらっとサイコ。

新興宗教嵌（は）まっちゃってる子の目なんだよなぁ。

それにあれよ、その言いざま。俺では千種を理解できないって最初から諦（あきら）められちゃってるじゃん。むしろ、俺ごときに欠片（かけら）さえ理解されたくない節があるじゃん……。

まぁ、俺が千種を理解できそうにない、という一点においてのみ、俺と彼女の間で共通認識が取れていることは把握（はあく）した。……初めて意見が一致したな！　何も解決してないけど！

鼻歌を唄いながら、小鹿がスキップするような足取りで千種が歩んでいく。そうやって言葉を発さないなら、雑誌の表紙を飾れそうな美少女然とした姿である。

千種の胸の内も腹の底も到底理解には及ばないが、その外見だけはどうあっても見誤（みあやま）ることはないと思う。

彼女の背中を追ってのったらのったら歩いていると、紛（まが）い物（もの）の光がはびこる猥雑（わいざつ）なビル群も奇声嬌声（きょうせい）をあげる有象無象の人いきれも、嫌気がさすほど見慣れた街並みも、気にならなかった。

CHAP. 5

"This is Romeo 1, headed to war zone."

"Romeo 2, copy that."

"Romeo 3, roger."

"Been a while since our last big battle."

"Don't go crying to your mama."

"Isn't it a bit early for the Thanksgiving turkey?"

"Bogey on radar."

"Prepare for engagement."

"Where are they?
Don't see them,.. Oh my god."

"Above! Above!"

"Monster!"

"Get him!"

"Don't get too close!"

"Close to where!?"

"All of it!"

"Mayday,
Mayday

"Hotel 4,
requesting cover,
requesting cover..."

"Charlie 3, communication blackout!"

"Oscar 2, down in flames!"

Wingman missing, missing!"

"Oh God..."

"Oh no..."

"I love you Canaria."

数日間、わたしと久佐丘さんはめぼしいお友だちに聞きこみを続けました。

ようやっとアンナさんの証言の裏を取れたのが、今日の夕刻のこと。別の闇金融は、確かにわたしの顧客リストに記載されている人たちにもお金を渡しているようです。詩愛さんも、きっとその毒牙にかかってしまったに違いありません。

大通りから少し外れた閑静な文教地区の奥地に、わたしたちの高校があります。

そこがおそらく、わたしたちの冒険譚の最終ページの舞台になることでしょう。着いたころには、日がとっぷりと暮れていました。こちらを見守るのは、空を往く航空機の編隊だけです。

こんな時間に若い男女がふたりきりでいたら、ＰＴＡ方面を大いに刺激する問題が起きてしまいそうです。わたしはそっととなりの男の子に身を寄せてみました。

「心配ですね、晴磨さん」

「なにが？」

「お天道様に顔向けできないことはしないようにしましょうね」

「いやだからなにが？」

久佐丘さんは必死に取り繕っていましたが、超絶美少女と肘や腰が触れ合うほどの距離にあるのを嫌がる男子は存在しません。まあまあアレでナニなお顔の鼻の下が、にょきにょきと逆ピノキオみたいに伸びています。

彼もこの数日でずいぶんと打ち解けてくれたようです。デート気分といいますか、なんと言いますか、そんな喜びの想(おも)いが伝わってくるようです。本日もよいことをしてしまいました。

さて。

問題の鍵(かぎ)を管理する先生は、まだ残っているでしょうか？

校門は堅く閉ざされています。まるで鉄で敷かれたカーテンのようでした。

その向こうには、慣れ親しんだ校舎が暗闇(くらやみ)のなかにひっそりとうずくまっているのが見えます。日中、生徒たちからの無遠慮な蹂躙(じゅうりん)に見舞われ、傷ついた体を労(いたわ)る老木を連想させます。せめて今だけは大事にしてあげないといけません。

塀沿いに少し歩くと、街灯のあいだに小さな暗がりが生まれています。

学校のとなりは民家です。赤い屋根の、二階建ての一戸建て。きっと苦労して買ったマイホームなのでしょう。カーテンの向こう側から、平和そうな笑い声が響いてきます。

わたしは足元の石を拾い上げました。

なにを隠そう、小学校時代は野球部のサイクロンエースと呼ばれたこのわたし。内角高めの喉元(のどもと)をえぐるようなデッドボールが再び火を噴(ふ)くときがきたようです。隣家のベランダを狙(ねら)って、勢いよく振りかぶります。

「——なにするつもりなんだよ」

その手が横からとられます。久佐丘さんの腕でした。投球モーションに入っているのに、これはボークですよ！　スリーポイントシュート級の反則です！

サイクロンエースのわたしでしたが、最後まで野球のルールはよくわかりませんでした。棒で球をひっぱたいて遠くへ飛ばせば勝ち！　というのは、なかなか原始的すぎて文明人の興味の対象にならないものです。

「放してください。わたしは今一度エースにならないといけないのです」

「意味がわからん。え、なに、ガラスを割るの？　盗んだバイクで走りだして窓ガラスを痛めつけたいの？」

「『15の夜』でしたっけ、『卒業』でしたっけ。古いですよ晴磨さん。イマドキの若い学生はそんな曲聴きません」

「俺結構好きなんだけど……。じゃあなに聞くんだよ」

「『受験生ブルース』とか」

「尾崎（おざき）より古いじゃねーか」

久佐丘さんの手が宙を切りました。一瞬わたしの頭をたたこうとした、その人間にあるまじき暴挙はともかくとして、すごい、曲名を言って通じたのは初めてです。ヨハネスポイントがまたアップですね！　今晩の夕食サービス、スイーツも頼んであげます！

「晴磨さんったら、特別ですよ」

わたしはにっこりと笑いました。細かいところでポイントを稼いでいく久佐丘さん、なかなか見どころがありますね。

「なんで笑ってるのかぜんぜんわかんないんだけど……」

「そんなことより、校門が一度閉められてしまうと、私用での生徒の校内侵入は禁止されているではないですか」

「そのルールと、隣家のガラスを割ることとの関係を教えてもらっても？」

「ガラスが割れてしまえば大変な事件です。警察も来るかもしれません。まだ学校に残っていらっしゃる先生がいれば、騒ぎが気になって、校内から様子を見に出てくる可能性があると思いませんか。その隙にそいつを倒して」

「倒す必要はないが、確かに可能性はある。可能性だけはあるな……」

久佐丘さんは感嘆の息を落としました。

それから、ガリガリと頭をかきます。

「あのさ、すげえいまさらなこと訊くけど」

「なんでしょう？」

「……そういうこととして心は痛まないわけ？」

「一日一善、ですから」

わたしは微笑みました。

「なに言ってんだこいつ」

久佐丘さんの不規則発言が聞こえました。確かに少し難しかったかもしれません。

「ええとですね、一日一善というのは四字熟語です。仏教の教義に由来して」

「そういう意味じゃないんだよなあ……」

久佐丘さんは天を仰（あお）ぎました。強がる姿がいじらしいですね。

一日一善。

小学校の道徳の授業で説かれたとき、わたしはひどく感銘を受けました。一日にひとつの善という、極めてまっとうに見える言葉はしかし、興味深い示唆（しさ）を含有しています。

なぜ、一日一善なのか。

なぜ、十善や百善ではないのか？

だれしも辿（たど）り着くこの疑問には、もちろん回答が用意されています。

つまり、人間の善には限りがあるべきだということです。際限のない施しは、他者の甘えを導く毒となりましょう。芥川龍之介（あくたがわりゅうのすけ）の傑作、『蜘蛛（くも）の糸』においても、傲慢（ごうまん）になったカンダタにお釈迦（しゃか）様は正義の鉄槌（てっつい）を下されていらっしゃいました。

そうです。良識ある人間は一日に一度しか善をなしてはならないのです。

わたしはすでに、久佐丘さんにデートのボランティアという多大なる善行を施してしまいました。

すなわち、今日の善行はすでに店じまいとなっています。ここは心を鬼にして、窓ガラスを割ってみなければなりません。

「えいっ」

「あっ！」

久佐丘さんから力が抜けた隙をついて投げると、石はあらぬ方向へと飛んでいきました。サイクロンエースも堕ちたものです。

もう一回、と石を探すと、わたしは背後から羽交い絞めにされていました。おっとっと？

久佐丘さんの掌が、わたしの胸部の変なところに当たっていませんか？

これは反則！　イエローカードですよ、イエローカード！　やっぱりブラックカード！　わたしのお触りはお高いですよ！　限度額が青天井のブラックカードじゃないと払えないですよ！　実のところ、サッカーのルールもよく知りません。

「わかったから。わかった。ちょっと待ってろ」

わたしがじたばた暴れていると、久佐丘さんはため息をついて、校門のまえへと戻りましたよ、と上辺に手をかけます。するとどうでしょう、鉄のカーテンだったはずの校門は、さながらベルリンの壁のごとくにあっけなく乗り越えられていきます。

「ほら、手」

校門の上によじ登った体勢から、久佐丘さんはわたしに手を差し伸べてきました。

うっかりつかむと、思いのほか強い力で引き上げてくれます。男の人の掌は、安心感という包装にくるまれているようで、なんだか少しズルいです。手首のほうから熱がじわじわと持ち上がってきて、少しだけほっぺたが熱くなります。

なぜだか皺が寄っているブラウスの胸元を整えておきました。そうすると一片の余地もなくぺったんこになったので、ついでに若干の余裕を持たせてふくらませておきます。いちおう、なんとなく。

「……冗談ですよ。罪もない人の家のガラスを、本気で割るわけないじゃないですか」

校門から降りるときも改めて手を借りながら、わたしは小声で言いました。

「でも俺がとめなきゃ普通に石投げてたよね？」

「晴磨さんのことを信じていましたから。わたしたちの信頼の証です」

「……ああ、そうね」

久佐丘さんはうなずくと、あっさりわたしとつながっていた手を放し、何事もなかったようにポケットに突っこみました。

……うん。

短い時間で共生能力が鍛えられてきたようですね。さすがわたしです。心を鬼にして、連れまわした甲斐がありました。あとで指導料をいただかなくっちゃいけません。

●　●　●　●　●

会話のキャッチボールなんて言い回しがある。

キャッチボールは野球の基本であり、投球捕球等の動作はもちろんのこと、相手が取りやすいように投げるだとか相手の動きを気にかけるだとか、そうした意識付けをしていく練習という意味合いもあるのだと思う。

だから、そうした点において、千種夜羽はおよそ最低最悪の部類のピッチャーだった。

投球フォームは悪くない。女の子の割りに手投げにならず、肩も腰もちゃんと回っている。球速だって女の子にしちゃ十分だ。それに、迷わず放り込むその投げっぷりもいい。

ただ、コントロールが絶望的だった。

「えいっ」

気の抜けた声とともに、石はあらぬ方向へと飛んでいく。ついでに、俺と千種の会話もあらぬ方向へと飛んでいった。

つい今しがたまでさんざっぱら窓ガラスを割ることの是非について論じていたにもかかわらず、千種は何のためらいもなく隣家めがけて投石したのだ。

「……あっ！」

予期せぬ行動に茫然としていると、千種は「失敗失敗てへぺろ☆」とばかりに自分の頭をこつんと叩いて、またぞろ手ごろな石を探し始めた。

それ以上いけない。慌てて千種の肩を掴み、がっちり固定する。言いたいことはいくらでもあったが、あまりの出来事に俺はふーふー言うことしかできない。

本当に石投げちゃうとかこいつ足軽かなんかなの？　世が世なら石ころはお手軽な合戦兵器だったんだぞ。現代ジャパンになってもその威力は変わってねぇんだっつーの。

心中で一くさり毒づくとようやく詰まっていた呼吸を再開できた。深呼吸をすると、ふわとほのかに甘い香水とシャンプーの匂いがまじりあった空気が鼻孔をくすぐる。

ふと腕の中を見やれば千種がうーとかむーとか唸りながらじたばたしていた。後ろから抱えるようにして抱いていた右手は細くくびれた腰に、左手はいくらか隆起した制服の胸元に伸びていた。その事実を認識してようやく俺の掌が感覚を伝えてくる。

……てっきり柔らかいもんだと思ってたけど、案外制服の生地ってごわついてて硬い手触りなんだなぁ。ふしぎ発見！

とかミステリーハントしてスーパーひとしくんをベットしている場合ではない。

「っあ、いや悪い……」

すぐさま千種から飛びのく。出てきた声は自分で思っていた以上にかすれていて、千種の耳には届かなかったらしい。掌に感じたほのかな弾力の残滓のせいで千種の顔をまともに見られない。

ていうか、こいつなんでこんな細いの……。ていうかていうか、なんで細いのに柔らかいの……。女の子は細くても柔らかいって本当ですか？　おしえて！　ギャル子ちゃん。

が、まぁ、柔らかいというのは全体的なことであって、特定の箇所がというわけではない。実際、制服越しだと指先が感じるのは生地の触り心地とほのかな弾力くらいのものだ。サイズ的な問題もあるのかもしれないが、千種って名前の割りに乳房はさほどでもなさそうな感じで名前負けしてるね！　もし、こいつが巨乳だったらクラスの男子たちが千種のことを呼ぶ時に「乳房さん」って呼ぶ罰ゲームとか行われていたに違いない。

そう考えると、逆に小さくてよかったかもしれないね！　ステータスですよ！　ステータス！　大ステータスよはね祭りだよ！　イエス！　ヨハネス！

などと頭の悪いことをひたすら考えることで平静を保とうと頑張るトゥピュアシャイボーイな俺です。俺クラスの純情純粋青少年からすると、女子に触れるとかそれだけでいろいろ反応しちゃうからね！

一方の千種もある意味ではピュアと言えよう。ただし、純粋な悪だがな！

ふと、芥川の『地獄変』が頭をよぎる。あの絵師も至上目的のためであれば手段を選ばず、最後救いのない話だった。他方『蜘蛛の糸』ではお釈迦様が救済の名のもとに戯れの暇つぶしにカンダタをからかって遊んでいたが、この世を地獄に帰せしめるかのような行動をためらいなく取る千種夜羽はかの悪趣味なお釈迦様だって救おうとはしまい。

「晴磨さん」

言葉少なに俺を糾弾してくる。声は夜に降りる霜のごとくおとなしく、微笑みは木漏れ日のごとく温かく、されどなぜに邪魔立てしてくれたのかと言わんばかりに不満げなご様子だ。

「わかったから。わかった。ちょっと待ってろ」

千種を手で制してその場に押しとどめると、俺はちらと校舎のほうに視線をやる。

職員室には電気が灯っているところをみると、まだだれか残っているのだろう。ということは、防犯システムもまだ入れていないはずだ。多少校門が揺れても警備会社に連絡がいくことはないはず……。

「よっ、と……」

校門に手をかけると、俺は尾崎のアルバムジャケットみたいな体勢で校門に飛び乗る。平均的高校生男子ならこれくらいの高さを乗り越えるのはわけないことだ。

問題は女の子の場合である。

「……ほら、手」

しばし、思案の末にそう声を掛けると、千種は存外素直に手を伸ばしてきた。細くしなやかな指、街灯のきらめきに輝く薄桃色した形のいい爪、その小さな掌をぎゅっと握る。

校門から降ろした後は、そのことを努めて意識しないようポケットに手を突っ込む。ただ、手には確かな熱が残っていてどうにも落ち着かない。

千種の声に薄らぼんやりした答えを返しながら、校舎のほうへ足早に歩き始めた。

と、校舎の正面玄関にぱっと灯りが灯った。その扉からぱたぱたと小走りにやってくる人の姿が見える。校門を乗り越える姿が見られでもしたのか、あるいは騒ぎすぎたのか、まぁ、いずれにしろ、こんな時間に不審な影を見かけたら確認に来るもんなんだろう。

「なぁ、見つかったっぽいけどどうする？」

いつでも走って逃亡できるような姿勢を取りつつ、千種のほうを振り返ると、千種は俺の背後にすすっと回り込みながら、まるで関係のない話をした。

「晴磨さん。釣り野伏せという戦法をご存知ですか」

「は？　あー、なんかあれだろ、囮作戦みたいなやつ。島津氏がよく使ったとかなんとか」

うろ覚えだが、たぶんだいたい合ってるはず。ていうか、よはねすはなぜここで急に戦国時代クイズをしたの……。そして、なぜぐいぐいと俺の背中を押しているの……。

「お詳しいですね。まさしくその通りです。本隊が撤退する際に殿が死ぬまで戦い、敵を足止めさせるという高度な作戦です。今こそその釣り野伏せの出番だとは思いませんか」

「うん。……いや、今のは捨て奸の説明だったな」

捨て奸も釣り野伏せ同様、九州は薩摩の戦国大名、島津氏が使った戦法だ。混同しやすいので注意が必要である。試験には絶対出ないと思うけど。

「……本当にお詳しいですね」

口ぶりこそ感心しているようだったが、表情は明らかに残念がっていた。ちょっと？　お前、俺に何をさせるつもりだったの？

問いただしたいのはやまやまだったが、時すでに時間切れ。

校舎からの来訪者はすぐそこまでやってきていた。

「な、何を騒いでいるんですか……」

おっかなびっくり声を掛けてきた相手は担任の栗宇(くりう)先生だった。

「あ、ども。……こんばんは」

「……あ、あら。……久佐丘(くさおか)、くん？」

先生は目を瞬(しばた)かせていくらか戸惑った様子だ。うーん、俺の名前を呼ぶまでちょっと間がありましたけど、忘れてたわけじゃないですよね？　ね？

「どうしたんですか、こんな時間に……」

言いかけて栗宇先生は俺の背後に潜(ひそ)む千種の姿に気づいた。そして、腰に手をやるとむぅと唇(くちびる)を尖(とが)らせる。

「いけませんよ、夜に出歩いたりしては。それも女の子と一緒だなんて……。最近、失踪(しっそう)や行方不明が相次いでいるのはHR(ホームルーム)でも話したでしょう？　このあたりで、若い子たちがよく失踪しているって」

普段教室では穏やか和(なご)やかほんわかのほほんとしている栗宇先生にしては珍しく、ちょっと本気で怒っているらしい。この件の主犯格は今俺を避雷針にしている千種であって俺は全然悪くないし、むしろ被害者である。

　だからこそ、ここは強気に出るべきだ。先生の話を大胆にぬるっと逸らそう。ふはは！　人は自分が被害者で正義側に立っていると確信した時、普段よりも傲慢になり、相対するありとあらゆるものを叩き、逆に追い詰められたら煙に巻く権利を手にいれるのだ！

「いやまぁ失踪って大げさな……。あー、あの都市伝説とか結構信憑性あるんですか？」

「ランダム十字路のことね。確かにそういう噂も流れているけど……。まったく誰が流しているのかしら、迷惑よね」

　栗宇先生は短いため息をついて困ったように頬に手を添える。あとはこのままさらに自然に話を逸らしていけば問題ないな！

「結局家出とか夜遊びとかなんじゃないですかね。ちゃんと調べてんですか、それ」

　若い時分にはよくあるものだ。東京行ってビッグになるとか銭コアためてベコ買うだとかそんな感じの。それにしても、ベコを買うとか洒落きいてんな……。あ、ていうか、ここも東京か。じゃあ、東京の若者はどこ行ってビッグになればいいのかな……。

　などと思っていると、栗宇先生は瞳に憂いの色を浮かべた。

「そう、かもしれませんね……。警察も同じように考えているみたいであまり捜査自体は進展していないみたいです。定期的に情報をもらってはいるんですけど、なかなか、ね……」

「大変そうっすねー」

　新人社畜張りに超適当な相槌を打って、じゃあ俺らはお先に失礼します！　とばかりに帰ろうとしたのが、栗宇先生ははっと我に返ると、咎めるような口調で聞いてきた。

「……それで、どうしてこんな時間に学校へ？」

「あー、ちょっとですね……」

やっぱりごまかしきれなかったか……。さて、じゃあ、どう言い訳したものかと言いあぐねていると、俺の後ろからぴょこっと千種が顔を出す。

「待ってください。確かに晴磨さんはこんな顔のくせにこんな時間までいたいけな女の子を連れまわす悪い人かもしれませんが、すぐに断罪するのはぜったい違うと思います。まずは暖かいところで彼の言い分を聞いてみましょうそうしましょう！」

そうだね！　遅かれ早かれどうせ裁かれちゃうなら暖かい法廷のほうがいいもんね！　なお、その場合には司法取引に応じる旨を先に宣言しておくね！　などと、千種の相手をしている場合ではない。

「……千種、黙ってろ。話がややこしくなるから」

「どうしてですか？　自然に校内に招かれる、だれひとり傷つかない完璧な作戦だと思ったのですけど」

「オーケー、今の発言でお前が俺の人権を認めてないのはよくわかった。いいから、任せてくれ。ね？　お願い、いい子だから」

内緒話するようにぽしょぽしょ言うと、千種はなんだか拗ねたようにむにょむにょ口をとがらせていたものの、「そこまで言うのでしたら」と引き下がってくれた。

よかった。これ以上、引っ掻き回されたらたまらん。

俺たちのやり取りを栗宇先生は不審げに見ていたが、こっちには対教師用の切り札がある。

「ちょっと雨音ちゃん、あ、えーっと姉に言われて用事が……」

「久佐丘先生に？　……そうですか」

栗宇先生は少し考えるような間を取ったが、納得してくれたのか小さく頷くとすっと校舎のほうを指さした。

「とりあえず、中に入りましょうか」

「あ、はい。すいません」

先を歩く先生に続いて、俺と千種も校舎へと向かって歩く。

と、千種がとててっと座敷犬みたいに駆け寄ってきて、人懐こい笑みで耳打ちしてきた。

「わたしの作戦がばっちりはまりましたね！　このあとも打ち合わせ通りに行きましょう。そうしたらどんどんポイント貯まって倍率ドン、さらにドン！　円天市場もびっくりのポイント長者ですよ、晴磨さん」

「作戦も打ち合わせもまるでなかったし、それ詐欺っぽいし……」

何言ってんだこいつ……。

だが経緯はどうあれ、どうやらまた永久不滅よはねすポイントが溜まってしまったらしい。

付与基準ガバガバじゃねぇか。ていうか、このポイント使い道一切聞いてないんだけどどうなるんだろう、怖くて聞けないけど。

　こうなると俺もそろそろ晴マイレージサービスの開始を検討するべきだろうか。でも、千種の行動はことごとくマイナス査定だから一向にマイル貯まらなそうなんだよな……。

　溜まるのはせいぜいストレスと疲労くらいのものである。

　よいこは眠る時間でも、職員室の一角は煌々と灯りがついていました。

　栗宇先生がわたしたちを隅の応接ソファに誘ってくれます。

　紅茶を勧めると、先生もわたしたちの正面の席に座りました。ちょうど、となりの生徒相談室に続く内扉を背にする位置です。

　わたしは直接授業を担当していただいたことはありませんが、おふたりのお話から察するに、どうやら久佐丘さんのご担任のようです。こんな人にも担任はいるのですね。学校ってすごい。

「そうですか、校門が開いていましたか……それなら仕方ないですね。先に帰った先生が閉め忘れたのでしょうか？」

　おっとりとした喋り方は、仄かに漂うやわらかな香りとともに鼓膜をくすぐります。

一房二房、耳の前に垂らされた髪は、さながら若い獣の火遊び願望をそそのかす誘蛾灯。甘めのピンクのブラウスも胸元が大きく開いて、聖職者らしからぬ豊かなボディラインを強調しています。異性を惹きつける魅力にあふれていながら、無防備に身じろぎしては胸の谷間に陰影を刻みつけます。

「それで、久佐丘先生のご用事というのは……」

大人の女性特有の、鼻にかかって、蕩けるような吐息がテーブルの上に広がっていきました。

なるほど、なるほどですね。そういうタイプの方ですね。

わたしにはわかります。

栗宇先生は――断じて悪い人ではありません！

こういった方を評して、計算高いだとか、媚びてるだとか、聞くだに恐ろしい罵詈雑言を投げつける同性がいますけれども、女の嫉妬ほど非生産的なものはないのです。

家畜小屋で丸々と肥えながらブウブウ怨嗟の声を漏らすまえに、せめて他人を無意味に批判しないように内面を磨くべきでしょう。臆病なわたしも、生まれてこの方、他人の悪口を一度も言ったことがありません。百歩ゆずって、せいぜいブタの悪口ぐらいです。

「実は、姉がスマホなくしちゃったらしくて」

ブタさん……じゃなかった、久佐丘さんが打ち合わせどおりにしゃべりだしました。

なるべく自然な態度を取ろうと心がけて、俺はゆっくり口を開いた。

ノー打ち合わせのぶっつけ本番。

千種はのほほんと紅茶を飲み、明らかに俺に任せている風だ。まぁ、千種がまともな会話をしている姿を見たことないから、こういう時は俺が話をするほうがスムーズだろう。千種は話せば脅迫聞けば曲解黙る姿は高嶺の花、会話や対話というものにまったく向かない奴だ。いや、俺も会話とか全然得意じゃないんだけどね？

だが、普段、人と話さずにいると言葉は胸の内にずんずん溜まる。大概はどうでもいい益体もないことばかりで、何の用もなさないが、それでも心中にストックされ続ける。

だから、覚悟さえ決めれば言葉自体はすらすら出てくるのだ。問題は滑舌があんまりよくないという点だが、それはゆっくりとけだるげに話すことでカバーしよう。

俺が速やかに帰宅するためには、千種がそれなりに満足する成果をあげる必要がある。今、確認すべきは鍵の所在とその管理者、および相談室の主な使用者だろう。

ちらと視線を栗宇先生の後背へと送る。

「そこの生徒相談室に忘れたかもそうじゃないかもって姉は言ってたんですけど、あそこ、今入れますか？　鍵かかっちゃってます？」

「ちょうど生徒会長が使っているから、今は鍵を開けてあるわ。……ちょっと覗いてみる？」

カップを置いて栗宇先生が腰を浮かしかけるのを慌てて制した。

「あ、や、今使ってるんならいいです」

実際に入ると探すふりをしながら会話をする羽目になる。その姿は我ながら間抜けな感じ。

むしろ、今入れないならそれは好都合だ。サクサク聞きたいこと聞いちゃおう。

「ていうか、鍵って先生が管理してんすね。教頭先生とかがやってんだと思ってましたけど」

「本当はね。でも、放課後はわたしが持っていていいことになっているの」

栗宇先生は少し秘密めかしたように言うと、その微笑みを千種のほうへも向ける。だからいつでも相談に来ていいと言ってくれているようでもある。

そういう優しげな態度を取られるのはあまり好きではない。どうもあの姉の影響なのかは知らんが、がさつで適当で高圧的な存在こそが女性というイメージが根付いてしまっていて、柔和で温厚な人の言動をどこか疑ってかかってしまう。そうした疑念こそが、美人なはずの栗宇先生にいまいち好感を抱けない理由なのだろう。

その疑念のおかげで、放課後、というその単語にわずかばかり引っかかりを覚えた。

「でも放課後も鍵の管理とか結構大変そうっすね。なんでまた先生が」

聞くと、栗宇先生は頬に手を当て、おっとり考えるようにして口を開いた。

「今日みたいに、一番遅くまで残っていることが多いからでしょうね。生徒と話さなくちゃいけないことも多いし……」

「……じゃあ、夜は栗宇先生のプライベート空間っすね。…………あー、そりゃ便利だ」

自分で言っといてなんだが、何が便利かは知らん。だってなんて言っていいかわかんなかったんだもん。

会話に詰まると適当な相槌打っちゃうことってよくあるよね。「なるほど」「確かに」あたりは覚えておいて損のない日本語だ。これをマスターすると、相手のどんな虚言妄言罵詈雑言にも返せるようになっちゃうぞ！　なるほどなー、確かに。

てきぱきと事情聴取をこなす久佐丘さんです。そうですね。こういうところでもポイントを稼いでおかないと、ヨハネスポイントは時間とともに漸減してしまいますからね。

ところで、栗宇先生が悪人でない証拠のひとつが、話すときの目ぶり手ぶりです。

彼女には、異性にアプローチする気配がまるでありませんでした。

いわゆる養殖天然であれば、無意識的な空気を装って、この場にいる異性であるところの久佐丘さんに視線を流すところです。

「はぁ、じゃ相談室は先生が使うことが多いんすねー。他の先生とかどうしてんすか。あ、指導するとき一緒にやったりとか？」

「他の人に聞かれたくないこともあるでしょうし、極力ふたりっきりになるよう努めています」

「……ほーん、聞かれたくないことをふたりっきりねえ」

「もちろん、私がもっと信頼されれば、こんな部屋を使わなくてもいいのでしょうけど……」

ところが彼女は、誠実に、丁寧に、受け答えに集中しています。いちいち真剣に考えては、ゆったりとした瞬きをわたしのほうにきちんと向けてくれます。わたしに相対して、わたしに届く声を、わたしのためだけに。

まるで世界にはわたししか存在しないかのようです。

ここまでくると、久佐丘さんが人間カテゴリに配置されていない可能性もあります。大いにありえます。どうしよう。これは困りました。栗宇先生善人説の前提が崩れてしまいましたよ。

役立たずに加えて人でなしの久佐丘さんを優しく見つめていると、ふいに生徒相談室のドアが開きます。

「栗宇先生。作業、終わりました」

爽やかな声がその場に響き渡りました。

やってくるのは、だれもが目を奪われるほどの美丈夫です。

凛々しい眉に、優しく温和な瞳。筋の通った鼻梁には、女性のように薄い唇が工芸品のごとくに付随しています。健康的に鍛えられた手足は長く、人体のパーツとしてはこれ以上ないほどの調和を伴っていました。どこぞの久佐なんとかさんとは、とても同じタンパク質から構成されているとは思えません。タンパク質の世界にも格差はあるのですね。

「おっと――お話し中のところ、申し訳ない」

軽く頭を下げる所作まで、洗練されています。わたしたちを一瞥するや、

「うちの妹が世話になっているようで、ありがとう千種くん。美沙さんのお加減はその後いかがかな？」

直接話したことは一度もないのに顔と名前を把握しているあたり、まったく隙がありません。さすがは現生徒会長――朱雀零璽さんです。人望が篤く、一年時から生徒会入り、二年時から生徒会長。三年時では対抗馬皆無で無投票再選。バレンタインにもらうチョコは、他校大学中学小学県外あわさり、軽トラックを用意するほどだと言います。

なるほど、なるほどですね。わたしには、わかります。

朱雀さんは――悪人です悪人！

わたしよりも一パーセントでも魂レベルが上に来る可能性を持つ人間は、すべからく悪いやつであるべきです！　もしくは水虫であるとか、寝取られフェチであるとか、そういう社会的ハンデを背負っているべきです！

「れいじぃ、その娘だれぇ？」

その後ろから、間延びした女の子の声がかかりました。いわゆる渋谷センター街風のお化粧

をした女の子が、朱雀さんの傍らに立って、わたしを値踏みするようにじろじろと眺めてきます。ひょっとして、これが朱雀さんのハンデなのかな？　お荷物っぽいですものね。

「妹の友だちのお姉さん、かな。手続きしておくから、先に下駄箱行っててくれる？」

「……はぁい」

わたしに威嚇のような眼をくれると、バッファローみたいな鼻息とともにどすどすと職員室の外へと出ていきました。

「ごめんね。悪い子じゃないんだけど、警戒心が強いんだ」

朱雀会長は苦笑します。

そういえば、ヨハネスレポートによれば、生徒会の庶務やら書記やらには、女の子の希望が殺到しているようです。少しでも近くにいたい、と思わせるなにかが彼にはあるのでしょう。とんでもない悪人ですね。早く怪文書でも作っておかないと。

朱雀零璽の連れ合いは廊下に出ると、職員室の扉を開け放したまま、千種を射殺さんばかりに睨みつけ、そして時折「れいじぃれいじぃ」と鵺だかぶっぽうそうだかわからんような声で呼びかける。へぇ、そういう鳴き声なのかーと思ったが、どうやら早く帰ろうと訴えているらしい。にらみつけるとなきごえを使ってたからついポケモンなのだとばかり思っちゃったぜ。

しかし、帰ろうアピール、そういうのもあるのか。

俺もこの子、……名前わからんな。まぁ、ギャル美ちゃんでいいか。ギャル美ちゃんに倣い、千種に帰宅圧力をかけるべく、てくてく廊下まで歩き、咳払いをしたり、足踏みしてみたり、その場をうろうろしてみたりと頑張った。

だが、千種が気づくはずもない。やっぱり、俺もよはねすーよはねすーとかすれた小声で鳴いて訴えるべきかしら……、と逡巡していると隣から鳴き声が聞こえた。

「ねえ」

横目でチラ見すると、ギャル美先輩が携帯をいじっている。今、俺に話しかけたのかしら。でも、もし「電波もねぇ！　電池もねぇ！　容量それほど残ってねぇ」の略で「ねぇ」って独り言を言ったのだとしたらここで返事をすると恥ずかしいことになっちゃうな……。と、様子見をしていると、ギャル美先輩は画面から顔を上げ、俺をねめつける。

「は？　無視？　ムカつくんですけど」

「はぁ、すいません」

なーんだ、やっぱり俺に話しかけてたのか。てっきり幾三ギャルなのかと思ったけど、さすがにそんなわきゃないよな。だって普通の女子高生、幾三知らないもんな。ついでに、ギャル美先輩は人と話す時はその人のほうを向きましょうって常識も知らなかったみたいだけど。

ギャル美先輩はくいくいっと顎(あご)で千種を指し示しながら口を開く。

「あんさー、あんたアレと仲良いの？」

「いや、別に仲良くはないです」

「ふーん、そ」

至極真摯(しんし)に真実真面目(まじめ)に答えたが、ギャル美先輩にはご納得いただけなかったようではんと鼻で笑われてしまった。そして、ギャル美先輩はにやっと嫌な感じの笑みを浮かべる。

「でもさ、アレはマジやめといたほうがいいよ」

俺は軽く首を傾(かし)げ、なぜかと視線だけでその理由を問う。すると、ギャル美先輩は小鼻を膨らませて得意げに語り始めた。

「ウチ、あの子の悪い噂(うわさ)超聞くんだよねー。マジ超性格悪いとかー」

それな。

「可愛(かわい)いからって超調子こいてっしー」

ほんとそれ。

「金にめっちゃうるさいとかー」

それもある。

「あと、なんかぁ、ウチの零壐(れいじ)に色目使ってんし？」

それはない。

ここ数日、千種夜羽と行動を共にしていて、あの女が性格的には相当の難ありだということは俺もよくわかっている。今しがたギャル美先輩が口にした悪い噂とやらも八割がた合っている。ていうか、ギャル美先輩、途中から噂じゃなくて個人的な話になってたね……。

だが、最後に口にした色目を使う、というような部分は見受けられない。あれは、千種夜羽は誰かに媚び諂いはしない。自分こそが至高にして究極とか考えている節がある。

だから、朱雀先輩に色目云々というのはその他モブ女子たちの嫉妬や怨恨からくる流言飛語だろう。その他の噂についてはちょっと擁護できません。

「ていうか、朱雀先輩って人気あんすね」

朱雀零璽自身にはまるで興味ないが、周囲の女子を攻撃的排他的気分にさせるほどの人気というのはちょっとすごいと思う。

「まぁ？　当たり前じゃん？」

ギャル美先輩はふふんと得意げに、なかなか量感たっぷりどっさりな胸を張る。なぜギャル美先輩が得意げなのかはよくわからん。れいじぃはギャルみんの持ち物だったの？

「付き合ってんすか」

「……別に。ウチがアピッても零璽、鈍いっていうか？　まぁ、今はみんなそんな感じ」

先ほどとは打って変わって、ギャル美先輩はしゅんと肩を落とし、ぷいっとそっぽを向く。

はぁ、なるほど。こうやって帰りを待つのもアピールの一環なのだろう。口ぶりから察するに、ほかにも朱雀零壐と付き合おうと画策している女子がいるようだ。残念ながらギャル美先輩の努力は実らなそうですね……。胸元はだいぶいい感じに実ってるんですけどね……。

しかし、朱雀零壐がモテる、というのは理解できる話だ。実際、顔がいい。背も高いし、締まった体つきしている。見栄えはするのに軽薄ではなく、声にも話し方にも落ち着きがある。

「へぇ……。大したもんだ」

人は見た目が十割。俺クラスともなると、男であっても見た目がいい人間はそれなりに評価する。悔しい！　でも評価しちゃう！　びくんびくんって感じ。

朱雀零壐を眺めていると、ギャル美先輩がぷっと噴き出す。

「は？　もしかして、零壐に嫉妬とかしてる系？　ウケる！　キモイんですけど。朱雀マジ超フェニックスだから、あんたとかマジ比べ物になんないんですけど？」

ギャル美先輩は俺と朱雀先輩とを交互に指さし、ゲラゲラゲラと爆笑していた。

最近、ギャルはオタクや日陰者に優しいみたいな風潮あるけど、全然そんなことないからね。漫画やラノベ読んでそういう風潮信じちゃってる奴は書を捨てて街に出たほうがいい。

そういう風潮ができた理由は、リアル世界において清楚系や不思議ちゃんの性根がだいだいクソビッチであることに男性諸兄が気づいてしまい、結果、幻想の新たな仮託先として、比較的生態が知られていないギャルにスポットが当たったからだと思う。

まぁ、つまりリアル世界では清楚系も不思議ちゃんもオタサーの姫も、そしてもちろんギャルもれなくみんな日陰者に冷たいクソビッチです。

「っていうか、色目っつーなら栗宇先生とかどうなんですか」

「くりゅー？　ああ、あいつ……。零璽にはそういうことしないけどぉ……」

そう言いつつも、ギャル美先輩の口調にはどこかしら嫌悪感が滲んでいた。

「なんかウチらに絡んでくるときは熱血入っててウザい」

「熱血？」

栗宇先生のイメージにはそぐわない単語が出てきたので、つい眉をひそめる。栗宇先生といえば大人しいとかおっとりとかのんびりとか巨乳とかそうした言葉で形容されることが多い人のように俺は思う。

なのに、熱血……？　おしえて！　ギャル美ちゃんとばかりに視線をやると、ギャル美先輩はうまい言い方が出てこないのか、くるくるの巻髪をみょんみょんいじり始める。

「なに？　なんかねちっこいっつーか、しつこいっつーか？」

語彙が貧弱貧弱ゥ！

けど、まぁ、なんとなく言わんとすることは伝わってきた。熱心とか過保護とか過干渉とか、そういう感じかな？　だいたいわかった。サンキューギャルみん。

それきり俺とギャル美先輩の間に会話はなくなる。

ギャル美先輩はふすっと不満げなため息をつくと、またぞろスマホをいじり始めた。どうやら俺の相手をするのにも飽きたらしい。暇つぶしの相手もしてあげられなくて申し訳ないね。

こうなると俺もすることがなくなってしまったので、遠巻きに千種を眺める「ショーウインドウのトランペットを眺める少年ごっこ」に精を出した。

● ● ● ● ●

「……朱雀さん」

栗宇先生に書類の決裁をもらって、帰ろうとした悪人生徒会長の背中に、わたしは声をかけました。

「ん、なにかな?」

「そのお部屋、よく使われているんですか?」

「先生方が使用されないときは、そうだね。鍵を貸してもらうことも多いかな。文化祭に向けて雑務がたくさん溜まっているので」

「皆さんで?」

「ひとりのときもあるし、そうじゃないときもあるよ」

「利用するメンバーは、いつも決まっているんですか?」

「まあ……たまに、生徒会じゃない人に手伝ってもらうこともあるけれど。信頼のおけるメンバーを選んでいるつもりだよ」

　朱雀会長はいくらか困惑したように、形のよい眉をひそめました。

「そんなことより、君たちはどんな用件で学校に残っていたんだい？」

　そして、露骨に話題を逸らしてきます。『そんなことより』なんて、やましいところがある人の常套句に決まっています！

「わたしたちは野暮用で。そんなことより、そちらは今の女の子とどんなお話をされていたのですか。ランダムなんとかという噂もあるみたいですし、こんな夜更けに若い男女ふたりでいるなんて、よほど大事なご用事だったんですか！」

「君までそれを言うのか」

　朱雀会長の目が光りました。わあ、なんだか厭な視線です。

「そういう流言飛語は感心しないな。いたずらに不安を煽ることに、良識のある人間は加担しないものだ。最近、職員会議でも議題に上っているそうですね、栗宇先生？」

「え？　え、ええ、そうね……そうした噂を流すのは、あんまりよくないわよね……」

　いきなり話を振られた栗宇先生は、伏し目がちになって応じました。

「……そういうわけだから、千種くんも気をつけてくれ。それじゃあ彼女を待たせているから、もう行くね。失礼します、栗宇先生」

　朱雀会長は話を打ち切って、廊下に出てしまいます。おや？　ひょっとするときれいに話を逸らされていませんか。

呼び止めようとしたら、まるで機先を制すように。振り返りざま、鋭い視線がわたしに投げかけられました。

「最近、千種さんの噂をたまに聞くよ。僕は信じていないけれど、気をつけてね」

「はあ」

わたしが首をひねるのを確認するより先に、職員室の扉がぴしゃりと閉まります。

ヒトの領域を限界突破した究極美少女であるわたしですから、それこそ多種多様な噂が流れていることでしょう。そんなもの、いちいち気にしていては身がもちません。白鳥はカエルの鳴き声に耳をとめないものです。

「……ふう……」

息をひそめていた栗宇先生が、ローテーブルの前で深々と息を吐き出しました。

「ごめんなさい、栗宇先生。せっかくお時間をいただいていたのに」

わたしが頭を下げると、

「あ、いえ……私、先生なのにいけないと思うのですけれど、朱雀くんの前だと少し緊張していまして」

気恥ずかしそうに、視線を落としてしまいました。

ひょっとすると、栗宇先生、男子生徒が苦手なのかもしれません。もしくは、爽（さわ）やか会長とは似ても似つかない生命体であるところの久佐丘さんに、よっぽど苦虫をかみつぶしているのか。判断が難しいところです。

「ね、晴磨さん。……晴磨さん？　晴磨さんがいない!?」

　気がつけば、久佐丘さんは隣席から忽然と姿を消していました。絶賛マイブームのミスターマリックもびっくり、人体消失マジック。気配すら感じさせないなんて、これはもはや手品ではないのかもしれません。尊い犠牲に合掌。

「それでは先生、遅くまでありがとうございました。失礼しますね」

「あら、忘れ物は探さなくてよかったのかしら……」

　なにはともあれ、悪の権化であるところの朱雀生徒会長のあとを追わないといけません。栗宇先生にご挨拶して廊下に出ると、消失マジックから無事に帰還した久佐丘さんがわたしを迎えました。

「なんだ、よかった、生きていらしたんですね！」

「おまえの頭のなかで、俺はどんなことになっていたわけ？」

　久佐丘さんもまた、再会の喜びに打ち震えています。ショーウインドウ越しに恋い焦がれたものを見つめる少年のような瞳をしていました。そんなにわたしがいなくて淋しかったのですね。正直な人には、この金のブロマイドを差し上げましょう。今なら三十五年ローンでとってもお買い得！

「それはともかく、生徒会長が学校を出るまえに追わないといけません」

「は？　なんで？」

「あの人はまだ、なにか隠している気がします」

「根拠は」

「乙女の勘です」

久佐丘さんは、はーんだか、ふーんだか、その中間ぐらいの声とともに肩をすくめました。

わたしが歩き出しても、ついてこようとしません。やっぱり銀のブロマイドで二十年ローンのほうがよかったでしょうか？

「もう脇道に逸れなくたっていいだろ。あとは闇金融の正体っぽい、本丸を問い詰めるだけのお仕事じゃねえか」

「本丸とおっしゃいますと」

ぞんざいな仕種で、職員室の扉を示します。

「ちょっと待ってください。ひょっとして、晴磨さんは栗宇先生を疑っているのですか？」

「まあ、選択肢のひとつとしてな」

「先生は闇金融ではないと思います」

わたしは力強く断言しました。

「なんでだよ？」

「高利貸しの人格はみな、腐っているはずですから」

高い利息をとってまで顔見知りに金を貸す輩(やから)なんて、世の中の価値基準は全部金です。金が人生のすべてです。顧客のひとりやふたりが行方不明になったとしても、怒りや蔑(さげす)みこそ覚え、心配することなどぜったいにしません。人間としては最低最悪の部類です。

でも栗宇先生は違いました。

生徒たちの相次ぐ失踪(しっそう)に、心を痛めてらっしゃるのがよく伝わってきます。

「あの態度は、演技ではありえません」

「おまえに言われると説得力あるよな」

「む？　どういう意味でしょう」

「そのまんまの意味だけど」

久佐丘さんはとぼけたように肩をすくめました。

「逆に訊(き)きますが、どうして疑っているのですか」

「どうしてもなにも、印象だけで容疑者から外すのは問題あるだろ。根拠がないなら信じることはしない。それが人間関係で当たり前のことじゃねぇの？」

「わたしの主観が信じると決めたのです。それ以上の理由が必要ですか」

「それは俺の主観じゃないからな」

久佐丘さんは頑(かたく)なに首を縦にしてくれません。いつも協力的なのに、どうして今日に限ってこんなに反抗的なのでしょうか？　生理なのかな？　あ、それはわたしか。

巷(ちまた)ではやりの抱腹絶倒(ほうふくぜっとう)モテトークでいったん思考を切って、ゆっくりと深呼吸しました。争いはなにも生み出しません。わたしはただ話し合いによってのみ解決を志向する、生まれついての平和国家です。

「晴磨さん、仲良くしましょう。ね。今までのように。わたしたちはそうやってやってきたじゃないですか」

「俺は今までどおりだよ。この際だから、はっきり言っておくけど」

久佐丘さんはため息をついて、わたしの瞳(ひとみ)を真正面から見つめました。

「帰りたいんだよ俺は。世界中のどの社畜(しゃちく)よりもただひたすらに帰りたい。出会ったときから今この瞬間まで、なにひとつ気持ちは変わってない。おまえが暇でも、俺は暇じゃない。まったくもって暇じゃない」

「今まで、喜んでついてきてくれたじゃないですか。協力してやってきたじゃないですか。どうして急にそんなこと……」

「待て待て訂正させろ。俺は喜んでついていったことは一度もねぇよ。ていうか、おまえの言う『協力』って、おまえの思うとおりに他人を動かすって意味じゃねぇか」

「まあ、それはそうですけど」

「そこ肯定しちゃうのかよ……」

久佐丘さんは穏やかにうなだれました。そうですね。久佐丘さんはほとんど変わっていないのかもしれません。屋上でもモルバーガーでも、調査中はずっとこんな感じでした。

そうすると、変わったのはだれなのでしょう?

もちろん永久不滅超絶美少女のわたしが変わるはずはないので、この場に見えない三人目がいることになります。やだ久佐丘さん怖いこと言いますね。

……それじゃあ、この心のもやもやは、いったいなんなのでしょうか。

久佐丘さんの言葉を反芻(はんすう)するたび、胸の底におかしなもやもやが溜(た)まってきます。わたしが制御できない、奇妙な歯がゆさ。未(いま)だかつて存在を許したことのないその感情に、わたしは戸惑い、徐々に焦(じ)れてきます。

「……晴磨さん。ドイツの軍人、ゼークトが提唱したと言われる組織論をご存知ですか」

「ゼークト? あれか、有能な怠け者(なまもの)は司令官に、有能な働き者は参謀に、無能な怠け者は下級兵士、無能な働き者は死ぬがよいってやつだろ」

「そうです。有能な怠け者、これはわたしですね。よってわたしが司令官です」

「おまえがそう言うならそうなんだろうな」

「有能な働き者、これもわたしですね。つまり作戦を立案するのもわたしです」

「はあ」

「あとは晴磨さんが余ったどちらになるかということだけです。わたしの言いたいこと、おわかりですね」

「いやさっぱりわからん」

わたしたちの言い争いは次第にヒートアップしてきます。あるいはわたしが一方的に言いたてているだけかもしれません。

人間関係において必要な、三つのオー。おだてる・おどかす・おいかける。わたしはこれまで、十分すぎるほどに久佐丘さんをおだてていたはずです。わたしという司令官かつ参謀から直々に指揮されるという栄誉を与えまでしているのに、どうしてわたしの思うとおりに動いてくれないのか。

ついに、わたしは苛立ちにかられて次のステップに進んでしまいます。

「四の五の言わないでください――この、クズのくせに！」

おだてるの次、おどかすのに使ったのは直截簡明な面罵でした。言わなくてもよいことを言ってしまったと脳裏の片隅で後悔しましたが、一度口に出した言葉はもうとまることはありません。そうです。久佐丘さんは、わたしと並ぶべくもないクズです。階層が下の者が上の者に従うのは当たり前のことじゃないですか。

「駒に必要なのは手足だけです。頭は必要ありません！　晴磨さんはクズなんだから、黙ってわたしの言うことだけを聞いていればいいんです！」

いつも持って回った言い方をする千種にしてはひどく単純な言葉だった。そうなると物足りなさすら感じるから不思議だ。

クズのクズたるゆえんはそのプライドの高さ。まず人にクズと言われるのを認められないところにある。

自分で自分のことをクズと言う分にはいいのだ。むしろ、クズなことを認められる俺かっこいいまである。確かに俺はクズだが、九頭龍閃とかそういう系のかっこいいクズだし、あるいは星屑ロンリネス的なロマンチックあげるクズなはずだ。

「お前の言ってることは何一つ理解できねぇよ」

栗宇先生を容疑者から外すことも、朱雀零璽を頑なに犯人扱いすることも、闇金融なんてわけわからんことやっているのも、他人を人権のない駒扱いすることも、普段の常識外れな言動も。千種夜羽という人間のすべてが何から何まで理解できない。

わかっているのは表に見える部分、ただ顔が可愛いというところだけだ。

千種は俺の言葉に驚いていたようだった。ぱちぱちと瞬きをし、呆れ混じりのため息をついてかくっと肩を落とした。

「あれだけ言ってもまだわからないんですか。そうですか……つまり。クズの定義をせよ、ということですか？　晴磨さんがクズであることを実例をもって証明せよ、と？」

　常よりも感情が波立っているらしく、千種の声には棘がある。

「ん？　んー、まぁ、お前がそうしたいなら別にそれでもいいよ」

　こうした類の情緒不安定さは姉の雨音ちゃんも時折起こす。そういう時の対応は話を適当に聞いて、共感してみせてやることだ。別に本当に理解してやる必要はない。

　ただ話を聞いてるふりをしてやればいい。どうせ心の底など見えやしない。舌先三寸胸三寸合わせて六寸あれば事足りる。それはそうと、三寸という言い方は短いものや薄いものの例えに使われることもあり、そういう意味では千種はまさしく胸三寸だな！

　などと考えていると、千種が、では、と咳払いをした。

「たとえば、本心を打ち明けられる友達がひとりもいないことですね」

「あー、ね」

「そのくせ心のなかでは世界すべてをバカにして、見下していることもそうです！」

「わかるわかる」

「そもそも他人の気持ちを理解できず、自分の主観でしか物事をはかれないこととか！」

「それは相手が悪いよねー」

「受け答えをしているようで、基本的に自分の言いたいことしか言わないコミュニケーション不全なところ！」

その後も千種のクズ定義論は一生続いた。ライトノベル定義論くらい続いた。こうなると、最終的な答えは「あなたがクズだと思ったものがクズです」みたいな結論に落ち着かざるを得なくなる。

やがて、俺の対女性愚痴用共感風相槌ボキャブラリーも枯渇してきたころ、千種のほうもリソースが不足してきたらしい。少しばかり息切れをしていた。

「どうしてわかってくれないんですか！　先生の真心と、ヒトゴミ最終処理施設みたいな闇金融像は明らかに一致しないでしょう。それがわからないなんて、晴磨さん、あなたはサイコパスなんですか！　そんな人間、クズ以外のなんだって言うんですか！」

「なるほどなー、確かに。ほんと君の言うとおりだよね」

なはははは、といい感じの笑顔を浮かべて、心にもない薄っぺらいことを口にした。いかにクズと言えどこうも言われっぱなしでは我慢の限界も来ようというもの。むしろクズなので耐久値は低いといえる。それでも、可能な限り受け流して嵐が過ぎ去るのを待とうと頑張った。無理やり笑っているせいで表情筋がぴくぴく引き攣っている。

その耐えた甲斐あってか、言いたいことを概ね言い終えた千種は若干の落ち着きを取り戻したように見える。ふぅと小さく息を吐くと、笑顔を見せた。

「晴磨さんもようやくわかってきたようですね。今後は良好なパートナーシップが築かれることを期待します。クズの利点は消耗しても損害が極めて軽微なことですから、晴磨さんのクズさは貴重ですよ、うんうん」

そう言って、とんとんと俺の肩を叩き、手を添える。微笑みには満足感と達成感があった。

――だから、言うならこのタイミングだろう。

「クズはお前だよ」

触れられていた手を、バシッと荒々しく明確な意思をもって振り払う。それでも凝り固まった表情筋は相変わらず笑みを残したままだ。

いい加減にしろよ、この闇金サイコクソ女。俺の我慢の耐久値と千種の満足度の均衡が崩れた。ルール無用のダメ押し逆転サヨナラホームランでゲームセットだ。

「………」

千種はぽけっと口を開け、俺の顔と振り払われた自分の手をゆっくり交互に見る。

それでいい。無自覚な人間にどんな的確なことを言っても届かない。対話を拒絶する相手には罵倒も指摘も助言も意味をなさない。

面罵の神髄は単純に悪口雑言連ねることではなく、相手の油断したところに一言放り込むことにこそある。それがもっとも効果的なのだ。

信頼を得て、それを崩すことこそはクズの本懐、真骨頂。

教えてやるよ、千種。これがクズだ。

「クズはおまえだよ」

……一瞬。

掌に火箸を当てられたような鋭い熱が走ります。皮膚の裏側から破裂していくような痛みが浮かび上がり、じんじんと腫れて疼きだします。

それほどの勢いで手を払われたのだと、遅れて理解しました。

男の人に暴力を振るわれるだなんて、赤ん坊のときに産声が出なくてお医者さんからお尻を引っぱたかれたとき以来です。そのときはまあまあ向こうにも事情があるということで穏便な処置を取りましたが、今回はわたしが歩み寄った瞬間を狙っての卑劣な暴行。あまりにも悪辣なやり方です。告訴すべき事案です。

じわ、と目尻に生理的な涙が浮かんでしまいます。自分ではとめることもできない情けなさに身を委ねながら、それでもがんばって久佐丘さんを見上げると、清々しいとも形容できる笑顔に迎えられました。唖然として、わたしの痛ましき掌と傷害罪を行った彼の顔とを等分に見比べます。

人に手をあげておいて、謝りもしない。こんな人、だれがどう考えたって最低です。

「……いいです」

わたしは声を振り絞って、考えられる限り最高の刑を科すことに決めました。

「もういいです。ヨハネスポイントは没収です。お帰りください」

「お、おう。マジか」

「早く帰ってくださいっ！」

「マジかー……最初からそういう展開になると知ってればなー……」

久佐丘さんは抗弁もせず、とぼとぼとその場をあとにしていきました。背中がなんとも言えない哀愁に満ち満ちていたのが、わたしにはわかります。

わたしと一緒にいられる時間を奪ってしまうひどく厳しい処置でしょうが、反省してもらうためには仕方ありません。臆病で気弱な千種夜羽の心を鬼にします。

人間関係で必要な三つのオー。おだてるとおどかすは、すでにやりました。残っているのは、おいかける。そうです。あとは久佐丘さんがわたしを追いかけてくるだけなのです。

いったん別離したふたりが、深い悔恨と寛大な赦しによって再び向き合うことができる、全米も涙にくれる感動の再会です。

いかにコミュニケーション能力に欠けた久佐丘さんといえども、こうまで突き放されれば、寂寞たる哀しみを味わっていることでしょう。己がしでかした重大な過ちに忸怩たる念を刻んでいることでしょう。駆け戻ってくるまで、あと何秒？

どう待ち受けようかな。微笑とともに優しく肩に手をおくべきでしょうか。それとも、爪先に額を触れさせるにとどめましょうか。カノッサの屈辱みたいに、雨雪のなかで待ちぼうけさせるのもいいかもしれません。今回の事件はチグーサの制圧として公定歴史教科書に記載させ、正義の在り処を広く我が臣民に知らしめていきましょう。

わたし、なんだかわくわくしてきました。

興奮しているときは時間の進みが早いと言いますけれども、まさしくそのとおり。スマホアプリのストップウォッチを起動してみたら、あっというまに一分が経ち三分が経ち五分が経ち

――おや？

いくら待っても久佐丘さんが帰ってきません。耳をそばだてても、届くのは断続的に響くヘリコプターの爆音と、その合間に夜の鳥が孤独に鳴く声だけ。職員室から漏れる灯りにぼんやりと照らされ、だれもいない廊下にひとり、間抜けに佇むわたしです。

ふと、窓の外に視線をやって、わたしは仰天しました。

夜の闇に浮かび上がる、黒々とした校門。その脇の通用口に、人がいます。

シルエットは背格好からして明らかに久佐丘さん。わたしが見ているのを知ってか知らずか、ぶんぶんとこちらに手を振って、スキップを踏むような足取りで夜の住宅街へと消えていきました。思わず電話したらば留守番電話。なにをふざけているのか。あなたが番するべきはここ、わたしのとなりであるべきでしょう。

ぎり、と歯噛みする音が口内から聞こえます。二本の足が地団駄を踏んでいます。このわた

しをここまで虚仮にするなんて。かくなる上は怒りの戦士スーパーサイヤヨハネスとして、断然断固たる激甚苛烈な徹底闘争の天地開闢を——

「……はあ」

わたしはため息をつきました。窓枠から手を離して、ゆっくりと踵を返します。

「バカバカしい……」

なにもかもバカバカしいです。そっちがその気なら、こっちもこの気です。これ以上、あんな人に貴重なリソースを割きたくありません。

追いかけたなどと思われないよう、十分に時間をとって校舎から出ると、夜の風がわたしを包みこみました。風避けになるべき人はもういません。もちろん、そんな人間最初から欲しくなんてありませんでしたが。

掌に残る熱がじわじわと疼きだしています。それが先ほどたたかれたことに所以するものなのか、それとも別のなにかのせいなのか考え、面倒になって振り返ることをやめました。掌を固く握ります。疼きをかき消すように。心のもやもやをごまかすために。

とんでもない人です。

本当に、とんでもない人間です。

千種夜羽は、今日はじめて、ヒトの悪口を言いました。

ki-sa*721 **/**/** 23:36
ちょっと気になることあるんだけど

@ki-sa*721 **/**/** 23:37
ツレの家の前に知らん道があるwww

@ki-sa*721 **/**/** 23:37
@gial☆star のろけてねーよ

@ki-sa*721 **/**/** 23:38
どいうことなん？道路工事ウケるし

@ki-sa*721 **/**/** 23:38
たっくんかっこいー

@ki-sa*721 **/**/** 23:38
知らん道に散歩

@ki-sa*721 **/**/** 23:38
@gial☆star すげビビってて逆にビビるw

@ki-sa*721 **/**/** 23:38
たっくん

@ki-sa*721 **/**/** 23:40
え？

@ki-sa*721 **/**/** 23:43
暗すぎ

@ki-sa*721 **/**/** 23:44
もうほんとまぢ。やだなにこれほんとやだ。やだよ

@ki-sa*721 **/**/** 23:44
@gial☆star

@ki-sa*721 **/**/** 23:55
ふわふわして綺麗

爽（さわ）やかだった風にじわりじわりと湿気が混ざりはじめた。梅雨空（つゆぞら）にはまだ遠いものの、気温が上がるごとに湿度もそれに準じ、空気はだんだんと重くなってきている。

千種夜羽（ちぐさゆう）と顔を合わせることがなくなって一週間、これでようやく平穏無事な生活が戻ってきたと安心していたころに、この湿気だ。

学校へ向かう電車の中もムシムシしている。その不快感が嫌な気分に拍車をかけていた。

初夏を過ぎてのち、湿気が強くなる理由は日本の気候のせいだけではあるまい。

それは人間のせいだ。

新生活、あるいは新学期が四月から始まり、それに馴染めた者も馴染めなかった者も、とかく日々の暮らしに疲れてしまうがために、この世界の湿度は上がるのだ。

おわかりいただけるだろうか。

新しいクラスで友だちを作ろうと頑張（がんば）って喋（しゃべ）れば唾（つば）が飛び、必死こいてかき集めた話題がことごとく滑り冷や汗をかき、放課後帰り道で「今日も駄目（だめ）だったな……」と深い深いため息を吐く。そして、寝る時にはそんな自分の体たらくにそっと枕を濡（ぬ）らすのだ。で、真夜中、中学時代のトラウマが蘇（よみがえ）ってばっと飛び起き、寝汗をかくまでがデフォ。

こんだけ身体（からだ）中から水分を放出していれば、それはもう世界なんて湿って当然。

ことに、ここ東京は人が多い。

通学中の山手（やまのて）線車内にもその嫌な湿気は充満していた。女性専用車両もあるわけだし、夏場はデブ専用車両を作るべきだと思う。とはいえ、専用車両を作れば隔離できるかといえばそういうわけでもない。俺が乗る車両にも普通に女性客が乗っている。

なるべく人の肌に触れないよう身を縮こまらせて吊り革に摑まっていると、近くに立っていたモブ顔女子高生が隣に立つモブ顔友達に話しかけた。

「何見てるの？」

「ニュースまとめ。やばい、なんか世界中で鳥超死んでるんだけど」

「なにそれ、ウケる」

モブ子がほぼほぼノータイムでそう切り返す。俺も傍で聞いててウケそうになった。鳥が超死んでてマジバード（笑）。いや、ウケないから……。

それはモブ美も同様だったようで、「あはは」と「うふふっ」の中間あたりの微妙な愛想笑いを返し、またスマホの画面に視線をやった。

「……なんかこないだ魚も超死んでなかったー？」

生まれてしまった沈黙を埋めるように、モブ子が口を開く。すると、モブ美もそれに思い至ったのか顔を上げ、考えるように窓の外に目を向ける。

「あー、なんだっけ。霞が関？　の池のでしょ。……なんか怖くない？」

「だよね、超ウケる。マジ怖い」

霞が関は官庁街、池じゃない。マジかよ、女子高生。超ウケる、マジ怖い。魚の大量死が話題になっていたのは霞ケ浦だ、湖だ。池じゃない。マジかよ、女子高生。超ウケる、マジ怖い。

鳥の大量死も魚の大量死もいずれも連日のニュースで取り上げられている。が、まぁ、そんなに珍しいことでもない。過去のニュースを遡れば個々の事象は結構な数見受けられるものだ。

そのニュースに関連して、どこだかのイタコ宗教家は「守護霊に話は聞かせてもらった！　世界は滅亡する！　映画化決定！」とのたまったとかなんとか。

今までなら笑い話でスルーされていただろうが、ここ最近異常気象や凄惨な事件事故が続いたせいで、人々の興味関心が集まっているらしい。

けれど、今度もきっと笑い話で終わるだろう。大昔、それこそ俺が生まれるよりはるか前に流行ったノストラダムスの大予言しかり、マヤのカレンダーしかり。別になにも起きなかった。

鳥や魚の大量死も小さな地震も実は毎日起きていて、それを都合よくピックアップして結びつけているだけに過ぎない。俺たちが知らないところで事件や事故はいつもたくさん起こっているのに。

結論ありきで個々の出来事を結びつけるからこそ、意味が生まれる。俺たちは見たいことしか見ることができず、見ようとしたことしか見る気がない。

だから、世界が滅亡すると人々が思った時に、破滅の序章は認識され、世界は終わりに向かうのだ。

やがて、電車は目的地に至る。ぎぎっと車体が軋みながら減速した。

「っていうか、怖いっていえばさー。〝ランダム十字路〟って知ってる?」

「あー、それってさ……」

モブ子とモブ美はそんな話を続けていたが、電車から降りる人の波に押し流されてしまい、最後まで聞くことはできなかった。

ランダム十字路。そういえばそんなくだらない話もあったな。ホームに降り立ち、ふとスマホのメッセージアプリを立ち上げると、確かにその文言があった。

よはねというアカウント名を見れば、すぐに美少女然とした顔が思い浮かぶ。

そうして顔だけ思い浮かべる分にはちょっとした多幸感が味わえなくもないのだが、さんざっぱら好き勝手言われた事実を思い出すとダウナーな気分になり、その上、一般人には少しばかり敷居の高い俺のクズっぷりを見せつけてしまったことへの後悔もちょっぴりあって、バッドトリップ夢気分。本当に危険ドラッグに指定しておいたほうがいいんじゃないのか、あいつ。

千種から解放されて一週間、あれ以来連絡はぱったりと途絶えた。死ぬほどポップアップしていた通知も、今はうんともすんとも何とも言わない。

スマホをしまって歩き出すと、またじわりと湿度が上がったように感じた。

本当になんなんだ、あいつは。

女の子にとって、朝の洗面所は過酷な戦場です。

ぬるま湯にくぐらせた顔が、やわらかなタオルに埋まったときが試合開始の合図。

瞬きもそこそこに、化粧水を内側から外側の肌へとぐにぐにと広げていきます。便利なアイテム、BBクリームを指の腹を使ってうにうにと顔全体に伸ばして、ついでに表情筋の調子を確認。フェイスパウダーで肌のつやつや感を出しておきます。

ここまではただの肌のお手入れ、ここからが本番。

腰を据えてやりたいところですが、そうは問屋がおろしません。

今日は病院に美沙を連れていかなければならない日です。ましてや、千種家の大黒柱として、朝から各種営業活動に勤しむわたしなのです。

まっとうにメイクをしている余裕なんて、存在するはずがありません。一分一秒を争う最前線においては、なによりも簡略化された攻撃手順が優先されます。

ブラウンのペンシルで眉をごにょごにょっとして、マスカラとビューラーで眼のまわりをぐにゃぐにゃっとして、リップクリームを唇にむにょむにょっとして、はいおしまい！　三分メイキング完成！　鏡のまえで、笑顔！

「うん、いい感じです！」

左右反転した究極美少女が、わたしに微笑みかけてくれています。

お化粧に詳しいクラスメイトからすると、わたしのメイクはありえないそうです。親に習ったわけでもないので、もっと肌に合った最適なやり方があるのかもしれません。

もうちょっと時間があれば、きちんとメイク道を追求したいとは思います。高級ファンデーションをばーんと重ねて、アイシャドウを使い捨てみたいにぐっと入れて、百貨店の口紅をつやっと塗って、主観を超えたイデアとしての完全美少女生命体に進化して、見る者すべての命を刈り取ることだってできるはずなのですが、残念無念。

世界人類は今日も命拾いしましたね。

「……お姉ちゃん、洗面所で独りごと言うクセやめようよお」

着替えた美沙が、困ったように笑っていました。

今日の大学病院はひどく混んでいました。

出所不明の伝染病が流行しているとかで、たかが風邪でも大げさに考える人が増えているそうです。おかげで本当に診察が必要な患者まで、無用な待ち時間で体力を削られてしまいます。やっぱりわたしがメイクをして人類の数を減らしておくべきなのでしょうか。

待合室で見たテレビでは、医薬品にまつわる大規模な汚職疑獄だかなんだかで、大手製薬会社に家宅捜索の入る様子が報道されていました。

『不当捜査だ、政府は重大な秘密を隠している――！』と白衣の人たちが醜く暴れる姿が大映しになっていたのを覚えています。まったく、金に汚い人というのは困りものですね。

家に帰ってこられたのは、予定よりもずいぶん遅くなったころでした。

今から学校に向かっても、どうせお昼休みです。

それなら家で済ませてしまおうと、わたしたちはお昼ご飯の用意をします。

準備ができるとダイニングテーブルの前に肩を並べて座って、姉妹仲良く眼を閉じて、

「いただきます」

大地の恵みに感謝しました。

レースのカーテンの隙間から差しこむ陽光が、ランチョンマットをやわらかく温めているのを感じます。

本日の昼ご飯は、スーパーの特売でまとめて買ったニンジンとジャガイモとマッシュルームを大胆にまぶした肉なしクリームシチューです。ジャガイモはちょっぴり皮が残っていますが、クリームソースのとろとろ加減など、レストランで出しても恥ずかしくないものです。ハウスシチューかくあるべし。最近は雛型でつくられた汎用シチューが幅を利かせていますが、いつでもうちに来てください。本当のシチューってやつを見せてあげますよ。

美沙は右手でスプーンを取り、お皿を左手で引き寄せました。わたしも鏡合わせさながらに、

シチューとスプーンを左右逆の手に取ります。仲良し姉妹というのは、こうしたところでも仕種が一緒になるのですね。

はふ、はふ、とスプーンの先端に口をつけたところで、美沙はふとその手をとめました。

「あたしもそろそろシチューとかカレーぐらい作れるようにならないとなあ」

「どうして?」

「だってお姉ちゃん、朝本当に忙しそうなんだもん……」

「美沙は自分のことだけ考えていればいいの」

わたしは妹の狭い額を指ではじきました。あうっ、と鼻の頭をしわくちゃにして、頭を引っこめる仕種が愛らしいです。

「うー……。でもでも、ジャガイモは剝けるようになったもん!」

美沙はむぐむぐと皮付きジャガイモを頰張って、ちょっぴり不安そうに首を傾げました。

「そうね。とっても美味しい」

わたしは思わず、美沙の頭を緩く撫でてしまいます。赤くなった額を指でなぞって、前髪をそこにかぶせました。

美沙ときたら、自分の境遇にかかわらず、他人を労われる子なのです。天使のように優しい子。千種家の自慢の妹。やはり、姉妹は似てしまうものですね。さすがですメンデル先生。

「そういえばね、お姉ちゃん。壱姫ちゃんが言っていたんだけど」

　ふたりで食器を洗っている最中、美沙が思い出したように言いました。

　壱姫ちゃんとは、美沙と同級生で、よくお見舞いに来てくれる子のことです。わたしより年下のカテゴリでは、世界で美沙の次ぐらいにかわいいと思います。

「闇金融？　みたいなシステムがこのへんの学校にはびこっているんだって。怖いね！」

「それは怖いわね」

　わたしは深くうなずきます。

　闇金融の利用者があとを絶たないのは、現代社会に生きる高校生の心の乱れを象徴していると言えましょう。金融側はともかくとして、利用者側の問題を解決してほしいところです。

「で、その闇金融。質草として、身につけた下着が必要なんだって！」

「――え？」

　耳を疑いました。

　ブルセラショップの利用は、一度検討したことがあります。ただし清楚可憐で究極美少女のわたしのブロマイド添付をもってしても継続的な収益にはならないようだったので、すぐにあきらめました。

「ちょっと待って。貸したお金の対価に、下着を要求するということ？」

「そうそう！　信じられないよもう。人のブラとかショーツとか集めたって、なにが楽しいのかぜんぜんわからないし！」

美沙はけらけら笑って、洗剤を染みこませたスポンジできゅきゅっとお皿を擦ります。軽く足踏みする仕種が、社会の暗部と無縁な天使っぷりをうかがわせます。

ぜひともそのまま純真に、健やかに、育ってほしいと願います。

「下着を質草にする闇金融、ね……」

わたし金融ではそのような収拾を断じて行っていません。

つまり、これは。

対抗金融の手がかりをつかんでしまったのではないでしょうか。

この一週間、調査はどうにも手詰まりでした。胡麻の油とアンナさんは搾れば絞るほど出ると言いますのに、いくら問い詰めても涙しか流してくれません。万梨阿さんに至っては、わたしの着信をいっさいがっさい無視するばかり。つてを頼って確かめたら、詩愛さんと同じく行方不明になったふりまでしてきます。

ほとほと困り果てていたところでしたけれども、思わぬところから光明を得ることができました。あとはわたしの手となり足となり働く、社会の役立たずマンがいれば完璧なのですが、まあ、もうその話はいいです。あんな人、思い出したくもありません。

「あとね、お兄さんとよく話し合ってほしいって。壱姫ちゃん、なんか心配してたよ」

「話し合い……？」

わたしは首を傾げました。鏡があったらおそらく、豆鉄砲をむしゃむしゃ食べている鳩のような顔が映っていたことでしょう。

壱姫ちゃんの苗字は朱雀で、兄はひとりきりであるからして、彼女の言う『お兄さん』とは、件の朱雀生徒会長のことを表すのでしょう。

そういえば職員室で出くわして以降、たまにメールが来ます。君の噂について事実を確かめたいだとか、大切な話があるとか、余人の言葉で判断したくないんだとか。

アプローチとしては古い手です。

なにか重大そうな相談ごとを持ちかけて、接近しようというもの。究極美少女のわたしの目には全部まるっとお見通しです。

そこらの女の子なら簡単に引っかかるのかもしれませんが、わたしは爽やか生徒会長のことが好きではありません。今後も返事をすることはないでしょう。

「……お姉ちゃんはやっぱし、朱雀さんみたいな人より、違うタイプがいいんだよねー」

美沙は急にわかったようなことを言い出しました。

「昔から、ぬいぐるみの好みもそうだったもんね。布が破れてたり、ボタンが取れかかってたり、ダメなところがあればあるほど気にいっちゃうところあったもんね」

確かにそうかもしれません。好き嫌いとは畢竟、主観の積み重ねでしかありません。わたしの世界はわたしだけのもの。わたしの物差しもわたしだけのもの。ほかのだれがなんと言おうと、わたしがわたしの世界に生きている以上、わたしの主観がわたしのすべてです。

でも、ですよ。

物事には限度というものがあります。久佐丘さんのような世界で一番ダメダメマンは、さすがにわたしでもフォローしようがないのです。

「そんなことないです。知りません、あんな人」

わたしが切り捨てると、美沙は驚いたように眼を丸くしました。

「え、だれのこと……？」

わたしは自分が失敗したことに気づいて、慌てて顔を背けます。

エプロンを外すわたしに、美沙は小さなすっぽんみたいに食いついてきました。

「ねえねえ、だれのこと！　だれのこと！　もしかして、最近帰りが遅かったのと関係があったりなかったり!?」

「知りません」

「なにやってるか知らないけど、そういえばなんかいい人見つけたーって言ってたもんね！お姉ちゃんが男の人のこと話すの珍しいなって思ってて、それで！」

「知りませんってば！」

わたしはぷりぷりと肩をいからせました。

あの日以来、頭の片隅から離れてくれません。

わたしの脳細胞に勝手に間借りするなんて、高額な家賃をもらっても許されるのではないでしょうか。

本当になんなんでしょう、あの人は。


本当になんなんだ、あいつは。

今朝通った道を逆に辿るだけの帰り道。朝日と夕日が入れ替わり、人の流れも逆転する。鏡写しに巻き戻したような感覚のせいで、今朝の感覚まで蘇ってきた。

本当に、なんなんだ。あいつは。

桁外れに常識外れで反道徳的かつ偏執的、異常で非情な人を人とも思わないド腐れ外道闇金融清楚可憐黒髪美少女。なんか途中から褒めちゃったじゃねぇか、くそ……。

実際、顔はいいのだ。顔だけはいい。容姿だけなら手放しで称賛してやる。ついでに、あの甘やかな声と丁寧なのに間の抜けた言葉遣いもサービスで評価対象に加えてやろう。控えめにつけた香水とオーガニック系のシャンプーの香りも要点を外していないから加点してやる。スタイルはまぁ、胸はアレでナニだがそこは将来性を加味するとして、全体的に見れば均整がとれているし、手足の長さやくびれた腰はプラス査定。制服の着こなしや綺麗な手、ほぼほぼすっぴんに近いのにきめ細かな肌なんかのディティールの精緻（せいち）さも晴磨（はるま）的にポイント高い。

だが、それらを持ってしてもカバーしきれないほどの致命的欠陥があの気質、思想、信条、感性、アウトローにピカレスクでサイコパスな性格だ。

女神みたいなあの外面に死神みたいなあの内面。そのギャップはまさしく幻滅といって差し支えない。こんな思いをするくらいなら草や木に生まれたかった……。俺の「人は見た目が十割」信仰が軽く揺らいじゃいそうだぜ……。

ぶつくさ考えながら改札を通り、家への道のりをてくてく歩く。

夕暮れの街は行き交う人の流れが絶（た）えない。

家路を急ぐ学生や買い物帰りの主婦、これから飲みに行こうかと騒ぐ学生たち。みんながみんな野放図な分子運動のように道々を不規則に歩いていく。

そびえたつビル群を茜（あかね）色に染めるのは溶けた鉄のように滲（にじ）む太陽と赤銅（しゃくどう）色に焼けた月。最近は大気の状態が不安定だとかでこんなまだら色の夕焼けがよく見られる。

「晴磨っ」

空を見上げていると、とんと背中を押された。振り返ると雨音（あまね）ちゃんがひらひらと手を振っている。ちょうど同じ電車だったらしい。雨音ちゃんの歩く速度に合わせてやや足の送りを遅らせる。

「今日帰り早くね」

「ちょっと寄るとこあったの」

言って、雨音ちゃんは腕の中のクリアファイルを掲げて見せた。なにやらパンフレットのようだ。そこには保養施設だの別荘だの箱根だのといった文字が躍っている。また友達とどこぞへ旅行にでも行くつもりなんだろうか。

雨音ちゃんは小ざっぱりした性格なので、結構友達が多い。同じように敵も多く作るタイプだが……。職員室でも敵味方入り乱れてるんだろうなぁ……。

「ああ、そうだ。悪い、勝手に名前使っちゃった」

ふと、職員室に思い至って、先週、栗宇先生相手に雨音ちゃんの名前を勝手に出してしまったことを思い出した。あの時は千種のおかげで栗宇先生に弁明できなかったのだ。その忘れ物の件を栗宇先生に言われて雨音ちゃんもきょとんとしたことだろう。

と、思ったのだが、雨音ちゃんは今この瞬間、きょとんとした。

「は？　何が？」

「いや、栗宇先生から聞いてねぇの？」

聞くと、雨音ちゃんはわずかに表情を曇らせ、気持ち足早になった。

「あー。あたし、あんま仲良くないんだよね。なんかこうノリが合わないっていうか。彼氏いないって言う割りに合コンとか来てくれないし……」

それはたぶん雨音ちゃんが行きすぎなだけなんだぜ……。ていうか、合コン来てくれないからって仲良くない認定とかちょっと女子社会の闇深すぎる。やめて！　みんな仲良くして！

とか思っていると、雨音ちゃんがほうとかはぁとか言いながらじろじろと俺のほうを眺めまわしてくる。その鬱陶しい視線に睨み返すと、雨音ちゃんははたと手を打った。

「ああ。最近元気なかったのはそれか。なに、栗宇さんに振られでもしたの？」

「はぁ？」

いきなり何言ってんだこのバカ雨音。

人間にできうる限りの蔑みと嘲りを込めて寺生まれのTさんばりに唱えると、雨音ちゃんはうんうん頷く。

「違うか……。まぁ、そうね。あたしと随分タイプ違うもんね。晴磨の趣味じゃなさそう」

「何勝手に納得してんだよ……。ていうか、俺のタイプが雨音ちゃんとかその前提がおかしいから」

言うと、雨音ちゃんがぴたと足を止める。何止まってんだよと振り返ると、雨音ちゃんはないないと手を振りながら苦笑いしていた。

「……やー、あんた、昔からシスコンだし」

「は？　何言ってんの全然違うんだけど……」

しかし、この姉の自信過剰ぶりも大概である。半ば呆れ混じりの声で答え、ほとんど無視する形で俺は先を歩く。すると、雨音ちゃんも足を急がせ隣に並んだ。

「や。だって、あんた女の子の基準、あたしにおいてるじゃん」

「悪い意味での基準をな」

「そういうところがシスコンなんだけどなぁ……。あんた、上から目線の子に振り回されるの嫌いじゃないでしょ」

「何をバカな、俺はヤマトナデシコ七変化的な美少女が好きなタイプであってだな……」

俺の言葉を遮り、ぐりぐりと乱暴に頭を撫でてくる。

「はいはい。自覚ないだけだから、それ。こっちからしたらあたしに構われて喜んでるのまるわかり」

「ちょっと？　雨音ちゃんに都合のよい解釈するのやめてね？」

あくまで雨音ちゃんの主観では俺はそう映っているのかもしれないが、無論俺の主観ではさにあらず。

世にあるのは主観と客観ではなく、主観と主観だけ。主観の対義は客観ではなく他の主観だ。客観性を欠くのであればいかな単位をもってしても定量的に測ることなどできず、ただただ拝み伏して奉り、諮ることだけが許されている。

故に自身の主観だけで世界は成立しえず、互いの主観をすり合わせてすり潰すことが世界を構築せしめる。それが損なわれるのなら、世界はきっと崩壊するだろう。

だから、雨音ちゃんの主観だけを肯定してしまうと俺の世界が崩壊しちゃう！

されるがままに撫でられていた手をぺいっと払いのけると、俺はふらりと道を外れた。

「晴磨、どこ行くの？　一緒に帰ろうよ」

「ちょっと用があんだよ、先帰ってて」

「えー……。あ、じゃあ、一緒に行こっか？」

「やだよ、いらねぇよ。っつーか、それ、そっちがブラコンなだけだからな」

言い捨てて軽くしっと手で追い払うしぐさを見せると雨音ちゃんはふくれっ面を作ってみせてきた。実際、別に用なんてない。

ただ、実の姉からシスコン認定されて一緒にお家に帰るだなんてどうにも気恥ずかしく、ぷらぷらしたかっただけだ。


本屋にゲーセン、カフェで読書、コンビニでプラプラと暇つぶしフルコースをたのしんでいたら、すっかり時間は過ぎてしまった。

だが、真夜中近くになっても、街にはまだ活気がある。

東西に伸びる目抜き通りはまだ明るい。道々には煌々と照る街灯、交差点ごとに建つコンビニ、通りにはカラオケ店や居酒屋、ラーメン屋が並んでいる。

それでも、交差点を脇に折れて、通り一本隔ててしまえば急激に暗くなる。大通りの光を受けた分、よりいっそうその影は濃くなるようだった。

だから、東京の宵闇はほかの街よりもずっと暗いのかもしれない。東西に伸びる大通りの光も、そこを歩く学生たちの騒ぎ声も、この脇道にまでは入ってこれない。

暗い夜道を照らすのは薄ぼんやりとした頼りない街路灯。そして、顔を上げればビル灯りが視界に入る。

空高くで瞬くのは星明かりではなく、赤色灯だ。遠くに建つビルの輪郭は夜闇に溶けこんでいて判然とはしない。ただ、赤く明滅する光だけがここにいると叫んでいる。

日中はごく当たり前の風景すぎて、そこにビルがあることなどまるで意識しないくせに、その姿を隠されると、見つけ出そうと目を凝らす。

だから、姿なき姿だけが本当に目に見えて、声なき声だけが本当に耳に届くのかもしれない。

なんて、益体もないことを考えながら、うちへと向かう道に入った。

この辺りはマンションや民家がひしめき合うように建っているので道が狭い。通る車はすぐ傍をすり抜けるようにして走り、そのたびにヘッドライトが道行く人を照らしていた。

向かいから来る自転車、そして、少し前を歩く若いカップル。ほかに人影はない。

大通りに比べれば静かなもんだ。

だが、静かなせいで前のカップルの甘い睦言が聞こえてきてしまう。

「ごめんね、わざわざ送ってもらっちゃって」

「本当は家まで送ってあげたいんだけど……」

「ううん、駅まででもすっごく嬉しい。ありがと」

彼女のほうが彼氏にしなだれかかってそう言った。

暗いせいで顔まではよく見えないが、服装から察するにまだ若い。大学生、それとも高校生だろうか。くるっと巻かれた髪型のおかげで雰囲気は可愛い。対して、彼氏のほうはといえば、こちらも同じくらいの年代のようだが、まぁ、別に男のほうはどうでもいいです。

ただおふたりともたいへん仲睦まじいらしく、道路側を歩く彼氏が彼女の手をきゅっと握る。

俺も我知らず拳をきゅっと握っていた。うちの近所でイチャイチャしてんじゃねぇぞ、おい。

だが、俺の怒りの波動が届くわけもなく、彼氏のほうが甘い囁き声を出す。

「万梨阿こそわざわざうちきてくれてありがとな」

「ううん、私、勤の部屋行くの好きだし……」

そう言って、彼女のほうが顔を上げ、二人は見つめ合う。その姿を民家のセンサーライトがぱっと照らした。おかげで、お二人のご尊顔がまじまじと見えてしまった。その瞬間に俺の拳は緩む。うん、まぁ、別に怒るようなことじゃなかったな！

「それに勤、私が来ないと全然部屋片さないじゃん」

「悪い悪い。ていうか、いつも家ってのもなんだし、今度、またどっか旅行行かない？」

「あ、いいねっ！　でも、ちょっとお金やばいかも……」

こっちはヘイトでやばいかも……。

　美男美女がいちゃつくのなら目の保養にもなるが、ちょっと容姿がアレなカップルがいちゃつくのは公害でしかない。かつてどっかの花さか天使さんが一句詠んでたとおりだ。

　カップルが公衆の面前でいちゃつくのは自分たちの愛に自信がないからであって、周囲に見せつけることで他者からの「迷惑だなーウザいなー」という視線を都合よく「嫉妬」と解釈し、「俺ら嫉妬されるくらいラブラブやん」みたいに承認欲求を満たしているのではないか、と思えば、……ぜ、全然羨ましくねぇし！　ほんとだし！

　あまりの鬱陶しさに悶絶しかけたが、まぁ、でもこの曲がり角の先で道が二つに分かれる。駅側へ向かうならその三叉路を左に曲がることになる。俺の家は右に曲がった先だ。必然、彼らともそこでお別れ。

　予想の通り、彼らは駅へ向かうのか、話し声が少し遠くなる。そのことに安堵のため息を吐いて、俺も角を曲がった。

　そこから先に広がるのはごく当たり前の光景。何度となく通り、見慣れてしまったいつもの丁字路だ。

　だのに、足が止まってしまった。

　右側へと進む人影はなく、左側へと曲がる人影もない。それなのに、前を歩く二人の声はだんだんと遠ざかる。

　突き当たりのどん詰まり、その先にただブロック塀があるだけだったはずの丁字路がぽっかりと口を開けていた。

まっすぐ伸びた先にはぼんやりと青みがかった黒い靄がかかり、まるで陽炎のように揺れている。

「お金貯まったらどこ遊び行く?」

「えー、どこでもいいよー?」

そんな空言めいた会話が遠くなっていく。

大気が歪んでいた。

薄ぼんやりとした頼りなげな街灯の灯りも。

マンションのエントランスから漏れる蛍光灯の光も。

遠く聳えるビルディングの赤色灯の灯りも。

蜃気楼のようにゆらゆらと揺れ、山中の霧の如く、わずか数歩先の光景も見通せない。

なのに、その闇の霧中をカップルは歩いていく。

それまでと何も変わることない足取りで。仲睦まじく手を握り合って。来週の予定を話しながら。

歪んだ景色、捻じれた世界。眼前にある異質な光景の中で何よりも異質なのは、健常なままの二人だ。異常性を認識することなく、相変わらず談笑していた。もしかしたら、心中するときに人はこんな穏やかな顔をするのかもしれない。

やがて、二人の姿が闇の中へと消えていった。

あとに残ったのは、ぽっかりと穿たれた暗い孔。いや、孔ではあるまい。本来ブロック塀があるべき場所に、その座標に忽然と現れたその孔はいくらでも先が続いているようだった。

なら、それは道と呼ぶべきだ。

その道もカップルたちの声が絶えると、ゆらと揺らめきかき消える。

固まっていた脚をどうにか動かして、歩み寄ればやはりそこにあるのはブロック塀だった。

おそるおそる手を伸ばしてみたが、コンクリートのざらついた感触が確かにある。

そこに道などない。

もう一度、ブロック塀を触り、そして、自分の頬を撫でた。どうにも現実感が薄い光景の中で、頬を伝う冷や汗の感触が俺の実在をちゃんと教えてくれる。

「……マジなのですか?」

ようやくのことで声を絞り出し、周囲を見渡した。それでもあの二人は見当たらない。おしゃべりの声が届くくらいの距離にいたのに、ついさっきまで確かに目で追っていたのに、それなのに、どこにも二人の姿は見当たらなかった。

その状況に既知感がある。アレをなんと呼んだのだったか。

曰く、真夜中の住宅街、恋人同士で手をつないで歩いていると、突き当たった丁字路に第四の道が現れる。どれが本当の道か見分けがつかない。そこで誤った道を選ぶと、二度と帰ってこられない、とかなんとか。

あの話、マジなのかよ……。いやいやいやいやないだろ。トリックかプラズマかプリンセスのイリュージョン、スターファイヤー……。

とにかく報告だけでもしといてやるかとスマホを出し、メッセージアプリに文字を打ちかけて、やめた。

……馬鹿馬鹿しい。

こんなのぼんやり歩いていたから勘違いしただけだ。それか疲労からくる幻覚、もしくは友達のいない俺が作り上げたイマジナリーフレンド。それが消えた今、俺はちょっぴり大人の階段を上っちゃったのかもしれないね！　それにしても大人の階段を上るという言い回しのロマンチック卑猥感(ひわいかん)は異常。

こんな勘違いや見間違いをわざわざ連絡するなんて、何かにつけて好きな女の子にメールや電話をしたがる中学生男子みてぇじゃねぇか。

さっさと帰って寝るべきだ。

くっそ、嫌な気分続きの時に、嫌なもん見ちまった。

CHAP. 7 第七章

Qualidea Of Scum And A Gold Coi

「この証文は守られるべきである。この証文により、
これなるユダヤ人は合法的に一ポンドの肉を、アントニオの心臓の
すぐ近くから切り取って自分のものにできるのだ」

――――裁判官

「私の魂に誓って申しますが、
人間の舌には私の心を変える力はございませぬ」

――――シャイロック

「私たちが見ているあの光は広間で燃えているのよ。
あそこの小さいロウソクが、こんなところまで光を投げるのね。
あのロウソクのように、善い行いはけがれた世の中に光り輝くものなのね」

――――ポーシャ

ヴェニスの商人（シェイクスピア物語）

閑静（かんせい）な住宅街を通り抜ける通学路には、お気に入りの場所がいくつもあります。

　クリーニング屋のまえに置かれた、卑猥（ひわい）な言葉ばかり教えこまれたオカメインコの鳥かご。曲がり角のブロック塀に貼られた、パースの狂った交通安全のキュートなポスター。違法駐車通りと呼ばれる、排気ガスを垂れ流すトラックでいっぱいの私道。『悔い改めよ、審判の日は近い』というお札で窓の上から下までびっしり埋まった、傾いた民家。

　わたしの主観で成り立つわたしの世界は、わたしの好きなステキなものであふれかえっています。

「……ワオ」

　息を吸いこむと、瑞々（みずみず）しい青葉の香りをはらんだ風が、わたしの周りをくるりくるりと回って空へ戻っていきました。

　今日はとってもいい天気。

　四方八方、どこを見回しても雲ひとつありません。

　ガーネットをたたいて割ったような太陽の色が、お洒落（しゃれ）なネックレスみたいに蒼穹（そうきゅう）へ淡くにじんでいます。手をかざせば、だれもが手に入れられる優しいアクセサリー。

　こんな日は、きっと良いことがあると思います。

　学校に近づけば近づくほど、登校中に歓談する高校生たちの数が増えていきました。青春を無造作に謳歌（おうか）し、垂れ流す彼らの群れのなかでひとり、わたしは空を見上げて微笑（ほほえ）みます。

大好きな『受験生ブルース』のクールな歌詞を口ずさみながら、人ごみをすり抜け、校門を通り抜けたときのことです。

「千種さん。ちょっといいかな」

わたしの肩に、手が置かれました。なんでしょう。わたしに許可なく触っていいのは、わたしが認めた相手だけです。もしくは天涯孤独で温もりに飢えている余命三日のご老人だけです。

振り返ると、そこに立っていたのは、爽やか悪人。

「えっと……ごめんなさい、今急いでいるんですが」

朱雀生徒会長でした。余命三日にならないかしら。

唇を真一文字に結んで、なにやら苦い顔をしています。なにか悩み事があるのかもしれません。知恵は貸せませんが、お金ならあとで貸しますよ。朱雀さんだと十日に三割、トサンの利子がいいです。いつでも屋上に来てくださいね。

「いや、大事な話があるんだ」

朱雀さんはなかなかわたしの肩を放してくれません。キャッチセールスでしょうか？　ごめんなさい、モデルになるのは妹が成人してからって決めているんです。

彼の周りには、数人の女の子が控えていました。

「朱雀がやさしいうちに、言うこと聞いておけばあ?」

ブウブウギャルギャルした感じのギャル美さんたちが、にやにやとわたしを見ています。その意味ありげな視線は、少しだけ肌に粘つくようでした。

それに気を取られていると、

「ていうかあ、先に証拠出させればいいじゃん」

「そうそう。ウチ持ってるって聞いたよ?」

横脇から取り巻きのひとりが腕を伸ばしてきます。

なんということでしょう。抵抗するまもなく、わたしはカバンをたたき落とされていました。チャックが緩み、隙間からファイルがいくつも飛び出します。

「なんてことをするんだ！　ごめんね千種くん。君も謝れ！」

爽やか星人は血相を変えて、その女の子を怒鳴りつけました。

でも、取り巻きさんはにやにやとした表情を変えません。甘えた素振りで生徒会長にすりよると、ファイルを見せつけます。

取り返そうとするわたしの手は届かず。

「……ああ。信じたくはなかったけれど、噂は本当だったのかな――これはなんだい?」

それを見てしまった生徒会長の瞳が、きゅっと蛇のように細くなりました。

ファイルに入っているのは、お友だちに一筆書いてもらった借用書とか誓約書とかその他たくさんでした。これさえあれば、みんなニコニコ現金払い。わたしもニコニコ億万長者。

肌身離さず持ち歩いているのが仇になったようです。

「……そんな書類が、なんの証拠になるというのですか」

　わたしは必死に抗弁しました。借用書なんて偽造すればいくらでも作れます。未成年のサインにはなんの意味もありません。だいたい、公序良俗に反した契約は全部無効です。だからノーカン、ノーカウント……！

　気がつけば、わたしたちの周りには人が集まりだしていました。花壇にホースで水やりしていた守衛のおじさんまでが、興味深げにこちらを覗きこもうとしています。権力の介入を招きかねないのでここはやめましょう、場所を移しましょう。いったん仕切り直しにしましょう！

「いい加減に、冗談はやめてくれないかな」

　生徒会長にわたしの訴えはちっとも届きませんでした。

「君に脅迫されているという証言がある。君が金を貸していた証拠がある。今ここで、君には説明する義務がある。暴利をむさぼっていたというのは本当か？」

「ぼ、暴利かどうかは個人の解釈の問題です。心臓の肉を要求したわけでもないですし、学生のやる遊びのようなことですから、おたがい納得していれば別に……」

「納得していないからこういうことになっているんだろう。学生どうこうではない。僕は人としての話をしているんだ」

　ぐうの音も出ません。だからこの人は嫌いです。

「……で、でも、仮にそうだとしたって、そんな言い方……」

わたしの声をかき消すように、居丈高な声が周りから降りかかります。

「聞こえねーんだよブス！」

「もっと声だせよデブブタ女！」

「気取ってんじゃねーよビッチ！」

ボキャブラリーの不自由な方が悪口を言うとき、己がもっともダメージを負う言葉を使いたがる傾向にあると言います。その弁で言えば、ギャル美さんたちが気にしているのはまあ、そういうことなのでしょう。だいたい合ってる。

どうして、このわたしが彼女たちの鏡がわりにならなければならないのか。

鼻の頭がかっと熱くなります。喉の奥でむせ返るような思いとは裏腹に、じわじわと涙がにじんできました。

それは、この場では最悪の結果にしかなりません。

「ちょっと可愛いからって泣けば許されると思ってんじゃねーぞ勘違い女！」

吐き捨てるような舌打ちとともに、わたしは肩を小突かれました。

泣きたくて泣いているわけではないのに。こんな弱虫の証を武器に使おうだなんて思ったことは、一度もないのに。

言い募ろうとしても、震えるわたしの口は容易に開いてくれません。

かわりに、彼女たちの唇が、意地悪な形にゆがむのが見えました。いったんひとりが手を出せば、号砲が鳴らされたのと同じ。わたしの心を使って、射撃の練習が始まります。

「いちいちキモイんだよ！」

「さっさと土下座して謝れよクズ！」

「財布出せ、とっとと人の金返せよゴミカス女！」

「その貧相な身体売ってみろよクソビッチ！」

「ぶりっこしてねーでなんとか言えって人格破綻者！」

ギャハハハハ、と火薬みたいに弾ける嘲り声。罵倒が撃たれると同時に次の罵倒が装塡されて、わたしの身体は左右に揺らされ、前後に小突かれ、穴あきチーズのようになっていきます。

重たいコールタールのような感情がわたしを取りこみつつあります。千種夜羽というペルソナの防壁を突破して、心の隙間に潜りこんでは内側から昏く染めようとしています。

「いい加減にしろ！　さすがに言いすぎだ。君らも千種くんの仲間になるぞ！」

生徒会長の通った声も、観衆のざわつく声も、なんだかひどく遠くから響いてくるようです。

視界がぐちゃぐちゃに溶けて、わたしは喉も手足も心も自由に動かせません。見えない鎖がわたしの身体を縛りつけています。とめどなく流れる涙だけが顔をいっぱいに汚し続けて、それを情けなく思いました。

どうしてなにもできないのでしょう。

努力して意識して自己改革して、白鳥に生まれ変わったはずなのに。

無力なわたしは、醜(みにく)いイキモノのままです。

そう考えた瞬間、地面がゆっくりと割れて、底なし沼に足首が浸かっていくのを感じます。

冷たく凍りつくその水はすぐに太腿(ふともも)を覆(おお)い、腰から胸、やがて口もとまで蛞蝓(なめくじ)のようにわたしの身体を這(は)い登っていきます。

幾重にも塗り固められたわたしの身体は、もうどこにも行けないでしょう。

ここは海の底です。

灯(あか)りはひとつも届かない、虚無と悪夢に塗りつぶされた暗黒の景色。

あれだけ美しかった空は見上げることもできず、薫(かお)り高い風はとうにかき消され、この世界にひとりぼっち。

堅く強くかけていた心の留め金が、ぱちん、と弾け飛ぶ音が聞こえます。

臆病(おくびょう)で気弱な千種夜羽という人格が、深海の絶望的な圧で静かに潰(つぶ)れていくのを、わたしは他人事みたいにぼんやりと知覚しました。

●　●　●　●　●

だから、醜(みにく)い奴(やつ)らは嫌いだ。

蟻(あり)の群れが揚羽蝶(あげはちょう)を運ぶ光景を見た時に感じるのは、ヨットみたいだとか小さいのに力を合わせて頑張っていて感動！　だなんて牧歌的なものではさらさらなくて。

気高く、美しくあったものをよってたかって食い物にしている事実への嫌悪感だけだ。

そんなことを言ったら必死に生きているのに糧を奪われる蟻が可哀相？　馬鹿言うな、虫けらに感情なんてねぇよ。上から見下ろすクソヒューマンが勝手に自分の価値観押しつけてるだけだ。だいたい、蟻だけ特別扱いしてんのはなんでだよ。

じゃあ、揚羽蝶は？　あるいは、湿った日陰で石に押し潰されそうになっているのに身動きせずにじっとしているダンゴムシは？

蟻が悪く言われて可哀相だなんて言い出すのは感情移入している証だ。

矮小で、無個性で、自分の主張を押し殺して寄り集まって、ただただ本能と上位からの指示に従い、自由に空を飛ぶ綺麗な蝶に嫉妬し、堕ちてくるのを今か今かと待ち構え、弱ったところを凌辱する。そんな自分たちの姿を蟻に投影して重ねているだけだ。

本当に醜い。だいたい俺は昆虫も、昆虫に感情移入するような奴も嫌いだ。

だが、中庭で見かけた光景は虫けらたちの姿より、よほど醜悪で嫌悪極まるものだった。

蹴散らされた羽のように紙切れが舞い、悪口雑言が乱れ飛び、周囲の人間はそれを興味深げに眺めてくすくすと嘲笑し、あまつさえ携帯電話で遠巻きに撮影までし始める。

まるで掃き溜めだ。中庭は凝った悪意が渦巻く坩堝。その中心にいるのは千種夜羽だ。

昨夜理解不能な嫌なものを目撃し、最悪の気分で登校してきたらもっとおぞましいものを見てしまった。

千種は女子生徒にどんと押され、たたらを踏む。聞くに堪えない悪罵が並び、細い肩が震え、唇を戦慄かせて千種は泣いていた。

そんな状況で千種を助けてやるとか庇ってやるとか颯爽と手を取って逃げるだなんて、少年ジャンプにおけるラブコメ漫画の主人公みたいなことは誰もできやしないだろう。

ああいうのは無条件に顔が良かったり、実は父親や祖先がすごい出自だったり、あるいは人畜無害で底抜けに優しかったり、小さいころに美少女と記憶もおぼろげな約束をしていたりする人間だけが許される行動だ。

残念ながら俺はそれら諸条件にまったく合致しない。

――それでも、今行動すべき理由が一つだけある。本当にたった一つ、それだけしかないが。

彼女のために行動する権利も義務も資格も、経緯も理解も脈絡もなく、それでも目の前の出来事に対処しようというのなら、

「……ったく、やれやれ。しょうがねぇなぁ。しかしなんだって俺が……勘弁してくれ」

言うべきセリフは決まっている。

ため息混じりに、誰に言うでもなく使い古しの馬鹿げた独り言を口にして、俺は千種夜羽の隣に立った。

泣きじゃくる千種は、なにも見ちゃいないだろう。まあそのほうがいい。

　ぶぅぶぅ言っていた女子生徒の一人が俺を見て舌打ちする。このぶぅ子ちゃん態度悪いな。

「ねぇ、引っ込んでてくんない？　そーゆーヒーロー気取りとかキモいから。あんたには関係ないんですけど？」

「関係ならある」

「どんな？」

　挑発的なイントネーションで問うてくるぶぅ子ちゃんに俺は極力人懐っこい笑みを向けた。

「俺も千種夜羽被害者の会、会員なんだよ。金は借りてないけどな。そこのギャル美先輩なら覚えてるでしょ？　俺がこいつに付き合わされて連れまわされてたの」

　言うと、ぶぅ子ちゃんはギャル美先輩に「そーなん？」と軽い調子で聞いた。が、ギャル美先輩はくりくりと巻髪を指でいじりながら大きく首をひねる。

「はぁ？　あんた誰ぇ？」

　いや、そこは覚えててほしかったよ、ギャルみん。と思っていると、朱雀零璽がすっとメガネの位置を直しながら俺に目を向ける。

「僕は覚えているよ。確かにあの時の君の顔は覇気というか精気に欠けている印象はあったな」

「あ、そう……顔の覇気云々はもともとだが、まぁいい。あんたも見た通り、時間とかカロリーとかいろいろ奪われて精神的苦痛を味わってんの、それも脅迫っつーひどい方法によってな」

　説明すると、ぶぅ子ちゃんをはじめとした面々は腹を抱えてゲラゲラ笑い始めた。

「ウケる！　千種ガチぼっちじゃん？　こんな陰キャラにも恨み買ってるとかヤバいんですけどー！　やばとんじゃない？」

「やばとんでしょー。んじゃ、陰キャラくんもこっち側ってことでいーの？　千種にはウチらがちゃんと謝らせるから安心していいよ」

「どっげーざ♡　どっげーざ♡」

ギャル美先輩が超楽しそうに手拍子して土下座コールを始めたが、俺は千種の傍を離れることができなかった。

別に裾を摑まれるまでもない。この場に立つ理由なんて一つあれば事足りる。

「……いや、その必要はないっつーか、一応、こいつの……千種の味方側なんだわ、俺」

「はぁー？」

ギャル美先輩が口をうえーっと開き、上半身ごと首を曲げて理解できないと言わんばかりのポーズをとった。

「確かにこいつは性格ゴミカスで、会話もろくすっぽ通じないサイコパスだし、人を脅迫することに躊躇いないし、可愛けりゃ許されると勘違いしている節がある自己中腐れ脳ミソだ。ぶっちゃけ擁護できる余地はまったくない。けど……」

俺はそこでいったん言葉を区切るとちらと千種の顔を見た。

涙と洟でべしょべしょになっているその奥で、ガラス細工のように光る瞳が俺を見ていた。

「顔だけはいいからな。それだけは、まぁ、なに。なんていうか……めちゃくちゃ好きなんで」

ごにょごにょと誰に聞かせるでもなく、自分に言い聞かせるように口早に言って、今度は朱雀やぶぅ子ちゃんたちの顔を眇めるようにして見る。

さぁ、もう一度俺の信条を確認しよう。

ブスと馬鹿には用がなく、人は見た目が十割だ。したがって、目の前にいるこの連中にも周りで嗤いさざめく書き割り背景にも用はない。

信条は行動に移してこそ価値がある。なら、決まりだ。遠からん者は音にも聞け、近くば寄って目にも見よ。失うものは特になし。ノーガードで打ち合いだ。

「だいたい性格についちゃあんたらも千種もたいして変わんねぇし、どうせみんな性格ブスなら一番可愛い子の味方するだろ、常識的に考えて。可愛いは正義って言葉ご存知ない？　つまり、あんたらが悪いってことになるんだけど」

「……は、はぁ？　なにそれ、陰キャのくせになに言ってんだよお前！」

ぶぅ子さんがだんっと地面を蹴り憤慨すると、軽く地面が揺れる錯覚に陥る。ぐらぐらと俺の頭の中にまでその震えは伝わってきた。怯えと紙一重の昂揚感が俺を満たしてくれる。

復讐するは我にあり。可愛いは正義。さぁ、これからの正義の話をしよう。

野菜だって味が同じなら見た目のいいものを買うもんだ。就活だって顔採用は基本中の基本。同じ能力値なら見た目がいいほうを選ぶ。

いや、より正しく言うのなら本来的には外見も性格も等しく個人の能力を示すパラメータの一項目でしかないのだが、容姿端麗（たんれい）というアビリティを持ちえない者はそれが不公平だとわめきたて、大事なのは中身だの性格だのと言い出し、評価基準から外見を外そうとする。それこそ逆に公平性を欠くというのに。

だいたい人への評価なんて至極主観的なもので、そこに公平性など求められはしない。

誰々ちゃんは優しいとか性格良いとかいろいろ言うけど、それが俺に向けられた優しさじゃなかったら何の価値もねーから。同じ優しい子カテゴリーでも、「地球に優しい子」と「俺に優しい子」なら俺は後者のほうを選ぶぞ。

そも優しさなど求めていらん。俺の人への評価基準は外見にある。

千種は可愛い。

それは性格から内面から何もかもが破滅的な彼女の唯一の取り柄で、何一つ接点のない俺と彼女が共有できる数少ない認識の一つ。

そして、俺が千種夜羽を好きになるたった一つの理由。

「晴磨（はるま）さん……」

その声に振り向くと、千種が驚いたような戸惑ったような表情でただ茫然（ぼうぜん）と俺を見ていた。

そうやってまじまじ見られるとさっき自分の言った言葉が面映（おもは）ゆく、すぐに顔を逸（そ）らす。と、その視線の先では朱雀零璽がこめかみを揉（も）んで難しそうな顔をしていた。

「君が何を言っているのかよくわからない。君は何がしたいんだ？　無用に混乱を招くのはやめてくれ」

呆れ混じりのため息と軽侮の視線。まったくこれだから顔と頭がいい男は嫌いだよ。

だが、その顔と頭の良さゆえに、この場の空気を支配し得るのがこの朱雀零璽だ。であれば、こいつの感情の方向さえコントロールできればここを収めることができる。

「おいおい、ひでぇな。わかろうとする努力をしてくれよ。こうやって人前に出てくる環境で俺はひどく緊張してるんだ。弱者なんだ、一般人なんだ、被害者なんだ。弱くて醜くて困ってる俺を助けてほしいんだよ。そういう雑魚を助けるのがあんたの仕事だろ？　会長さん」

話すうちに、気づけば俺はだんだんと芝居がかった口調になっていた。

オーケーオーケー、そう、俺は演じているだけ。偽悪的にふるまっているだけ。これは演技だからあとでくさいだのキモいだの言われてもそれは演じている役割がそうなだけであって、素の俺は素敵できれいな心のまんま。むしろ、俺の本質を見抜けない奴らが低レベルの馬鹿までである。なんだこの壮大な予防線は。でも、それくらいしないと俺のチキンハートは限界だよう！

人間、恥を捨ててふっきって突き抜ければたいていのことはできる。人生の問題のおよそ九割はお金とメンタルの強さでなんとかなるのだ。

第一、恥知らず共と対等にやり合おうってんなら、こっちだってそんなもの捨てるしかない。

被害者ぶった善人気取りこそは社会において最強。普段見られてないと思って悪辣なことやってるくせに自分に都合の悪い時だけ弱者のふりをする奴は実際賢いし、その手段は有効だ。

……もっとも、それ以下の弱者が存在しないことを前提にした場合に限るが。

だから今は、卑屈に陰湿に情けなく、嘲笑ってやる。

「泣きついてきたほかの女子の話は聞くけど俺みたいなのの話には聞く耳持ってくんねぇの？　それって見た目で差別してんの？　それとも性別？」

「よせ、そうやって弱者を騙るやり口はクズのすることだぞ」

「決めつけはやめてくれよ。それ言っちまったら泣きついてきたほかの女子はクズじゃねぇのかって話になっちゃうぜ？」

「……」

俺の言葉に朱雀は否定をしなかった。実際、さっき千種に罵詈雑言を浴びせていたあのひと幕は朱雀にとっても快いものではなかったのだろう。

「闇金だってわかってるくせに自分から金借りといて、返せなくなったら朱雀零璽っていう徳政令カード発動、ついでに寄って集って打ち壊しとか鎌倉時代でもしねぇぞそんなの」

「そういうことじゃない！　ただ真実を明らかにして、しかるべき処置をとるために……」

「それで糾弾して、断罪するのか」

「……必要ならな」

朱雀が重々しい声で言うと、周囲から賛同の声があがる。そうだ、朱雀零璽は正義の象徴、数多(あまた)の主観の総意を受けた正しさの具現。

だからこそ、どんな手を使ってでもそれを覆(くつがえ)さなければ。

「……なら、あんたの罪も糾弾して断罪すべきだな」

「は？」

「お前だって巻き上げてるだろ、そこらの取り巻きから。なんか貢がせたりしてんじゃねぇか」

「言いがかりはよせ。僕はそんなことはしていない。そもそも施しを受けるほどさもしくない」

……あ、そう。……で、ですよねー。

ハッタリ言ってカマかけて、もし朱雀零璽が少しでも動揺しようものならそこに付け入ろうと思ったのだが、朱雀零璽は泰然自若(たいぜんじじゃく)、きっぱりすっぱり自身の潔白さを微塵(みじん)の隙(すき)も見せずに言ってのけた。

その堂々たる態度、清廉(せいれん)なる言葉に、逆に俺のほうが言葉に詰まってしまう。ここで黙ってしまうとどうにもならなくなるので、適当な繰(く)り言をもごもご言いながら時間を稼ぐ。

「……あ、あー。あ、あれか。あれだ、おたく、金や物品に最も価値を見出しちゃうタイプ？寂しい人間性だなー、それは。お金で買えないものもあるだろ、時間とか人の心とか」

「それは、そうだな。……もちろん個人の価値観によるとは思うが」

よし、こいつ馬鹿だ。バカ正直なクソ真面目(まじめ)だ。そしてたぶん普通に良い人なんだと思う。

苦し紛れに口にした戯言にも真剣に回答してくれるなんて。そんな良い人にこれから嫌なことを言わなければならないのかと思うと心が痛んでウキウキワクワクする。

「だろ？　だったら、あんたは千種以上のゴミカスだよ。金より価値のあるものを巻き上げて平気な面してそこにいるんだから」

「そんなことはしていないと言っただろう」

呆れたような朱雀の言い方に、にぃっと、俺の口の端が自然に吊り上がった。

「自分が帰るまで人を待たせるのは？　付き合うつもりもないのに、好意を寄せられてそれを保留し続けるのは？　それは不当に奪ってるんじゃないのか」

朱雀も俺の言わんとしたことを理解したらしい。はっとした表情でギャル美先輩のほうをちらと見た。

「それは彼女が望んでやっていることであって……」

「ほーん、相手が勝手にやってきてるから自分は悪くないって？　向こうは納得ずくで損して傷ついてるからいいって言うわけだ。つまり、自己責任論を持ち出すんだな？　なら、千種の被害者も全員自己責任で済ませるべきだろ。千種が与える金銭的被害には目を向けても、自分が与える精神的被害には目をつぶってんだよ、あんた」

「詭弁だ、そんなものは！」

まさしくその通り。けれど、別に正論だけが人を納得させるものではない。開き直った底辺に正論なんか通じるわけないだろ。

「あんたは無自覚かもしれないけど、本質的に悪だ。金なんかよりよっぽど価値がある他人の時間を奪って、物品なんかより遥(はる)かに重みのある人の好意や気持ちを受け流して浪費させてる。その上、自分が与えた影響は棚に上げて、他人を糾弾する。はっ、最低だなこりゃ……」

「君の論理は破綻(はたん)している。そんな無理な屁理屈が通るわけがない！」

　激高し、朱雀は真っ向から否定してくる。周囲の取り巻きも否(いな)やの声をあげ、「黙れ」だの「死ね」だの「黙って死ね」だのとワーワー声が響いてきた。

　俺はそっと耳をふさぎ、瞳を閉じた。それでも、口は開いたまま、朱雀たちを嘲笑う。最初から議論をする気なんてこっちにはさらさらない。ケチと文句と難癖つけて、危うくなったら煙(けむ)に巻いて、勝手に勝利宣言してやれれば、それでいい。

　かっ、と喉(のど)の奥から笑いがこみあげてくる。

「だから、緊張で言いたいことがうまく話せないっつったろ。俺は人見知りのコミュ障なの。そうやって大きい声で威嚇(いかく)してくるのはいじめだぞ。可哀相(かわいそう)な奴らの気持ちを汲(く)み取ってくれ。もっと弱い者の気持ちを考えろよ。そういう傲慢(ごうまん)さは最低だぜ、会長さん」

　朱雀は声を詰まらせて低く呻(うめ)いた。そして、憎悪と侮蔑(ぶべつ)のこもった瞳で俺を射竦(いすく)める。

「本当に、クズだな。君は……」

アーハン、イエス、マイネーム・イズ・ハルマクズオーカ！　と言わんばかりに掌(てのひら)を上に向け、大げさに肩を竦めてみせる。

するど、朱雀は勢いよく俺の胸ぐらをつかんで締め上げ、ぎりっと歯噛みした。

●　●　●　●　●

わたしはいつしか、洟をすることすらも忘れていました。

海の底から囚われのアンドロメダを引き上げてくれたのは、メデューサと戦う英雄でも、白馬の王子様でもありません。

正義の生徒会長に邪な牙を突きたてる反逆者。弱者を装う卑劣漢。底辺階層を彷徨う顔も頭も性根もクズな男の子。言いすぎました。頭と性根はまあまあ人の主観による男の子。

久佐丘さん。久佐丘晴磨さんです。

悪辣に金を取りたて暴利をむさぼる輩と、無自覚に恋を生み出す爽やかボーイさんとでは、スカラー波とスカイツリーぐらい評価軸も存在価値も違うと思うのですけれども、両者をむりやり低次元に貶めて同じ電波だろってことで比べようとするのはきっと彼にしかできません。アレでナニな人だからできることもあるのです。

どうしてここまでしてくれるのかと考えれば、無論、答えはすでに出ています。久佐丘さん、なんだかんだでわたしのこと好きすぎです。ベタ惚れじゃないですか。

世界に誇る究極美少女ですから、無論、ここまで惚れられてしまうことはわかりきっていました。朝飯前で三度の飯よりお茶の子さいさいなのですが、なんでしょう、なんと言いますか、なんとも言いにくいのですけど。

……て、照れます。少しだけ。

久佐丘さんが必死にわたしをかばおうとしている姿を見ていると、心が不思議とぽかぽかと温かくなってきます。昏く深い海に覆われていた身体が、あっというまに乾いていきます。この感情は知りません。呼ぶべきラベルを知りません。ひょっとすると、久佐丘さんはいつもこんな気持ちでいるのでしょうか。それはすごい。わたしすごい。あとでヒーター代もらおう。

わたしは制服の袖で、顔をぐしぐしと擦りました。

「ちょっと？　この手なんですか会長さん。暴力は困るなー。出るとこ出ないといけなくなっちゃうなー」

「抜かせ。そうなったら一番困るのは誰か理解しているだろう。君にその選択肢は取りえない」

「あ、そういうこと言っちゃうわけ……」

わたしが深海から掬い上げられても、海は凪ぐどころか、生贄を求めてますます荒れ狂っています。

救われたアンドロメダのできることといったら、せいぜい――

わたしは震える喉を無理やりに抉じ開けます。わたし以外のヒトのために戦うのです。

「晴磨さん。それに、朱雀さん。もう、やめましょう……！」

ふたりは聞いてくれませんでした。

「別に俺は嫌な思いしないからそれでもいいけど、でも、会長さんはそれでいいわけ？」

「……なに？」

「生徒会長っていうポスト的に生徒に優先順位つけちゃったりするのはどうなのかなー。公平性に問題があるんじゃないかなー」

こちらを振り返る素振りもありません。わたしの声はどこにも届きません。わたしの喉がきゅうっと窄まろうとします。

「晴磨さん――」

でも、わたしは心のなかでも呼んでみます。久佐丘さんではなく、晴磨さん。そうすることでなけなしの勇気をつくります。晴磨さん。ペルセウスでもなければ白馬にすらも乗っていないお顔がアレでナニな男の人。

けれど、あるいは、わたしの主観にとっては――。

「もう、やめ、ましょう！」

臆病なわたしは、最大限の声と勇気を振り絞って、最大限に両手を広げて、ふたりのあいだへ無理やりに割りこみました。

「無意味な喧嘩は、おしまいです……！」

生徒会長があっけにとられたような顔でわたしを見ています。ギャル美さんたちが冷温停止しています。その場に静寂が満ちます。荒れ狂う海原に咲く、まあるい月光の花のごとく。

そして、晴磨さんがいつものまああアレでナニな表情でわたしを見ています。わたしは、ああ、みっともない涙が残っていなければいいのですけれど、わたしにできる限りの笑顔で彼に微笑みました。

「だれが悪いとか、だれに原因があるとか、そういう犯人捜しはつまらないです。もう、そういうのはやめましょう？」

月明かりの美しいステージで、わたしは唄を歌います。わたしだけに歌うことが許された、和解と平和の唄です。

「喧嘩両成敗です。晴磨さんも朱雀さんもどちらも悪かった。どちらもクズ。そういうことでいいじゃないですか。世界はひとつ。イッツアビューティフルワールド。みんな同じ宇宙船地球号の仲間なのです。だから。これでノーサイド。試合終了です、ね？」

だれもなにも言いません。みんな、毒気を抜かれたような顔で沈黙を守っていました。心地よい視線がわたしのもとに降り注ぎます。やっと争いが無益であることに気がついてくれたのかもしれません。世界中がラブとピースで満ちていきます。イマジン。想像しましょう。争いのない世界を。

「じゃあ、わたしが見届け人になりますから。クズのおふたりで仲直りの握手……」

わたしは胸のなかに抱き取るような形で、晴磨さんの腕にぎゅっと抱きつきました。生徒会長のほうにその手を差し伸べさせようとして、

「――ふざけんなッ！」

視界が再び透明な色に染まりました。涙もなにも洗い飛ばされ、髪から顎から、ぽたぽたと滴がしたたり落ちます。

わたしの心に揺蕩う深海のそれではありません。これは現実の冷たく質量をもった水です。水をぶちまけられたのです。

花壇の近くでおろおろしている守衛さんが目に映ります。彼が持っていたはずのホースの先端を、生徒会長のとなりに立つギャル美さんが握っていました。わなわなと肩を震わせて、ホースの先端をわたしたちに向けています。

はて？　ノーサイドの笛が鳴ったあとにこんな暴虐を働くとは、いったいぜんたい日本のスポーツマンシップはどこにいってしまったのでしょう？

わたしは眼をしばたきました。

……冷てぇ。

「みんな、何をやってるんだ！　いい加減にしないか！」

朱雀がギャル美先輩たちを止め、解散解散とばかりに皆を追い払っていく。守衛のおっさんが教師連中を呼びに行くのが見えたのも大きかろう。この一幕も始業前のあわただしさにまぎれちまえばいい。

すべてを水に流してしまえとばかりに、ホースで勢いよく放水（ホースだけに）されて、俺は頭からつま先まで濡れ鼠。赤茶けてるボサ髪ももっさり水を吸って、ドブネズミみたいだ。水も滴るなんとやら……なんだったかな、飛んで火にいるなんとやらだったかな。

その惨憺たる有様は隣にいた千種も同様だ。

「千種君、この話はまた改めてしよう」

去り際に朱雀が掛けた言葉も、周囲の喧騒に埋もれて、千種の耳には届いていないらしい。

ぽたぽたと千種の前髪を水滴が伝う。

ブラウスもぐっしょりしとどに濡れて、胸元にぺたりと張りつき、薄い青色したブラジャーが透けてレースの形をはっきりと浮かび上がらせた。

しかし、千種はそんな状態になっていることにも気づかないくらい茫然としている。

まんまるおめめをぱちくりさせ、何が起こったか不思議そうな顔のよはねす。

「今、世界はウィーアーザワンでみなさん無垢なチルドレンになったはずなのに、どうしてこんな目に遭わなければならないのでしょうか……」

「……当たり前だろ」

ぺいっと頭をはたいた。

悪いのも原因なのも犯人なのもおおよそおおむね千種だというのに、あの言いざま。むしろ水をぶっかけられたくらいで済んで御の字だ。それを考えると、呆れも怒りも通り越してしまう。

　何はなくとも、とりあえずもう一回ぺいっと頭をはたいておいた。

　すると、千種は驚いたように目を瞠り俺をじっと見る。今しがたはたかれた場所をなでくりなでくりしながら陶然とした様子で口を開く。

「晴磨さん」

「な、なに。こわい」

　声に今までよりもどこか温かみがあったせいで少し戸惑う。

　険も棘もない千種の声。千種は自分で確かめるみたいに、もう一度俺の名前を呼んだ。

「晴磨さん、へへへ」

　噛み締めるように、はにかむように、千種は小さく笑った。

CHAP. 8 第八章

――臨時ニュースです。本日午前九時、
天河総理は緊急記者会見を開くことを発表しました。
国民に向けて重大な発表があるとのことから、
米軍機墜落事故との関連が予想されています……

「――お昼のニュースです。
本日午前十時三十分頃、
政府の発表によりますと、
天河総理が搬送先の病院で亡くなりました。
搬送中の天河総理から代理に指名されたとして、
凛堂官房長官が総理臨時代理となるとの……

――夜のニュースです。
本日午後七時過ぎ、
凛堂総理臨時代理は内閣の総辞職を発表しました。
突然の事態に、
永田町には不信と疑念が渦巻いています。
現場の山本さん……」

エスケープ、してしまいました。

着替えを持っていなかったせいとはいえ、こんな時間に自主的早退するなんて、初めてです。晴磨さんに付き合っていると、初めてのことがいっぱいあります。

「悪い人ですね、晴磨さん」

「いや俺が連れてきちゃったみたいな言い方やめてくんない？　引っ張られているのは明らかに俺なんですけど……」

照れ隠しする晴磨さんは、わたしの家のまえまで来ると、急に黙りこみました。

「ひょっとして異性の家にあがるのは、初めてなのですか」

少し意地悪な気分になって訊くと、ああともいやともつかない不明瞭な返事がかえってきます。わたしはなんだかおかしくなって、くすくすと笑いました。

わたしが初めてなのもいいですが、相手が初めてだというのも、なかなかどうして気分が浮き立つものです。

玄関を開けると、美沙がリビングの戸から顔を出しました。

「ど、どしたのそんなにびしょぬれたいへんだー!!」

慌てふためく言葉づかいでわたしたちを迎えます。

学校から家までのあいだにいくらか乾いたとはいえ、まだ髪も服も湿り気をたっぷりと帯びたまま。土間に水滴がしたたりおちて、小さな水たまりをつくりました。

美沙はとてとてと走って、お風呂場からバスタオルを持ってきてくれます。

「暴徒に乱暴されたの。お外は危ないから、やっぱり美沙は行かなくて正解ね、ぐすん」

「もー、そんなのに騙されるのは三年前までですー！」

美沙はぷんすかと天使みたいに頬をふくらませてから、今気づいたように晴磨さんのほうに視線を向けました。この人の存在に気づくのが一般人より早いです、さすがわたしの天使。

ふたりのあいだに微妙な間があったので、わたしは社交界の主のような気分でそのあいだに立ちました。

「ええと、晴磨さん。妹の美沙です。わたしにそっくりでかわいいでしょう？」

「ああ、かわいい」

晴磨さんは力強くうなずきました。そこまでされると逆に引きます。わたしを引かせるなんて大したものですよ。もしかすると、ロリでコンな性癖まであるのでしょうか。仕方のない人です。

「美沙、こちらはたぶん美沙の人生に今後関わり合うことのない人です。勉強のためによく観察しておきなさい」

「お姉ちゃんたらまたそんな言い方！」

美沙はけらけら笑って、晴磨さんをなんだか楽しそうに見上げました。

「もしかして！　この人がお姉ちゃんの、ふーん、はーん？」

「……おいで、美沙」

最近妙に、誤(あやま)った方向性の話題をしたがる妹です。そういうお年頃なのかもしれません。わたしはゆっくりと美沙を手招きします。

「なーに？」

きょとんとして近づいてきたところを、一気に襲いかかって抱きしめました。水まみれの胸元を通じて、美沙にも水が降りかかります。

「ひゃー!?」

水浸しになった美沙は、素っ頓狂(すっとんきょう)な声を出しました。それからおかしそうに頭をぶるぶるふるって、わたしを愛らしい顔で見上げます。

「もうお風呂入ったほうがいいね、お風呂！」

「そうね。あ、どうせならあなたも一緒に入りますか？」

「エッ」

わたしがぽんと掌(てのひら)を打つと、となりで晴磨さんが変なしゃっくりをしました。眼が合って、瞬時にたがいがたがいを理解します。

「なんですか、そのしゃっくり……今のは妹に言ったのですけど」

「ぜ、全然わかってたし。むしろ、そのつまらんひっかけに逆にビビったまである」

「それにしてはずいぶんと反応が真に迫ってましたね。なにか期待してるんですか？」

「他人に期待するのは中学二年の時にやめてんだよ。いいからさっさと入ってくれば」

「ふふふ、困ったチェリーさんですね」

「ねえ、人の話聞いてる？　ていうか、なんで決めつけちゃってるの？　合ってるけど！」

わたしたちがいちゃいちゃしていると、美沙がへしゃ、とくしゃみをしました。

「おっとっと。すみませんが、先にお風呂いただきますね。居間でくつろいでいてください」

「……あいよ」

借りてきた猫みたいに、恐る恐る、リビングのほうに向かおうとする晴磨さん。その背中を呼び止めて、わたしはタオルを渡しました。

「そうだ、うちは洗面所のなかに扉がふたつあるのですけれど、ひとつはお手洗い、ひとつはお風呂場に続く脱衣所です。お手洗いがお茶碗（ちゃわん）を持つほう、脱衣所がお箸（はし）を持つほうです」

「ん……ああ、わかった」

「まちがえたふりをして、覗（のぞ）いたらダメですよ」

「やらねえよ」

「ぜったいダメです。ダメって言ったらダメですよ。わかりましたね。ダメなものはダメです。本当にダメですからね」

「おまえ、俺をなんだと思ってるの……、ダチョウだと思ってるの？」

晴磨さんはちぇっちぇっと軽い舌打ちをして、あからさまに顔をゆがめます。振り回されたい系男子なのでしょうか、喜んでいるのが丸わかりです。わたしよりも一年先輩のはずですが、そうした仕種はたまに年若い弟のように思えます。

出会ったころより今。今よりも未来。まだまだ新たな一面を見せてくれそうな晴磨さんです。

わたしはすっかり満足して、洗面所を通って脱衣所へと向かいました。


美沙とわたしがこうしてお風呂に入るのは、日々の習慣となっています。

それは儀式のようなものです。

美沙は歳よりもいくぶん幼い肢体をしています。背骨が浮き出て、針金のような細い背中に直に掌で触れると、この娘が生きていることが実感できます。もっとお肉がつけばいいのですけれども、こればっかりは遺伝のせいもあるので仕方ありません。

身体をざっと流したあとで、手触りのよい髪をわしゃわしゃ洗っていると、

「お姉ちゃん、真面目な話があるの」

美沙が急に神妙な声を出しました。

「どうしたの……？」

「あの一緒に来た人、ええと――」

「久佐丘晴磨さん」

「そうそう、久佐丘先輩のことで、ちょっと気になってたんだけど……」

　さすがは晴磨さんです。天使美沙でも耐えられないレベルだったなんて。一刻も早く安息の我が家から追い出したほうがいいでしょうか。

「正直に答えてね」

　美沙は肩をすぼめて、

「――お姉ちゃんは久佐丘先輩と付き合ってるの？」

　なにかと思えば、けらけらむず痒そうに笑っているのでした。

「ちょっとちょっともう、マセてきたなあ……」

　わたしは思わずため息をついてしまいました。

「いーじゃん！　教えてよう！」

「……一方がどれだけ想っていても、もう一方にその気がなかったらどうしようもないでしょう」

　晴磨さんがどんなにわたしのことを好きでも、わたしのほうに異性的な感情はあんまりあんまりですから、晴磨さんの恋は完全に一方通行ですね。泣かないで晴磨さん！

「うーん、そうかあ……」

　美沙はしょんぼりした声を出しました。

「お姉ちゃんの彼氏だったらよかったのにな一のにな一……」

「あら、そんなに気に入ったの？」

「ううん、ぜんぜん。でもお姉ちゃんはああいう人が好きそうだなあって」

この妹ときたら、わたしをゲテモノ食いだと思っているのでしょうか。失礼さんです。

お風呂のタイルを細い足の爪先でなぞりながら、美沙は小さな声を出しました。

「あのね、お姉ちゃん。よく、美沙は自分のことだけ考えていればいいのって言われるけど。お姉ちゃんもたまには自分のことをやったほうがいいって思うな」

「……美沙が考えているよりも、わたしはわたしのことをやっているわよ」

「そうかなー。どうかなー。お姉ちゃん、自分の気持ち隠すの上手だから。優しいんだよね」

美沙はわたしを斜めに見上げて、

「だれがなんといっても、お姉ちゃんは天使だもん！」

力強く言いました。

わたしは鼻の頭につんとするものを感じます。おかしいですね。シャンプーが染みたのでしょうか。髪を泡立てることでごまかします。

「どしたの、お姉ちゃん。お腹痛い？」

「……ううん、ちょっとお腹が空いただけ。豪勢なご飯にしようね」

「うん！」

笑う美沙の頭を、わたしは何度も擦ります。抱きしめたくなるのを我慢します。

我慢するあまりにポンプを押しすぎたのか、シャンプーが切れてしまいました。

替えのボトルの買い置きはまだあったでしょうか。

他人の家というのはどうにも落ち着かない。それも女の子の家となればなおさらのことだ。

通されたリビングでしばらくの間、山から下りてきた熊のごとく、うろうろしていたが、そのうちいい感じに隅っこに空間があったので、そこに座った。絨毯には踏み入れず、かどっこの隅っこ、フローリングで体育座りして、そわそわきょろきょろ……。

落ち着かないのは自分の部屋とは匂いが違うからだろうか。動物らしい嗅覚と縄張り意識がビンビンに反応し、違和感の正体を探ろうと視線を巡らせた。

テーブルに花柄ランチョンマット、ふかふかソファに大量のクッションとぬいぐるみ。木目のチェスト上にはルームフレグランス。それにしても、ルームフレグランスのぱっと見揚げパスタ感は異常。

タオルでぐしぐし拭いつつ、借りてきた猫のごとくじっとしているとその柑橘系の香りにもだんだん慣れてきた。ほふっとようやく一息ついて、体の力を抜いた。

緊張がほぐれると、体の冷えを感じてくる。……トイレ行っとくか。うん、まぁ、人の家で漏らすのも悪いしな。いや、自分ちでも悪いな。

ぱっと立ち上がり、洗面所へ向かう。中には扉が二つある。千種の言葉を思い出しつつ、左側のドアノブを回した。

その先には一糸まとわぬ姿でこちらを振り向く千種夜羽。

「…………」

「…………」

湯上がりなのか、上気して薄桃色の肌に浮いた水滴はスパンコールのように照明の煌めきを返し、濡れた黒髪が艶めかしい。つっと、水滴が肢体の曲線をなぞって伝い落ちていくたび、女性らしい丸みを強調した。

それは神話のワンシーンを描いた絵画のごとく、けれど芸術よりもよほど芸術。本能に訴えかける根源的美は彼女が手にしたシャンプーボトルさえ、清らかな乙女の捧げ持つ水瓶に幻視させる。

驚愕と衝撃、あるいはある種の感動に俺が黙っていると、千種と目が合った。

千種は叫ぶでもなく、隠すでもなく、ただ瞬きをしたあと、なにか不思議なものでも観るように自分の裸体をぼんやりと俯いて見下ろす。次の瞬間、髪の合間に覗くうなじから耳の先まで、熟れた果実のごとく一気に真っ赤に染まったのが視認できた。

それではっと我に返り、俺はじりじり後退するようにゆっくり扉を閉じた。理解が追いつかない……。何だ？　あれは。また幻術なのか⁉　幻術か？

扉からさらに一歩下がって、ふぅ……と息を吐く。なんだ今のどうなってんだ今の。

右手で箸(はし)を持つふりをし、左手でさっとお椀(わん)の形を作る。まったくの偶然ではあるが、掌(てのひら)が形作るお椀の大きさが普段使ってるのより小さくて底が浅い気がするな……。ごく最近これくらいのサイズのやわらかお椀を見た覚えがあるどうも俺です。

試しに反対側のドアを開けると、そこにはトイレがある。

ナンデ⁉　トイレナンデ⁉　混乱に頭を抱えて、どうじでなんだよおおぉお!!!　んあああああぁぁああ!!!!　と藤原竜也(ふじわらたつや)ごっこでさっき見てしまった記憶を誤魔化(ごまか)していると、がちゃっと扉が開いた。

振り向くと、千種が顔を出していた。先ほどの朱はすっかり消え失せ、頬(ほお)の色合いは完全に素のもの。その下にはむき出しの肩と二の腕が続き、胸元がぎりぎり覗いている。

「昼食ですけど、美沙(みさ)が和牛を食べたいそうですよ」

こともなげに言って、夜の美術室のモナリザみたいな微笑(ほほえ)みとともにドアを閉じる。

「……お、おう」

そう返事をし、しばしドアを眺めて呆(ほう)けていた。シャンプーとサボンの残り香が消えたころに俺はようやく立ち上がる。あの笑顔の裏に脅迫の意図(いと)があるのは確定的に明らか。それを察することくらい昼飯前だ、ちょうど時間的にも。

肉ね、肉。了解。口の中でオーダーを復唱し、俺は濡れそぼった体で成城石井(せいじょういしい)に向かった。

「おにく、おにく、おいしいお肉！」

なにかの行進曲のリズムにあわせて、たったかたったった、と美沙がテーブルの端を叩いています。山と積まれたローストビーフへ、きらきらと輝く視線を注ぎながら、頭をしきりに左右に揺らすその様は、玩具の鼓笛隊のようで大変かわいいです。世界に現存するすべての宗教画に、リアルエンジェルとして我が妹の絵図を書き加えておくべきではないでしょうか。

「やっぱり最初はポン酢がいい！　ポン酢をとってください！」

「晴磨さん、美沙がポン酢をとってほしいそうですよ」

「……おう」

美沙と反対側に座るのは、風呂上がりの晴磨さんです。我が家のシャンプーの香りがします。なんだか犬猫のマーキングのようですね。テーブルから調味料を持ち上げてくれたので、わたしはそれを美沙に受け渡しました。

「ありがとうございます、久佐丘先輩！」

「晴磨さん、美沙がお礼を述べていますよ」

「……あのさ、俺も一応日本人だから日本語わかるんだけど。通訳いらないんだけど？」

晴磨さんが頭をがりがりとかいて、身の程知らずの不平不満を述べました。分をわきまえなくてはなりません。封建制度においては、直接言葉を交わしてはならない間柄というものもあるのです。

「ごめんなさい。お姉ちゃんてば照れやだから、たまに変な人モードに入るときがあるの」

「晴磨さん、美沙がイヤらしい視線を感じるからあまり近づかないでほしいそうですよ」

「中間管理職の勝手な主義主張によって、外交政策というものは破綻するんだなあ……」

晴磨さんがなにか悟ったように賢しげなことを言いますが、別段そんなグローバルなことは関係ないのです。

ただ、これは危機管理です。野獣の牙に、カワイイ妹を晒さないためのの。

ローストビーフをお皿に取り分け、三人分のお茶碗とお箸を並べます。美沙はご飯を左に、わたしはご飯を右に、鏡合わせのように。

「ああ、左利きなんだな……」

晴磨さんがじっとその配置を見て、なにか得心がいったつぶやきを落とします。

「それがなにか?」

「いや、いい」

くたびれたように横を向きました。

他人が右利きか左利きかなんてどうでもいいことだと思うのですけれども、わたしの情報ならなんでも取得したいという恋心のなせる業(わざ)かもしれません。まったく、成長期男子のこうした劣情(れつじょう)が、あのような白昼堂々の卑猥(ひわい)な暴挙に走らせるのですね。

「そういえば、晴磨さんもこういったお肉がお好きなのですか」

「選んだからにはそうだな」

「男の人はみんな脂身(あぶらみ)に眼がいくかと思っていました」

「若いうちはね」

「でも晴磨さんは違う」

「まあ、そうなるな」

「見るのも触るのも、そんなに大きくないものを選びたがりますね。栗宇(くりう)先生にもあまり興味がありませんでしたし」

わたしはよれたブラウスの胸元を整えて、にこにこと笑いました。そうとわかれば、野獣さんの振る舞いも一生言いふらすぐらいで赦(ゆる)せそうな気がする今日この頃です。広い心のわたし。

「おまえが思うなら……、うんまあもういいや」

晴磨さんはいっそあきらめたように笑いました。

「……よくわからないけど、仲良し！」

美沙がわたしたちを見て、本当に幸せそうに笑っています。

そうして、

「いただきます！」

三者三様の笑顔でもって、平和な昼の宴が始まります。

●　●　●　●　●

やはり余計な脂身のない肉こそは至高にして究極。たまには脂ののったお肉もいいけれど、そこはほら、カレーもいいけどおせちもね！　の精神である。

美人姉妹のお手製ローストビーフで腹もこなれ、三者三様満足げな吐息を漏らす。

と、美沙ちゃんががばちょっと勢いよく立ち上がった。

「今日は美沙が洗い物するからね！」

「じゃあ、わたしも……」

続いて腰を浮かせた千種を美沙ちゃんが手で制した。そして、やる気満々にぐっと張り切りポーズをとる。

「いいからいいから！　美沙に任せて！　お片付けも洗い物も大好き！」

「そう？　それじゃあお願いしようかしら。あ、でもそこの汚物はまだ片付けてはだめよ？」

うーん、よはねすの指先が俺を指し示しちゃってるんだよなぁ……。ていうか、まだってなんですかまだって。もしかしてさっきの脱衣所のこと怒ってんの？

千種の言葉に美沙ちゃんはわかっているのかわかってないのか、微妙な表情で頷くと、つったかつったか流しのほうへと向かっていった。

パジャマ姿の美沙ちゃんを見送ってふと思う。

「そういや美沙ちゃん、学校いいのか？」

サボタージュでエスケープ、楽園追放された俺たちはともかく、美沙ちゃんまで家にいるのが気にかかって聞いてみると、千種はああと短い嘆息を漏らす。

「美沙は体が弱くて、あまり調子のよくない日はお休みするんです」

「あー。……そうか」

思い返してみれば、確かに保健室で見覚えがある。雨音ちゃんもなんか言ってた気もする。

なんだか立ち入ったことを聞いてしまったようで、あとに続く言葉を言いあぐねていると、千種がふふっと微笑んだ。

「大丈夫です。療養のための静養先を探していたんですけど、その目途もつきましたし、あとはお金をあれこれすれば問題ないんですから」

なんてことないように千種は言う。さも当然のことなのだと言わんばかりに千種は笑う。

「……そうだったんか」

「そうだったんです。惚れ直しちゃいました？　好感度がピリオドの向こう側へ？」

「行かねぇよ」

残念そうに口をとがらせる千種。でも、千種は今の今まで一言だってそんなことは口にしなかった。これを言い訳にすれば同情こそされ恨みを買うことも少なくなったろうに。

この事実を知れば誰もが思うことだろう。本当は妹のために頑張っていたのだろう、やむにやまれぬ事情があったのだろう、妹をダシになんてしたくなかったのだろう、ほかの何を犠牲にしてでも守りたいものがあったのだろう、と。

「こんなこと知られたら、好感度あがること間違いなしですよね。困るなー、わたしどんどん美少女になってしまいますね！」

千種は照れ照れと髪の毛をいじくりまわした。それは本当に照れ隠しなのかもしれない。ただのサイコパスな本心なのかもしれない。

だが、——そんなの知らん。興味もない。

俺にとってその事情だの理由だのはひとつも重要じゃない。内面や背景を知ったから助けたいと思ったわけじゃない。そんなの知ったところで全部後付けの偽物だ。

ただ、千種の顔が可愛かったから。その可愛さだけでどんなことだってきっとできると思えたから。それだけの理由で俺は行動したのだ。

それこそは男子の本懐、真骨頂。

ほんのわずか自身の信条を誇れる気持ちが湧いて、千種の顔を見る。と、千種はごそごそとテーブルの下から何か取り出してきた。

「というわけで、カモン愛の手！」

千種がぺしぺし叩いているのは募金箱と書かれたラベルの貼られた巨大なガラス瓶だ。中には小銭や札束、挙げ句の果てには財布丸ごといっしょくたになって詰まっている。

「いや、カモンって言われても俺、達夫じゃないんだけうえぇ？　お前、それ俺の財布じゃねぇか！」

千種、お前だったのか妹のためにお金を強奪していたのは……とごんぎつねの読後感にも似た気分になりかけていたのに、手段がとても褒められたもんじゃない。

いつの間にか風呂の間にか接収されていた財布を取り戻そうと、ガラス瓶に手を突っ込もうとしたが、千種はそれを抱きかかえるようにして隠す。

「わたしの領土内で採掘された資源ですから所有権がわたしにあって当然です。わたしのものはわたしのもの、晴磨さんの財産はわたしのもの」

「俺に資産以外の価値もちょっとは見出せよ」

「ノン！　世の中マネーですよ！　マネー！　ハラショー！」

「それはハマショーなんだよなぁ……」

なぜこいつはいちいち趣味が古いのか。ついでに、かつあげの手法まで古かった。

「晴磨さん、ジャンプ！　ジャンププリーズ！」

「火曜まで待てよ。小銭も財布ん中で、すってんてんの一文無しだ。ていうか、返してくんないとおうち帰れないんだけど」

「……それは困りますね」

しばし思案に暮れてから千種はそう言うと、本当につらそうな顔で、瓶の中からくしゃくしゃの千円札をしぶしぶ出してきた。よほど渡したくないのか、その手がぷるぷると震えている……。いや、財布返せよ。

千種の手が秒速5ミリメートルくらいで超ゆっくり差し出され、あと少しで俺も受け取れるかという位置にまで来た時、ぶるっとテーブルが振動した。

「はっ！　今、わたしはいったい何を……っ！　あ、美沙、メール。携帯鳴ったわよ」

我に返ると千種は千円札を瓶にしまい、何事もなかったようにキッチンにいる美沙ちゃんに声を掛ける。

「お姉ちゃん、代わりに見といてー」

「はいはい」

遠間からの間延びした返事を受けて、千種はガラス瓶をテーブルの下によっこいせっと置くと、美沙ちゃんの携帯電話に手を伸ばした。いや、だから財布返せよ。

「これって……」

携帯電話を見た千種が目を瞠(みは)る。そして、俺にその画面を見せてきた。

こんにちは。

お体のお具合、いかがでしょうか。

先日美沙さんがお話ししていた保養所の件、こちらでも探してみたのですが、ひとつふたつ候補が見つかりました。

もし興味があったら、近いうちに視察してみませんか。泊りがけになるかと思うので、念のために下着を多めに用意しておいてくださいね。お金の心配はいりません。

最近ランダム十字路という変な噂（うわさ）（若い女の子が夜遊びしていると消えてしまうとか……）も流行（はや）っているそうで、物騒なのでこちらから車で迎えに行きます。

また明日、美沙さんにお会いしたときにお話ししましょう。

美沙さんがいろんなことをひとりでできるようになると、お姉さんも喜ぶと思います。今は秘密にしておいて、あとであっと驚かせてあげましょう。

●　●　●　●　●

差出人の欄には『栗宇（くりう）先生』と表記されていました。ひとりしか思い当たる人がいません。

先日学校で聞きこみをした、晴磨（はるま）さんの担任。

「……おかしいな……」

「おかしいですよね……」

しばしの沈黙ののち、わたしと晴磨さんはじっと相手の顔を眺めてうなずきます。言葉に出すまえから、おたがいの考えていることが伝わりあってしまったようです。数多の困難を手に手を取り合いともに乗り越えたわたしたちは、なにより強くわかりあっていることでしょう。

せーので口を開いて、

「ランダム十字路の」

「わたしの美沙に」

初っ端から食い違いました。

裏切られたショックを表情にこめると、晴磨さんは「だってランダム十字路！『だれが広めているのでしょう』とか言っていたくせに、自分から噂して！」などとわけのわからないことを言ってきます。そんな世迷い言、本筋には関係ないからどうでもいいんですけど……。

それよりも、栗宇先生がわたしの美沙にコナをかけているということのほうが、よっぽど世界を揺るがす大事件です。いつから接点を持っていたのでしょうか。

「いや、過干渉とは評されてたけど……」

「イマドキそんな先生いるわけないじゃないですか。担任外の生徒にまで目をかけてどうこうなんて熱血教師、旧世紀に軒並み捕縛されて絶滅しています」

それに、とわたしは眉間のあいだに力をこめました。

「こんな大事な話、わたし抜きですること自体がそもそもおかしいです。わたしの世界に関わるすべてのことはわたしという査問機関のチェックを通るべきではないでしょうか」

「言っていることはカンペキ頭おかしいが、理屈だけはそのとおりだ」

晴磨さんは腕組みして、こつこつとこめかみをたたきました。

「で、だとしたら栗宇先生はなにが目的なんだ？　姉に黙ってまで妹を連れ出そうってのは」

「美沙がお金を持っていないのは承知のようなので……」

わたしたちはじっと液晶画面をにらみました。浮かび上がる、ふたつの文字。

「下着……」

下着？　とオウム返しに応じる晴磨さんに、件の下着金融の話をします。わたし金融の対抗馬となっていた存在です。

「栗宇先生が実際どうなのかはまだわかりませんが、ひょっとするとわたしたちはあの夜、かなり真相に近いところまで迫っていたのかもしれませんね」

「おまえ、あの先生はぜったい違うとか言ってなかった？」

「心理学的に言えば、晴磨さん」

「ん？」

「些細なミスを声高に指摘するという行為は、『相手を征服したい』という性的欲求の表れらしいですよ」

か弱いわたしが自分の肩を抱いて怯えると、晴磨さんはなにか野獣の咆哮をあげました。ヒトの理性とケダモノの本能のあいだで葛藤しているのかもしれません。

よしよし、と彼の頭を撫でてあげる親切なわたしです。ふわくしゃしているその手触りは、ますますケモノを連想させます。ちょうどお財布も紛失してしまったようですし、うちに広い庭がありさえすれば、放し飼いにしてあげたのですけれども。

「美沙は疑うことを知らない子ですから、先生にお話しされたらほいほい頷いてしまいそうです。これは一刻の猶予もありません！　はるワン、晴磨さん、急いで調査に出かけましょう！」

「今なんて言いかけた？　なんで俺撫でられてたの？」

念のためにメールを消し消ししておいて、勢いよく立ち上がりました。

「美沙、ちょっと出かける用事ができたから！　もし遅くなったら先に寝ていてくれる？」

「ラジャー、ここはあたしに任せて若いふたりはごゆっくりー」

台所の暢気な声にうなずいて、わたしは晴磨さんに振り返ります。さんざんやってきたことのはずなのに、なんだかひどくためらわれました。

それでも勇気を出して、そっと訊いてみます。

「わたしはこのあと暇なんですけれど——晴磨さんはお暇ですか？」

「わたしはこのあと暇なんですけれど——晴磨さんはお暇ですか？」

千種は千種らしい言葉で、されど千種らしからぬ態度でそう問うてきた。でもあの日とは違う。防犯ブザーを握る代わりに、そっと俺の袖を握っている。

それは千種夜羽が初めて口にした願いの言葉、祈りにも似た純粋なお願い。

だから、それに応える俺の言葉もクズらしく、なれどクズらしからぬ優しい声であるべきだ。

「……暇に見える？」

言うと、千種は口元に手を添えてくすくす笑いながら頷いた。


短い会話と微笑みだけを交わし、俺たちは一緒に家を出る。

赤みがかった月が雲間から顔を覗かせる。もやもやと漂っている雲は形を変えながらやがて東へ東へと去っていくのだろう。

西の空にはただただ夕焼けが広がっていて、日が沈んだかどうかは判然としない。けれど、朱色に緋色に真紅にピンク。濃淡も彩度もまちまちに入り乱れる様は綺麗だった。

ふと、隣を歩く少女を見やる。

鴉の濡れ羽色の髪は斜陽を受けてきらきらと光を返し、白磁の頬は薄いチークを引いたように桃色に染まっている。

千種は相変わらずどこへ行くとも告げずに勝手気ままに先を行く。その背中に声を掛けた。

「っつーか、どこ向かってんのこれ」

「栗宇先生にお話を聞きに行くんですよ、晴磨さん」

ひらりとスカートの裾を靡かせ、ワルツでも踊るようにターンすると千種は言う。

やがて最寄り駅につくと、千種はわざわざ切符の券売機まで向かった。

今時こんな旧時代の遺物使う奴いんのか……、という俺の表情から察したらしく、千種はしかつめらしく何かのたまう。

「あのICカードというのは信用なりません。いくらか差っ引かれててもわかりませんもの」

「あ、そう……。まぁ、俺はカード使うけ……あ」

ケツポケットにねじ込んであったはずの長財布の感触がないことに気づいて千種を見やると、千種はやれやれとため息を吐く。そして、満面の笑みとともにすっと黒い長財布を取り出した。

「まったく晴磨さんはしょうがない人ですね。ひとつ、貸しですよ？」

「いや、それ俺の財布なんだけど……」

この闇金サイコクソ女。今なら全力でぶん殴っても許されるんじゃないの？

東京から電車を乗り継ぎ、千種に言われるままに降りたのは埼玉の奥地。濃い緑の匂いがする土地だった。

山際からは濃紺の夜闇が染み出してきていたが、駅前からまっすぐ伸びる道はてらてらと光る夕暮れと薄ぼんやりと灯る古ぼけた街灯に照らされている。

降り立った駅から歩くことしばし。振り返れば背の低いビルはとうに見えなくなっており、前を向けば一面田んぼと畑が広がっている。

民家の裏手、くねった農道、カエルがけろけろ鳴く畦道。千種の足取りには一切の迷いが見られない。やがて軒を連ねた家々からぽつんと離れた一軒家に行きついた。

千種がふむと表札を確認すると、確かに栗宇とある。

「……お前、よく場所知ってたな」

驚き半分関心半分に言うと、千種ははてと首をひねった。

「先生の家なんてみんな知ってることじゃないですか?」

「知らねぇよ。昭和のクラス連絡網じゃないんだから……」

大昔は教師も生徒も個人情報だだ漏れだったのだそうだ。電話番号も住所も書かれたプリントをみんなが持っていただなんて今の時代には考えられんな。

栗宇邸の呼び鈴を鳴らしてみたが反応はない。周囲をぐるりと回ってみたが二階の窓を見上げても、一階の窓を覗きこんでも灯りらしきものは見受けられなかった。夕暮れ時の薄暗がり、こんな時間なら電灯のひとつも点けそうなものだが……。

「どうやら不在のようですね。そのほうが都合はいいですけれど」

千種がドアノブを回してみたものの、やはり鍵はちゃんとかかっている。

「むぅ……」

困ったように千種は唸り、急がなくっちゃ急がなくっちゃとアリスのうさぎさんみたいにそればかりを繰り返す。

まぁ、焦る気持ちは理解できないでもない。俺とて雨音ちゃんが怪しい人間に目をつけられているかもって状況なら、きっと焦るだろうし。いや、ほんと別にシスコンとかじゃないけど。

状況を打開すべく周辺をちらちら確認し、情報を集める。

「他の家との距離は結構あるな。人通りも全然ないし」

「そうですね。晴磨さんが中に潜入して、大声で助けを呼んでも誰も気づきませんね」

「はっ、バカめ。俺クラスともなると大都会で助けを求めても誰も俺に気づかん」

「それはみんな晴磨さんに気づいていて関わりを絶たれているだけだと思うんですけど……」

千種が正論を言っていたが、聞き流すことにした。正論というのは人を責める時に使うものであって、聞くものではない。

「まぁ、人がいないなら気づく奴もいないか。……よし、石で窓割るか」

言うて埼玉だし。こんなとこ人なんてろくに住んでないだろうから多少大きな音が出ても大丈夫だろ！　なんか物音したところで「風が語り掛けますね、うまいうまいうますぎますね」て言っとけばたぶん誤魔化せるはず！　これが千葉だったら大都会だから危ないところだった。

　手ごろな石を探していると、千種と目が合った。

「え、なにやってるんですか。問答無用で石投げチョイスするなんて、石器時代から彷徨いこんできた蛮族ですか？」

「お前に言われたくねぇんだよこの野郎。仕方ないだろ、鍵開いてないし。それに、郷に入っては郷に従えって言うし」

「晴磨さんは埼玉をいったい何だと思っているのですか……」

　関東一都三県の最下位だと思ってる。北関東？　知らない子ですね。南東北とは違うのですか？　東京生まれ東京育ち悪そうな奴はだいたい苦手な俺は東京という都市がそこそこ好きだ。神奈川は横浜しか取り柄がないくせに東京よりおしゃれぶっているのが気に入らん。その点、千葉はいろんなところに「東京」ってつけちゃうくらい東京をリスペクトしている感があって好印象。埼玉はよく知らねぇや。なにがあんの？　饅頭？

　などと考えつつ、再度石を探していると、千種がやれやれと大仰にため息を吐く。ポケットに手を突っ込むとごそごそやりはじめ、きゅぴーん☆とか言いながらドライバーやらなんやらよくわからん工具を取り出した。

「こうすればいいんですよ、晴磨さん。この魔法のドライバーと魔法の棒状工具を使うと……

あら不思議！」

千種がマイナスドライバーと何やら細い工具を鍵穴に突っ込み、かちゃかちゃやり始める。

「お前それ犯罪じゃ……」

「魔法です」

「そうか、魔法か……」

やがて、ちきっという硬質な音が響き、ドアがオープンセサミ……。こいつ、学校の屋上もこうやって入ってたのか……。そうか！　奇跡も魔法もあったんだ！

「さぁ、入りましょうか」

涼し気な顔で千種はくいっとドアの向こうを指さした。


玄関に忍びこんだとたん、わたしたちは身を硬くしました。

戸口から差しこむ街灯の光に浮かび上がるのは、靴の海です。運動靴、ローファー、上履き、スニーカー、パンプス、体育館シューズ……。異常なほどに大量の靴が、玄関中に所狭しと散らばっています。ここに棲んでいるのはムカデさんだったかな？　ひょっとすると栗宇先生が人の形をしているのはなにかのギミックなのかもしれませんね。あんなプロポーション、同じ人類としては格差が過ぎると思っていたのです。人類じゃないなら仕方ない。

「なんだこれは……」

晴磨さんが顔をしかめて靴箱の戸を引くと、隙間の空いたそばからまたひとつふたつと零れ落ちてきます。

「……靴を収集していたフィリピンかどこかの大統領夫人がいたな。マルコス……マルコスX牧師？」

「だいたい合ってます。晴磨さん、不用意に素手でべたべた触らないでください」

わたしは使い古しの軍手を嵌めながら、ひそめた声で叱責しました。晴磨さんの靴に眼を走らせると、初夏の新作モデルのようです。量販店の購入履歴から、足がつくとも限りません。少し思案して、靴を持って廊下にあがるように指示します。

「最近は警察も厳しいですから、気をつけないと大変なんですよ」

「……あの、そちらさまのご職業は？　ひょっとして、闇金融屋さん以外にもなにか嗜まれていらっしゃる？」

晴磨さんがジョークを飛ばしてきますが、いまはそんな場合ではありません。

玄関の扉をしめるだけで、灯りが遮断された屋内は張りつめた静寂を取り戻します。

一寸先も見通せない廊下の奥から、とろとろと濃密な闇の蜜がこぼれだしてくるようでした。遺伝子に刻まれた原始的な恐怖が、わたしたちの周囲にわだかまっていきます。

「晴磨さん、手」

「ん？」

「懐中電灯。十徳ナイフ。ガーゼ。クロロホルム。スタンガン」

いくら手を差しだしても、要求したものはひとつも渡してもらえません。晴磨さんはぬぼっと突っ立っているだけです。

「……魔法具のひとつも持ってこないだなんて、なにしに来たんですか。魔法使いとしての自覚はあるのですか？」

「まままだ魔法使いちゃうわ。なめんな」

「むう？　晴磨さんはときどき、変なところで動揺しますね……魔法使いになにかイヤな思い入れでもあるのでしょうか」

「……気にすんな。ただのスラングだから」

「よくわかりませんが、どんなにアレでナニでも三十歳まではまだ時間もありますから気を落とさずに」

「全部わかってんじゃねえか」

わたしたちは小声で囁（ささや）きながら、そっとスマホのアプリで足元を照らします。それを頼りに、抜き足差し足忍び足。

しかし忍び足はまだわかりますけれど、抜き足差し足ってなんでしょう。暗闇に魔法使い予備軍とふたりきり、忍びながら抜いたり差したりするとかなんだかひどいセクハラです晴磨さん。お財布からお札を抜いたり請求書を差したりしておきますね。にんにん。

ひとつひとつ扉を静かに開閉して、間取りを確かめていきます。

右手に台所やお風呂場、お手洗いなどの水回りが集中しているのに対し、左手にはずっと壁が続きます。家の外観から察するに、右側以上の空間が広がっているはずなのに、左側には容易に行き来できる通路が見当たりません。それは潜水艦の巨大な隔壁か、あるいは監獄の塗り固められた檻を連想させせます。

「…………」

壁の向こう側から、すすり泣く声が聞こえてくるような幻聴さえありました。無論、柳の揺れる音かなにかでしょう。わたしは都市伝説やオカルトなどといった非科学的なものは一切信じない性質なので、幽霊などまったくもって怖くありません。

「せっかくなので隊列変更しましょう」

「え、なんで?」

同じ陣形ばかりだと飽きてしまいますからね。晴磨さんを先頭に、わたしが後ろに続きます。

前衛と後衛。馬と乗り手。鉄砲玉と親分。尻尾とトカゲ。だいたいそんな感じです。

「あの、歩きにくいんだけど……」

でも晴磨さんがいかにも暗闇を恐れるように顔をしかめるので、わたしはぎゅぎゅっと背中に身を寄せてあげました。彼のシャツの裾がべろんべろんになって二度と着られなくなる勢いで引っ張って、なにがあってもぜったい離れないようにもしておきます。ようし、もうこれで安心ですね晴磨さん。まったく怖がりなんだから。大丈夫ですよ。だいじょぶだいじょぶ。

「──とまれ」

「ひゃあっ──!?」

不意に、眼前に手が差しだされました。魂が抜けるほどに仰天して、悲鳴をあげかけるわたしの唇を、大きな掌が塞いできます。抗議するとますます口を覆われて、むがむがむが。幽霊よりも怖いのは人だというのは本当でした。なす術もなく身をゆだねるわたしです。

「……あそこ」

晴磨さんが顎をしゃくった先には、廊下を右に折れた先のドア。

ひょっとして、だれかいるのか。ほんの少しだけ開いた隙間から、かすかに流れるミュージックの低音がどるどると漏れ伝わってきます。いえ、これはわたしの心臓の音でしょうか？　区別がつきません。早く心臓とめなきゃ。景気づけにとなりの人のやつもとめなきゃ。

こくり、と晴磨さんの喉が動く音が聞こえました。

あろうことか、ほとんど躊躇もなしに、この人はそちらの部屋に入りこもうしています。スタンガンもクロロホルムもなしに、どうやって監獄ムカデのお化けに立ち向かうというのでしょう。

こんなのぜったいおかしいです。奇跡も魔法もないんですよ。晴磨さんの身になにかあったらどうするのですか。そんなの厭（いや）です。いま晴磨さんを喪（うしな）うなんて、耐えられません。せめて保険の窓口で第三者受取人契約を結んでからにしましょうよ。

「スイッチ、あった。つけるぞ」

「まってまって、まってって！」

わたしがはわはわ慌（あわ）てているあいだに、暗闇に電気がともされました。

そこは六畳ほどの寝室です。アイボリーを基調にした壁紙とカーテンと調和するようにモダンな洋服ダンスが据（す）えられて、やわらかな輪郭（りんかく）を持った鏡台があり、中央に黒檀（こくたん）のサイドボードとベッド……ベッド？

ベッドは木材でできたものではありません。パイプで組まれたものでもありません。敷布団（しきぶとん）や掛布団の類（たぐい）も一切なく、そこにあるのは、ただ、布。

ひらひらしていて、短くて、フリルがついて、縮みやすく痛みやすく、お手入れが大変な、普通こんなところにあってはいけない、普通の下着。

大量のブラとショーツが、山と積まれています。

そしてその中央に、栗宇（くりう）先生が横たわっています。すやあ、と健（すこ）やかなる寝息を立てていた先生は、点（つ）けられた光が瞼（まぶた）の裏側を刺激するのかしきりに手近なブラの布地で目元を擦（こす）ります。

やがて、ゆっくりと眼が開かれました。

「ううん、だれ、詩愛……？　もう勝手に入っちゃダメって、言っ——」

栗宇先生の瞳がわたしたちの姿を求めて焦点を結んでいくとともに、口も眼もみるみる大きくなって、喉がすぼまっていくのをわたしは確かに見ました。

あと、ナイトキャップ代わりにショーツを着用しているのも見ました。なんてことだ。

●　●　●

なんてことだ……。

衝撃的かつ蠱惑的な栗宇先生の光景に目の前がちかちかする。比喩ではなく、幾度もフラッシュが炊かれていた。

ようやく目が慣れて光源のあったほうを見やれば、にっこり満足げな笑顔を浮かべてスマホのカメラを構える千種夜羽。……なんてことだ。

そう思ったのは俺だけではあるまい。栗宇先生もまた絶望の表情を浮かべている。

「栗宇先生、詳しいお話を聞かせていただけますか」

言って、千種は床を指さす。そこへ座れということらしい。

「あっ、あ、千種さん。これは、その……」

うず高く積もれた下着の山から這い出してきた栗宇先生は言葉にならない言葉を言い募ろう

とするが、千種はにこにこ顔ながらもまるで聞く耳持たず、実に楽しげにスマホの画像をちらつかせる。なんて悪い笑顔……。

栗宇先生はあうあうとアシカみたいな声を出して大人しく正座した。もう泣きが入っている。

「まずはその頭にかぶったショーツを取っていただいていいですか」

千種に言われると、栗宇先生はぐしぐしと涙を拭いながら頭のショーツをゆっくりとると、丁寧に畳んだ。それを見届けてから、千種は「わかっていますね？」とばかりに再度スマホを掲げてみせると、ゆっくりと語りかける。

「さて、お話を聞かせてもらいましょうか」

「私は何も、悪いことはやっていないわ……、ただ、その……」

いくら決定的な写真を押さえて脅迫間違えた自主的に喋りやすいようにしているとはいえ、栗宇先生はなかなか核心には触れてくれない。

千種はふっと短いため息を吐くと床を指さす。

「では、この下着の山は？　先生のものではないですよね？　見たところそれらのブラはいずれも先生ではサイズが合わないようですし」

「これは、せ、正当な取引で、対価と報酬はちゃんと彼女たちに支払って、いて……」

「先ほど、詩愛とおっしゃってましたが、詩愛さんは失踪しているはずでは？　なぜ今その名前を？　それにあの大量の靴は？　不思議な家の構造の理由は？　金庫のダイヤルは？」

千種は追及の手を緩めない。矢継ぎ早に質問を繰り出していく。あんまりに立て続けに言うもんだから全然関係ない質問まで聞こえちゃった気がするぜ！

「詩愛ちゃんたちなら、…………そこに、いるわ」

栗宇先生は観念したようにがっくり肩を落として、壁の向こう側を指さした。

ついに落ちたか……。やはり、脅迫の力は偉大だ。その後も千種が細々としたことを延々尋ねては栗宇先生が粛々と答えていく。

ただ、一つ釈然としないことがあった。

「……あの、なんでこんなことしたんすか」

「簡単なことですよ。栗宇先生は可愛い女の子と下着が大好きなんです。晴磨さんと同じです」

先生に問うたつもりだったが、答えたのは千種だった。口元に、指をふりふり当てながら正解を告げる。……うん、まぁ、俺もけして嫌いではないからね！

栗宇先生は糸の切れた人形のようにうなだれ、かくかくと首肯だけをしていた。そこにあの穏やかで朗らかだったころの面影はなく、いっそ哀れにすら見えた。それは千種からしても同様なのかもしれない。

「どうしてわたしに一声かけてくれなかったのですか……！　そこまで先生が苦しんでいらっしゃるなら、わたしがなんでもしたのに！」

先生に語りかける千種の声はどこか優しい。それもやがて切々としたものに変わっていく。

「恥ずかしいですけれど、本当はイヤですけれど、下着だっていくらでも売ったかもしれません！　値段によってはフル回転の安定供給で市場独占もできたかもかもなのに！」

「いや、そういうことじゃねぇだろ……」

なんで新規ビジネスプランのご提案みたいになっちゃったんだよ。説得にしろ喝入れにしろ、そんな言葉が届くかよ、と栗宇先生のほうを見ると、先生は何やら神妙な顔をしていた。

「ごめんなさい、それは無理だわ。千種さんはタイプじゃないから……」

「なんですと!?」

千種が素っ頓狂な声を上げた。

「いや、先生、そういう話でもないと思うんですけど……」

「そうです。そういう話ではないです。栗宇の話も趣味も全然わかりません。意味不明です」

ぷんすかしながら千種が言う。こいつ、自分の容姿が評価されないとわかるや、呼び捨てにするとは……。さすがのよはねす！

軽口めいた言葉だったのに、それを黙って聞いていた栗宇先生の表情にさっと影が差す。

「そうよ。誰も、誰も私のことなんてわからない……。私はただ、誰にも迷惑をかけずに私の好きなものを好きなように愛でていたかっただけなのに……。だからランダム十字路なんて都市伝説まで流して、彼女たちをこの楽園に集めて……。ただ清いままの彼女たちと幸せに暮らしたいだけだったのに……」

ぽつりぽつりとつぶやかれる言葉は感情が高ぶっていくごとに、やがて、熱量と質量を持つに至る。

「どうせ、誰も理解できないのよ！　私の価値観を！　私の世界を！」

悲痛な叫び声が部屋中に響き渡った。

特殊な趣味嗜好、あるいは性癖、性的倒錯。そうしたものが万人に受け入れられることはない。俺とて、先生の言うことのほとんどがわからない。端的に言ってしまえば、異常だ。

どこまでも自分の中だけで完結し、されど解決されない問題に、理解者などいるはずもない。

しんと静まり返った部屋の中で、けれども、千種だけはすっと一歩前に出て、透き通った声で確かに答えた。

「先生の気持ちは、よくわかります。わかりすぎるほどにわかります」

その言葉に、栗宇先生が千種を睨みつける。

わかってたまるかと、理解などされてたまるかと、誰だって吐ける軽い言葉など許してなるものかと、憎悪、あるいは殺意すらこもっていそうな視線。

けれど、千種の表情は真剣だった。さっきまでのどこかふざけていたような調子はどこにもなく、慎重に誠実に、言葉を選ぶようにして話す。

「世界は偏狭です。世界は傲慢です。世界は残酷です。世界は違った主観によって行動する人間を認めません」

千種の要領を得ない言葉に、栗宇先生は怪訝そうな顔を向けた。だが、滔々と言葉を紡ぐ声はすでに誰かの返事を待ってはいない。

「世界はわたしたちに優しくありません。わたしたちを嗤い、軽蔑し、否定します。他人と少しだけ主観の基準が異なるわたしたちは、海の底のコールタールに塗り込めようとします。わたしたちは、この世界にひとりぼっちです」

真実、千種夜羽にとっての世界とはそういうものなのだろう。

世界は狭量だ。

個人の主観の存在を許さず、常に客観たれとそうのたまい、強制する。誰もが言うのだ。「もっと客観的に物事を見よ」「もっと大人になれ」「他人の気持ちになって考えろ」と。

エラーもイレギュラーもパティキュラーも認めず、ただ多くの主観の中央値でしかないものを客観と呼ぶ。それを是としない者は排除され排斥され迫害され、そうして今日も世界は客観の存在を保つのだ。傑出した才能や突出した美は災害めいた暴力だ。理不尽に目の前に現れて前提も安寧も打ち砕いていく。

だから世界はそれらを排除する。あれは我々よりも優れた存在で敵わないのは仕方がないのだと崇め奉ることで人の輪から外す。あれは我々よりもはるかに劣る魔性の類で忌むべきものだと辱め貶めることで溜飲を下げる。相互理解を諦めることで世界は誰かを受け入れるのだ。

故に、誰よりも異端な千種夜羽は誰よりも、この世界の殉教者だろう。

「世界に拒絶されたわたしたちができることは、そう多くありません」

そこで言葉を切って、千種は俺に振り返った。

しばしの沈黙ののち、俺と千種はじっと相手の顔を眺めて頷(うなず)く。一緒に口を開き、この先の世界のことを紡ぐ。きっと俺と千種がこれから選んでいく世界の話を。

せーので口を開いて、

「そんな世界でも折り合いをつけていくしかない」

「こんな世界はもう滅ぼすしかないと思うんです」

ドン尻が思いっきり食い違っていた。

「お前、何その結論……」

「だ、だってわたしは常に正しいのです。まちがっているのは世界のほうで……」

俺がしらっとした視線を向けると、千種は慌(あわ)てて弁明する。少し頬(ほお)を赤らめてぶんぶん手を振るその姿は実に可愛(かわい)らしいのだが、如何(いかん)せんまるで弁明になっていない。

そんな俺たちのやり取りを見て、栗宇先生は随分(ずいぶん)久しぶりに笑顔を見せた。ぷっと噴(ふ)き出すと堪(た)えきれずお腹を抱えて笑い出す。

千種は恥ずかしさを誤魔化(ごまか)したいのかコホンコホンとしきりに咳払(せきばら)いしてから口を開いた。

「ま、まぁ、確かにろくでもない世界ですが……、そう捨てたものではありません。アレでナニなのさえ目をつむれば、案外、近くに支えてくれる人はいるものです」

千種はこそっと俺の顔を覗き込む。俺はそれに軽い頷きを返してやった。

まったくだよ。千種は俺のアレでナニなところに目をつむり、代わりに俺は千種の外見だけを見ようと目を見開く。お互いの足りないところを埋め合う必要なんてない。ただ、自分がほしいと願ったものに手を伸ばし、手前勝手な感傷を押しつけ合っているだけだ。

「そうね……。ちぐはぐでも、本当はよかったのね……」

栗宇先生はそっと目じりの涙を拭ってそう言った。


その後の顚末は大したこともない。

詩愛ちゃんとやらは先生の供述通り、例の謎の部屋で安穏と生活していた。実際、栗宇先生が女の子大好きな変態さんというのは間違いないようだったが、変態さんは変態さんでも良い変態さんだったようで、軟禁されていた少女たちは健康そのものだった。そもそも軟禁されていたという認識すら怪しい子もいたほどだ。

唯一の被害といえば、彼女たちが一度でも身に着けた下着は二度と彼女たちのもとには帰ってこなかったことくらいである。

なお、その下着は軟禁されていた少女たちの詳しいプロフィールとともに綺麗にパッキングされ、謎の超大型金庫の中に現金や宝石類とともに保管されていた。

「古人曰くカエサルのものはカエサルのもとに、ですね。あるべきものはあるべき場所へ返しておきましょう……」

千種の財布がぱんぱんになっていた。最低だな、この女。

そうして発見された下着類を粗方検分し終えたところで、千種が栗宇先生を呼んだ。

「ところで先々週の水曜日にわたしをビンタした万梨阿さんのプロフィールがないようですが」

「なにその無駄な記憶力……。先々週のことなんてハードディスクレコーダーにだって残ってねえぞ」

「晴磨さんはいったい週に何本アニメを見ているのですか……」

何でアニメって限定しちゃったんだよ、そうだけどよ。ぶつくさ言いかけたが、千種の興味はすでに俺から離れ、栗宇先生のほうへ向いている。

「それで、万梨阿さんは？」

問われて栗宇先生は不思議そうに首をひねった。

「万梨阿さん？　万梨阿さんも行方不明なの？」

EPILOGUE

終　エピローグ

三つの霊は、ヘブル語でハルマゲドンという所に、
王たちを召集した。
すると、いなずまと、もろもろの声と、雷鳴とが起り、
また激しい地震があった。
それは人間が地上にあらわれて以来、
かつてなかったようなもので、それほどに激しい地震であった。
大いなる都は三つに裂かれ、諸国民の町々は倒れた。
神は大いなるバビロンを思い起し、
これに神の激しい怒りのぶどう酒の杯を与えられた。
島々はみな逃げ去り、山々は見えなくなった。
また一タラントの重さほどの大きな雹が、
天から人々の上に降ってきた。人々は、
この雹の災害のゆえに神をのろった。その災害が、
非常に大きかったからである。

口語訳聖書　ヨハネの黙示録　第16章抜粋

梅雨の最中の日曜の朝は、抜けるような青空に覆われていました。

四方八方、どこを見渡しても雲ひとつ見つかりません。どこまでも蒼く、あまりにも現実感のない百パーセントの快晴。役目を果たした書き割りのようですらありました。舞台の幕はすでに降りて、倉庫に片付けられるのを待つばかり。

なんだかぞっとしない心地でした。

こちらがどうするかにかかわらず、舞台のほうで勝手に終わっていってしまう。わたしがわたしの世界を続けようとしても、他人の主観に邪魔をされてしまう。そんな気がします。

わたしたちの先行きにトッピングしてあるのは、あえかな絶望です。

意識の苛烈な断絶。無窮に広がる悪夢。虚無へと至る陥穽。

今日生きることは、また一歩死に近づいたということです。明日も生きている保証はどこにもありません。

だれかとすれ違っている暇も、他人の物語に踏み入る暇もありません。想いを捏造してでも、出会いを粉飾してでも、早く早く、一刻も早く、自分のことをやるべきだ。どうでもいい相手のことなど気にせず、ただ自分の好きなものを好きなように好きにする。

そして祈るのです。やがて死ぬときには、ちゃんと笑顔になっていますように――。

「……まぶしい」

つぶやいて、わたしは窓のブラインドを下ろします。

瞳を伏せたとき、玄関のチャイムが鳴りました。

わたしが麦茶を置くより早く、晴磨さんはリビングのソファのいつもの端に腰かけます。もうすっかり、勝手知ったるなんとやらです。最初はトイレの位置も覚えられないダメ犬だったというのに、躾の甲斐がありました。偉いぞわたし、もうどこに出しても恥ずかしくない立派なブリーダーです。

ソファの反対側の端に座って、うむうむとうなずくわたしです。

本来なら、その真ん中に美沙が座るのが千種家のトレンドなのですけれども、今日は朝から久佐丘先生と保養施設の見学に出かけています。

何度も一緒に行った場所の最終チェックだからと、わたしたちが付き添うことを美沙は頑なに拒みました。最近とみに自立心が芽生えてきたようです。見えないところで成長しているのでしょうか。晴磨さんとどうしても会いたくない可能性もあります。四分六分で後者かな。

「照合が終わったけど」

晴磨さんは書類をソファの上に広げて、わたし側に向けて差しだします。

「おまえの行方不明顧客リストと、栗宇先生の下着コレクションリストは、やっぱり完全に一致しないわ」

「どうでもいいですが、その顔で下着コレクションとか言っていると面白いですね」

「面白くねぇよ。本当どうでもいいわ」

アレでナニな晴磨さんの顔が怒ったふりをするので、わたしはくすくすと笑いました。ちぇ、と子どもみたいに舌打ちされて、なんだかもっとおかしくなってしまいます。わたしは笑い上戸だったのかもしれません。

「先生の家を家探ししても、万梨阿ちゃんとやらは行方不明のままだ。ベクトルはどうあれ栗宇先生の愛情は本物らしいから、いちいちウソをつくようにも思えないんだよな……」

「それに、都市伝説の食い違いでしたっけ」

栗宇先生は、若い女の子は夜遊びするな、とだけ噂を流したといいます。でも実際にわたしたちが聞いたのは、恋人同士が十字路に消えていくという、妙に具体性を帯びた噂です。伝播の過程で変遷していったとも考えられますが、しかし。

「ていうか、俺が実際に目撃したって一生言ってるんだけど」

「そこは一ミリも信じてないので別にいいのですが」

「よくねぇよ。信じろよ」

人を脅かしてどうこうしようなどという奸計には、この夜羽、ぜったいに引っかかりません。

晴磨さんはたぶん、ただわたしと一緒にいたいがために、ランダム十字路どうこうの話を引きずっているのでしょうね。美少女というのも困ったものです。身の程知らずの輩が、いつまでたってもこういう遠回しなアプローチをしてくるのですから。

「どうにも、手詰まりなんだよな……どこかに手ごろな恋人連中でもいれば、十字路に突っ込ませて、その正体が確かめられるかもしれないんだが……」

晴磨さんが本気でなにも思いつかない顔をしていたので、べつだん理由も意味も筋合いもなく、わたしはため息をついてみました。

「……ったく、やれやれ。しょうがないですね」

言うべきセリフは決まっています。使い古しの言葉を武器に、わたしは澄ました顔で指をひとつ立てます。

「都市伝説のサンプルなら、わたしたちでいいじゃないですか」

「は？　なんで？」

「なぜって、両想いですからね！」

晴磨さんは一瞬、二瞬、まばたきしたあとで、得心がいったようにうなずきました。

「そうか。……いや、そうなのか？　そうなの？　……そう。うん、まぁ、そうだな」

「え？　お、あ、はい……」

「え、なに、やっぱり違うの？」

「あ、い、いえ……」

皮肉と卑屈が服を着て歩いているようなあの晴磨さんが、よもや率直に肯定してくるとは思ってもみませんでした。完全無欠な究極美少女の身分差ジョークに対してこの傲慢なる態度、世が世なら黙示録に書かれるレベルの誅罰まったなしですよ。こみ上げる怒りによって頬がヤカンみたいにみるみる赤くなるのを、コップを耳に当ててふーふー冷まします。違う違う、口で息を吐いても意味ないですぞ。ですぞってなんだ。赤い毛むくじゃらか。混乱と動揺が尾を引いています。原因はすべて怒りです怒り。

落ち着け、夜羽。

わたしは麦茶をずずっと啜って、ぼんやりと二階を見上げました。

「そういえば、今日、美沙いないのですよね。もしかしたら泊まってくるとか」

「ふうん……」

晴磨さんは麦茶をごぼっと呑みこんで、なんとはなしにコップの底を見ています。

「そういや、雨音ちゃんも帰り遅いって言ってたわ」

「……ふうん」

わたしはつぶやいて、天井のシミを数えるのに熱中するふりをします。

リビングに沈黙の妖精が舞い降りました。きっと、その妖精は相当に意地悪な顔をしているのでしょう。わたしは無性に背中がかゆくなって、むずむずと身を揺すります。天井を見上げる首がいい加減疲れてきましたが、下ろしたときにどんな顔をすればいいのかわかりません。

世界には、わからないことがいっぱいあります。

はてさて、たったいま、ソファの上で手が重なったのは、どちらが寄せていったものでしょうか。わたしは断固として無遠慮な晴磨さんのほうであることを主張します。

わたしが思うならそうなのです。わたしの世界では。


俺が思う俺の世界はどうにも俺の思う通りにはいかないことが多く、であれば、なぜこれが俺の世界であると言えるのか常々不思議なのだが、今度ばかりは俺自身どうしてこうなったのか理解が追いついていない。

いや、俺も頑張りはした。理解しようと努めたし、行動にも移した。だが、誰もが緑のタレ目怪獣のように何にでもチャレンジして成功するわけではない。どうにもならんこともある。

なじみのないベッドに寝転がって見えたのは知らない天井だ。

開け放してあった窓から風が吹き込んできて、汗ばんだ肌をそっと冷やしてくれた。熱っぽい息を吐いて、俺は寝返りを打つ。

ひらひらと躍るカーテンの隙間からは黄色い夕日が差し込んできていた。

淡い陽光が照らすのは皺の寄ったシーツにしどけなく広がる黒髪、白磁の肌、そして腕の中にいる少女の微笑み。

千種はタオルケット代わりのシーツにくるまり、うつぶせで枕に顔をうずめていた。むき出しの肩と脚、ちらりとうっすら覗く谷間。それをこうして見ているのは夢にも似て現実感が薄く、あるいは昼に見る夢というなら願望そのものな気もする。

世界にはわからないことがたくさんある。さしあたっては、一つ目の謎を紐解いてみよう。

「あの、一応確認していいか？」

「なんですか、晴磨さん」

「……お前、本当に良かったのか。その……、俺で」

少々かすれ気味の情けない声でそんな言葉を絞り出すと、千種は俺の口元に指を押し当てた。そして、へへ、とはにかむように笑って身を寄せてくる。素肌の肩と肩がぶつかって、シャンパンのような淡い汗が混じりあう。

「良かったです。本当に良かったですよ。だいたい、少しくらいの失敗なんて気にするようなことじゃないです、へたくそ丘さん！」

「……そういう意味で聞いてんじゃねぇよ。ていうかそれもう答えらしきこと言っちゃってるじゃん、なんかごめんね乳房さん」

言った瞬間ぺちーんと右の頰を打たれた。

「いってぇ！　ちょっと？　今本気で殴んなかった⁉」

「わたしはいつもいつでも本気です」

ぷくっとあざとくわざとらしく、千種はふくれっ面を作ってみせる。もぞもぞと胸元のシー

ツを引き上げ、そして、ふっと短い息を吐くと、彼女一流の歌を唄うように言葉を紡ぐ。

「ですから、今、となりにへたくそ丘さんがいてくれて良かったと本気で思っています」

「ああ、そう……」

そう言っていただけるなら俺のほうに異存などあるはずもなく。

「……なら、良かったよ、乳房さん」

照れ隠しの可愛い憎まれ口のはずだったのに、またぺちーんと、差し出してもいない左の頬を叩かれた。痛ぇな！　なんだよ、胸のこと気にしてんの？　ごめんね、でも俺は別に気にしてないんですけど……。

と思ったが、今度は違う理由で叩いたらしい。

「ちゃんと名前を呼んでくれなきゃイヤです」

言って、千種はふいっと顔をそむけ、そのまま逆方向に寝返りを打った。

「千種？」

呼びかけても返事はない。何度か試してみてもツーンと無反応を貫いたままだ。

──だから、言うならこのタイミングだろう。

「夜羽」

呼ぶと、夜羽が身を起こした。つつっと俺の肌に指を添わせ、耳元でぽしょぽしょと囁く。

「名前で呼んでもいいのは、特別な人だけです。わたしは高いですよ。一生かけて払ってくださいね？」

「……一生とかコスパ悪いなそれ」

今度は両頬挟み込むようにしてピンタされた。だから痛いっつーの、という俺の文句が口にされることはなく、ただ真正面に固定され、その向かいには夜羽の顔がある。

お互い身体を寄せると、巨大な空飛ぶクジラが飛び跳ねるみたいに、ベッドが大きく揺れた。その軋みはいつまでも消えることがなく、ぐらぐらと不安定な気分にさせられる。

確かな足場がないから寄る辺を求めたわけじゃない。ただそうしたいから、俺たちはどちらからともなく、そっと顔を寄せた。

唇が触れる間際、夜羽が「あ」と小さい吐息を漏らす。

瞠った目は俺の後ろ、窓の外へと向けられていた。つられて振り返ろうとすると、その首をぎゅっと引き寄せられる。

俺の、俺だけの世界はこうして終わる。

さらりと、黒い影が世界を覆う。

流れる漆黒はきらきらと光を放って。

不意打ちに、唐突に。

終わりを告げて、キスをした。

（了）

あとがき

さがら総という ライトノベル作家に出会ったのは何年か前のことで、確か『やはり俺の青春ラブコメはまちがっている。』（小学館ガガガ文庫より発売中）の一巻発売の前後あたりだったと思う。そのときの彼の第一声は「いつもブログ読んでます！」だった。およそ作家に向かって言う言葉ではなく、「なんだこいつ……」と思ったことをよく覚えている。そのあと、そのブログでちゃんと氏の悪口を書いておいたこともよく覚えている。当時の私に「そのうちそいつと一緒に本書くよ」と言っても到底信じないだろう。

それが何の因果か、「わぁ、すごい面白いの書くね！　ぼくもがんばらなきゃ！（なんでこんな展開とキャラ書いてきてやがんだぶっ飛ばすぞてめぇどうすんだよこれ覚えとけよ同じ苦しみを味わわせてやる）」なんて仲良く言い合いながら一冊の本を出すことになってしまった。

今は後悔している。

渡航というライトノベル作家に出会ったのは二〇一一年三月二〇日か二一日ぐらいのことで、「『いつもブログ読んでます！』という挨拶をされるのが最近のトレンド」などといったブログ記事を彼があげた直後のことだった。名刺を渡したとき、「君みたいな大手の新人作家様は、どうせ俺のことなんか知りもしないでしょ？」と開口一番、鼻で笑われたことをよく覚えている。熱心なファンであるところの私は先の記事の天井のつもりで挨拶してみたら、その日深夜の記事にめたくそ悪口を書かれて死ぬほど傷ついた。先輩による熱い新人イジメである。

そんなわけで、なにが言いたいのかと言えば、主観とは往々にしてすれ違うものだということだ。私の主観は私の世界だけのもの。彼の主観は彼の世界だけのもの。

もぐり酒場の雑談から生まれたこの作品は、たぶんそういう物語で、ここに端を発する世界は、こんな始まりから様々な方向へと広がっていくのだと思う。

以下謝辞。

仙人掌（さぼてん）様。この寂寥（せきりょう）とした東京砂漠のような作品に潤いを与えてくれる素晴らしいイラストでした！　本当にありがとうございます。

担当編集・山本（やまもと）様。なぁに、今度は余裕ですよ。ガハハ！　……すいませんでした。おかげで助かりました！　ありがとうございます。

本企画に超重要なインスピレーションを与えてくれた橘公司（たちばなこうし）様。サンキュー！

最後に、読者の皆様。今後も本作品群の情報がぞくぞく出てくるので、応援よろしくお願いします！　ありがとうございました！

俺たちの戦いはこれからだと思いつつ　さがら総・渡航

to be continued...

瞠った目は俺の後ろ、窓の外へと向けられていた。

「あれ、なんでしょう……」

夜羽はそうつぶやいて、窓の外に広がる景色をじっと眺める。

俺もつられて振り返ると、夕日が常よりもなおいっそうに赤く、紅蓮の火柱が街を覆い尽くすように、空が燃え落ちていた。

その星屑めいた光は、まるで天から降る億千の金貨に思えた。

家を出て、のったらのったらと歩いていきます。

辺りには、人っ子ひとり窺えません。傾いた電信柱だけが、いずれ訪れる業火を待ちわびるように立ちつくしています。地球上から忽然と生命が消えたなら、きっとこのような風景になるのでしょう。

天を仰げば、恋い焦がれるように紅蓮に燃える夕映えと、鮮血でしとどに濡れた紅い月とが、世界の最期を華々しく彩るように共演していました。

けれど、目に見える形であれ、見えない形であれ、世界は必ず終わるものです。主観でしか生きられないわたしたちには、世界がどのように成り立ち、どのように手じまいしようとも、どうせ区別がつきません。

狭量な世界に押しだされたわたしたちが、世界の終わり方まで考えてやる義務はありません。大切なのは、わたしたちが今生きていて、手をつなぎ、二本の足で歩いていることだけです。

「この道って前から十字路だったか?」

「どうでしょう。どの道を行きますか?」

「じゃあ、右」

「では、左で」

「間を取って真ん中な」

わたしたちは笑って肩を寄せ合い、都市伝説の向かい側を歩いていきます。

そして辿(たど)り着くのは、始まりの場所。


吹きっさらしの中、肩を寄せ合うようにして立っていた。

「……いい景色だな」

見慣れていたはずの場所が今は世界の果てみたいに見える。一人で見ていた夕焼け空にそんな価値はないと思っていた。

世界の終わりが可視化されるのなら、例えばこうした穏やかなものなのだと思う。機械仕掛けの神が落ちてくるとか、あるいは絶対的な美少女と並んで燃え落ちる空を眺めるだとか。後者のほうが俺の好みだけど。

きっと、種が死に絶えても、個が阻まれても隣に立つ少女の美しさはいささかも否定されはしないだろう。

そんなことを思って、堕(お)ちてきそうな空と彼女を見比べた。すると、彼女がくすっと笑う。

「また見惚(みと)れてるんですか？　晴磨(はるま)さんはわたしに一目惚(ぼ)れですもんね」

「まぁ最初はな。それからすぐにクソ女だと思ったし、途中もクソ女だと思ったし、なんなら今もクソ女だと思ってるけど、だんだん慣れてきたわ。だからまぁ、そうだな。一目惚れだ」

「それは一目惚れとは言わないのですが……」

「言うだろ、最初にちゃんと惚れてる」

「言いません。いいですか？　一目惚れというのはもっとこう、出会った瞬間から相手と一緒にいたがって、むやみに相手を連れまわして、どうでもいいことで怒ったりもやもやしたりすることを言うんですよ」

「詳しいな」

言うと、彼女はやたらと偉ぶって胸を張る。

「わたしは専門家ですからね。ふふん、晴磨さんとは正反対なんですよ」

彼女の手が俺に触れる。二人の指が不規則に交差する。

ぶつかり交わり折れて開けて一つになって。

俺たちは、そうやって恋をする。


（完）

ダッシュエックス文庫

クズと金貨のクオリディア

さがら総・渡 航(Speakeasy)

2015年1月28日　第1刷発行
2015年7月20日　第3刷発行

★定価はカバーに表示してあります

発行者　鈴木晴彦
発行所　株式会社　集英社
〒101-8050　東京都千代田区一ツ橋2-5-10
03(3230)6229(編集)
03(3230)6393(販売/書店専用) 03(3230)6080(読者係)
印刷所　大日本印刷株式会社

ISBN978-4-08-631024-6 C0193